実験国家
アメリカの履歴書

社会・文化・歴史にみる
統合と多元化の軌跡

第 2 版

鈴木 透
SUZUKI Toru

慶應義塾大学出版会

まえがき

　本書は、慶應義塾大学日吉キャンパスに設置されている、主として1・2年生対象の「地域文化論Ⅰ（アメリカ研究入門）」という筆者が担当する授業の講義ノートをもとにした、アメリカ理解のための手引書である。高校までの課程を経ていれば、特別な予備知識がなくとも、アメリカとはどんな国なのかが十分わかるようになっている。

　1993年のカリキュラム改革で新設されたこの「地域文化論」という授業は、特定の専門に偏ることなく、総合的に外国の文化・社会・歴史を学ぶための外国研究講座である。従来の大学の一般教育科目の多くが「文学」とか「美術」といった分野ごとの縦割りになっていたのに対し、この「地域文化論」は特定の国や地域の問題を領域横断的に取り上げる総合性を重視している。その一つである「地域文化論Ⅰ（アメリカ研究入門）」は、総合的なアメリカ研究のための基礎科目として、専攻分野にかかわらず、アメリカに関する問題を扱う際に必須の基礎知識や背景的知識を網羅した半期科目である。それゆえ、その授業内容を基にした本書も、アメリカの政治、経済、法律、芸術、文化、社会、宗教などの多方面の話題を扱いながら、アメリカという国を理解するための基礎固めができるようになっている。こうした授業方針に対しては、設置した初年度以来、学生諸君の関心が非常に高く、例年履修者は500名程度に達し、必修科目でもなく、また出席も取らないのに、毎回大教室が満員という盛況である。

　アメリカという国を分野ごとに解説した入門書は、実はすでに何冊も出版されてきている。しかし、アメリカ研究の入門講義をする際、そのような本は実際はあまり使いやすいとはいえない。今週は経済、来週は法律といった具合では、毎回の授業の間に有機的なつながりが生まれにくく、総合的といいながら断片的な講義の積み重ねになりかねない。しかも、そうした類の教科書の多くは複数の著者の論を集めた形式になっており、アメリカという国を鮮明にとらえるための一貫した視点を学生に伝えるのがかえって難しい。また、そうした分野ごとにまとめられた教科書は、はっきりとアメリカ研究をしようと決めている学生には有益

かもしれないが、大学入学の時点では、まだ学生の関心は漠然としたものであることが多く、アメリカという国に興味はあっても、その中の何か個別の分野に特に強い関心を持っているとは限らないため、かえって学生には荷が重い場合もある。その上、分野ごとに毎回の授業を構成するとなると、セメスター制に合わせた半期科目であるこの授業では、現代アメリカを理解するために必要な歴史を教える時間を十分取ることが難しくなる面もある。

　では、一人の著者によるアメリカの歴史を扱った本を使えば問題は解決するのかというと、必ずしもそうではない。確かに、そうした本の中には名著と思えるものもある。だが、いわゆるアメリカ史の本の場合、過去から現在まで同じような密度で記述されているのが普通である。だからこそ、歴史の本なのである。ところが、学生の関心は、必ずしも昔のアメリカにあるわけではなく、現代アメリカの様々な現象に対して向けられている場合がほとんどである。従って、学生の関心にこたえるためには、なるべく現代に近いところの密度を厚くするなど、多少めりはりをつける必要も出てくる。また、歴史の本の場合、必ずしも文化面の記述が充分でないこともある。授業を始める4月の段階では、学生の関心は必ずしもアメリカの過去そのものにあるわけではなく、むしろ、アメリカとはどんな特徴をもった国なのかを知りたいという点にある場合も多い。そうした問いには、いわゆる歴史の本を読んだだけでは答をみつけにくいことがしばしばである。その上、歴史の勉強というと、大学受験の際に年号や用語を丸暗記しなければならなかった苦い経験から、アレルギーを感じている学生も少なくない。歴史の流れを学ぶ面白さを知る前に、丸暗記こそが歴史の勉強だという不幸な思い違いをしている学生も少なくないのである。従って、アメリカという国を理解するための入門講座に、アメリカ史の本を使ったとしても、それは全てを解決してくれるわけではなく、かえって学生との間にミスマッチを起こす可能性すらある。

　だが、現代アメリカが過去の歴史的経緯の積み重ねとして存在している以上、現代アメリカの諸現象について理解を深め、アメリカとはどんな国なのかの概略をつかもうとするなら、アメリカの歴史について学ぶことは避けて通れない。従って、純然たる歴史の講義にならずにいかに抵抗感なくアメリカの歴史の話に学生を引きずり込むかという工夫が必要となる。

　このように、総合的なアメリカ研究の基礎科目を講義することは、意外に難し

い。様々な分野に触れながらも断片化を避け、毎回の講義が有機的につながるような軸をしっかりと設定しつつ、歴史の授業ではないふりをしながらしっかりと歴史を教え、過去のアメリカと現代アメリカとのつながりを理解させるようにしなくてはならないのである。本書は、こうしたこれまでの授業での経験を活かしながら、アメリカ研究の基礎科目の教え方の一つのモデルを示したつもりである。

　本書の特徴を一言でいえば、一貫した視座を確保しながら、分野ごとの研究入門書的なスタイルと、アメリカ史の本という路線の両方を融合させ、分野ごとの最低限の基礎知識と歴史的な流れの理解の両方を同時に学べるようにしたことである。このことは、序論とそれに続く各章をお読みいただければ、おわかりいただけると思う。その際、各章の冒頭には、前の章とのつながりや、その章のテーマが簡潔に記されているので、是非参考にしていただきたい。また、章末には、各章で取り上げた話題が現代アメリカとどのようにつながってくるのかという点を理解できるような部分を設けてある。

　もっとも、こうした形式を取ることによって犠牲にしなくてはならなかった点も多い。授業回数の関係から、毎回の授業で扱える量には限りがあり、分野ごとの勉強とアメリカ史の勉強の両方を一挙に消化するとなると、削らざるをえない部分も多いからである。実際、本書の内容は、分野ごとの研究入門書と比べれば、個別分野の記述は詳しくなく、歴史の本と比べると、昔に比べて現代とりわけ第二次世界大戦以降の記述を厚くしている点で、かなり密度にめりはりがあるといえるだろう。また、テーマごとのまとまりを重視する立場から、必ずしも完全な年代順に話題がプロットされているわけではないところもある。

　だが、履修する学生諸君がみなアメリカ研究者になるわけではない。この授業が入門的内容である以上、アメリカについて語るのならこの程度は各分野について知っておいてほしいというミニマムの知識の水準を維持しつつ、将来卒論で特定のアメリカ研究を展開したいような人にも、社会人としてアメリカ・ウォッチャー的資質を備えておきたい人にも有効な内容をカバーできていれば、入門講義としての使命は十分果たしたことになるのではないかというのが筆者の考えである。従って、複雑な話をあえて単純化したり図式化している部分もあるが、それは入門講義としてのわかりやすさを追求してきたがゆえの結果である。

この授業を担当し始めてからすでに10年が過ぎた。その間、自分の講義ノートを本にしたいとは、実のところ当初はあまり思わなかった。しかし、授業評価をやっても毎年非常に好意的な反応がかえってくるにつけ、こうした内容は、自分が直接教えている学生諸君以外の方々にとってももしかしたら決して無駄ではないのかもしれないとも次第に考えるようになった。とりわけ、今まで表面的にしかみていなかったアメリカという国の持つ様々な側面に改めて気づいたという感想や、アメリカの歴史とはこんなに面白いのかと授業を通して初めて知ったといった声が繰り返し筆者の元に寄せられたことは、単行本化を決断する重要な判断材料になった。その点からすれば、実に多くの熱心な学生諸君が毎年自分の講義に参加してくれたことが、本書が世に出る最大の原因となったといってよい。

　実は、自分自身、このような内容の講義を受けた経験がない。アメリカ文学史やアメリカ史といった授業は自分の学生時代にもあったが、領域横断的にかつ歴史の流れまで手っ取り早く教えてくれるような便利な授業はなかった。実際、この授業の講義ノートを準備する段階では、手探り状態で、途方もない時間を要した。それだけに、この授業には愛着がある。本書でアメリカの全てがわかるわけでは毛頭ないが、アメリカについて関心をお持ちの方々にとって、アメリカとはこんな国だったのかという新たな発見に向けて少しでも本書がお役に立てば幸いである。

　なお、本書では、従来の表記と若干異なり、英語の実際の発音に近い表記をしているものが一部ある。これは、従来の表記が実際の英語の発音とずれているため、そうしたずれを是正すべきではないかという筆者の考えによるものであるが、読み進める上での支障はほとんどないと思う。また、「先住インディアン」や「黒人」という表記も用いているが、こうした表記には問題があることを承知の上で、あえて煩雑さを避けるためにこのような表記を使用した。

　最後に、筆者の怠慢にもかかわらず、辛抱強く編集をして下さった慶應義塾大学出版会の乗みどりさんに、厚く御礼申し上げたい。

　2003年8月

鈴木　透

第2版の刊行によせて

　初版から13年が経過した。この間、増刷の折に、その後のアメリカに関する記述を多少追加することを重ねてきたが、今回は21世紀の部分を新たな章として加筆し、終章も大幅に改訂した。

　そもそも、自分が生きている時代について、それが歴史上のどのような位置に相当するのか分析するのは、とても厄介な作業である。自分を包んでいる世界の外に出られないのに、外側から覗いたら今の時代はどう映るのか考えねばならないからである。まして、同時多発テロ事件という未曾有の経験がアメリカに何をもたらすのかを2003年という初版のタイミングで考えるのは、至難の業であった。

　思い起こせば、この事件によってアメリカは全く違う時代に突入したかのような論調が当時は少なくなかった。だが、同時多発テロ事件の前と後の時代の非連続性を強調する議論には、自分自身は抵抗があった。長い目で見ればむしろこの事件は、アメリカが向き合うのを避けてきた自国の矛盾や不完全さと改めてアメリカ国民が対峙せねばならない状況を作り出すことになるのではないか、そして、アメリカは過去と決別して新しい時代に突入していくというよりは、逆に過去の呪縛と格闘せねばならなくなるのではないか、という予感が筆者にはあった。

　その後のアメリカの軌跡は、こうした筆者の予感がある程度的中しているのではないかという確信を与えてくれた。一見すると、同時多発テロ事件によってアメリカという国が一変してしまったように思う方もおられるかもしれない。確かにそのような部分が全くないわけではないが、そこにばかり目を奪われると、現代アメリカの混沌とした状況の端緒が、実際にはそれ以前の時代にまで遡るものであることを見落としかねない。筆者としては、この事件の前後の時代の隠れた連続性というものを念頭に置きながら新しい章を書き進めたつもりであり、こうした視点が読者の方々の現代アメリカ理解に役立つことを願っている。

2016年11月

鈴木　透

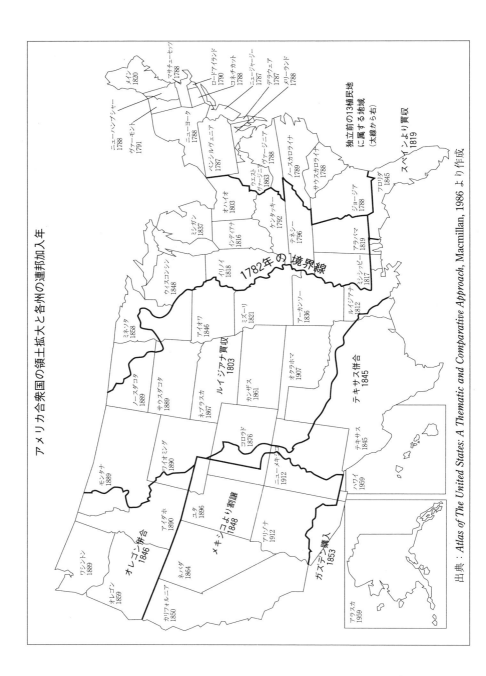

目　　次

まえがき ……………………………………………………………………………… i
第2版の刊行によせて ……………………………………………………………… v
　地図　アメリカ合衆国の領土拡大と各州の連邦加入年 ……………………… vi

第1章　序論――現代アメリカの見取り図 ……………………………………… 1
　　この章のねらい ………………………………………………………………… 1
　1　アメリカという国への素朴な疑問 ………………………………………… 3
　2　実験国家としてのアメリカ ………………………………………………… 4
　3　アメリカのエネルギー源としての相反する二つのベクトル …………… 6
　4　総合的なアメリカ理解に向けて …………………………………………… 7
　5　アメリカ研究への招待 ……………………………………………………… 9
　6　未完成の国アメリカ ………………………………………………………… 12

第2章　アメリカという「物語」――ピューリタニズムのレトリック ……… 13
　　この章のねらい ………………………………………………………………… 13
　1　ピューリタン植民の歴史的経緯 …………………………………………… 15
　　（1）ヨーロッパ諸国による北アメリカ大陸の植民地化
　　（2）イギリスからアメリカへの植民の本格化
　　（3）ピューリタンの初期の移住の二つの流れ
　2　ピューリタンの思想的特質 ………………………………………………… 19
　　（1）回心に基づく選民意識
　　（2）新たなる契約と使命
　　（3）予型論的発想と解釈コードとしての楽園建設物語
　3　植民地社会の発展とピューリタン的世界観 ……………………………… 21
　　（1）対外的な問題
　　（2）内政上の問題
　4　文化としてのアメリカン・ジェレマイアッド …………………………… 23
　　（1）ジェレマイアッドの起源
　　（2）アメリカン・ジェレマイアッドの特質
　5　ピューリタンと現代アメリカ ……………………………………………… 26

第3章　独立宣言と合衆国憲法――その理念と問題点 ………………………… 29
　　この章のねらい ………………………………………………………………… 29
　1　独立革命前夜のアメリカ …………………………………………………… 31
　　（1）植民地社会の成熟
　　（2）イギリスによる統制の緩み
　2　独立革命の経緯 ……………………………………………………………… 33
　　（1）フレンチ・インディアン戦争の終結とイギリスによる統制の強化
　　（2）独立戦争の始まりと独立既成事実化の動き

3　独立宣言の理念と問題点 …………………………………………………………36
　　　　（1）独立宣言の論理構成
　　　　（2）独立宣言の問題点──独立後の国家体制と非白人の人権
　　4　独立戦争の終結とアメリカ合衆国の承認 ………………………………………40
　　　　（1）独立戦争の転機
　　　　（2）連合規約の制定と国民意識の広まり
　　5　合衆国憲法の理念と問題点 ………………………………………………………42
　　　　（1）合衆国憲法の構成と基本理念
　　　　（2）合衆国憲法の問題点
　　6　独立革命と現代アメリカ …………………………………………………………44

第4章　「アメリカのアダム」──文学にみるアメリカの文化的独立 ……………47
　　この章のねらい ……………………………………………………………………………47
　　1　新しい国家、新しい人間像──アメリカン・ルネサンスの背景 ……………49
　　　　（1）ピューリタニズムと啓蒙思想の橋渡し──ベンジャミン・フランクリンの遺産
　　　　（2）啓蒙思想からロマン主義へ──「良き市民」から「アメリカらしい人間像」へ
　　　　（3）独自の文学的題材を求めて──アメリカン・ルネサンスの自然観
　　2　空間のヒーロー──超越主義的「楽園のアダム」………………………………53
　　　　（1）エマソンの超越主義
　　　　（2）ホイットマンとアメリカのアダム
　　　　（3）超越主義の実践と後退
　　3　空間と時間(歴史)との摩擦──アメリカ型イニシエーションの物語 ………56
　　　　（1）クーパーと失われゆく楽園
　　　　（2）行き場を失うアダムたち
　　　　（3）繰り返し描かれるアダムの悲劇
　　4　アメリカン・ルネサンスと現代アメリカ ………………………………………59

第5章　「連邦」対「州権」──奴隷制度と南北戦争 …………………………………61
　　この章のねらい ……………………………………………………………………………61
　　1　奴隷制度と南部社会 ………………………………………………………………63
　　　　（1）アメリカ南部への黒人奴隷流入の経緯
　　　　（2）奴隷制南部社会の特質
　　2　準州昇格問題と奴隷解放論 ………………………………………………………67
　　　　（1）南北の妥協と協定の形骸化
　　　　（2）奴隷解放論とドレッド・スコット判決
　　3　リンカンの大統領就任と南北戦争 ………………………………………………72
　　　　（1）リンカンの立場と戦略
　　　　（2）南北戦争の長期化と奴隷解放宣言
　　4　南部再建と人種隔離政策──黒人を抑圧する制度の復活 ……………………75
　　　　（1）南部の連邦への復帰と南部再建
　　　　（2）復活する黒人差別
　　5　南北戦争と現代アメリカ …………………………………………………………77

第6章 「開拓」か「侵略」か──フロンティアの神話と現実 79
  この章のねらい 79
  1 合衆国の領土の拡大 81
    （1）ルイジアナ買収と北西部方面への領土の拡大
    （2）南・南西部方面への拡大
    （3）フロンティアの定義
  2 西漸運動を支えたエネルギー 84
    （1）経済的要因
    （2）精神的要因
  3 ターナーのフロンティア学説──白人側からみたフロンティアの持つ意味 87
  4 「開拓」の犠牲者たち 88
    （1）白人の侵入と先住インディアンの抵抗
    （2）同化政策と強制移住
    （3）先住インディアンの抵抗の沈静化と文化破壊
  5 フロンティアと現代アメリカ 94

第7章 競争原理と公共の利益──アメリカン・ドリームの光と影 97
  この章のねらい 97
  1 農本社会から産業社会へ 99
    （1）ハミルトンの工業化路線とジェファソンの農本主義
    （2）北部における工業化の発展とその要因
  2 巨大企業の形成過程とその問題点 101
    （1）巨大企業のパイオニアたち──カーネギーとロックフェラー
    （2）社会進化論──適者生存の原理の拡大解釈
    （3）巨大企業による価格の維持と独占
  3 自由競争から公正さの確保へ──自由放任主義の規制と改革 105
    （1）上からの改革
    （2）下からの改革
  4 「金ぴか時代」と現代アメリカ 109

第8章 正統と異端──ファンダメンタリズムと100％アメリカニズム 111
  この章のねらい 111
  1 繁栄と喪失──1920年代の社会風俗 113
    （1）繁栄の時代の到来とその要因
    （2）伝統的価値観からの解放とその行方
  2 保守的価値観への傾斜 116
    （1）禁酒法の制定
    （2）モンキー裁判（スコープス裁判）とファンダメンタリズム
  3 非WASPへの排撃──100％アメリカニズムの人種的・宗教的不寛容 118
    （1）KKK（クー・クラックス・クラン）の台頭
    （2）サッコ＝ヴァンゼッティ事件
    （3）移民法の制定
  4 1920年代と現代アメリカ 123

第9章　恐慌から冷戦へ——第二次世界大戦と合衆国 …………………125
この章のねらい …………………125
1. アメリカ外交の展開 …………………127
   - （1）孤立主義の二面性
   - （2）第一次世界大戦と国際連盟構想
2. 国内再建から世界秩序の再建へ …………………130
   - （1）大恐慌の後遺症とニューディール政策
   - （2）第二次世界大戦への参戦と孤立主義の終焉
3. アメリカの軍事大国化と思想的不寛容 …………………133
   - （1）共産主義拡大への警戒感と軍拡競争
   - （2）アメリカ国内における思想的引き締め
   - （3）順応主義（コンフォーミズム）の蔓延——1950年代のアメリカ
4. 1950年代と現代アメリカ …………………136

第10章　分裂する超大国——1960年代の精神風土とベトナム戦争 …………………139
この章のねらい …………………139
1. 変革を求めて——1960年代の始動 …………………141
   - （1）ケネディー政権の発足
   - （2）学生運動の広まり
   - （3）対抗文化（カウンター・カルチャー）の登場
2. 「内なる闘い」としてのベトナム戦争 …………………145
   - （1）ベトナム戦争の発端
   - （2）反戦運動の波紋
   - （3）ベトナム戦争の終結
3. アメリカの陰り——ベトナム戦争の後遺症と1970年代 …………………148
   - （1）揺らぎ始めた超大国の政治・経済的基盤
   - （2）自信喪失と虚無感
4. 1960年代と現代アメリカ …………………151

第11章　世界一豊かな国の「他者」——公民権運動と女性解放運動 …………………153
この章のねらい …………………153
1. 黒人運動の歴史的展開 …………………155
   - （1）南北戦争の終結と黒人解放運動の始動
   - （2）NAACPの法廷闘争
   - （3）二つの世界大戦と黒人問題の前進
2. 公民権運動の軌跡 …………………158
   - （1）公民権運動の盛り上がりと南部保守勢力の抵抗
   - （2）前進する公民権運動
   - （3）公民権運動の衰退と黒人運動の分裂
3. 女性解放運動のインパクト …………………164
   - （1）アメリカにおける女性解放運動の展開
   - （2）ベティー・フリーダンとNOWの設立
   - （3）女性解放運動の成果

4　公民権運動・女性解放運動と現代アメリカ ……………………………167

第12章　過去との対話——建築からみたアメリカ ……………………171
　この章のねらい ……………………………………………………………171
　1　アメリカ建築の変遷 ……………………………………………………173
　　（1）植民地時代の様式
　　（2）独立革命期から19世紀前半の様式
　　（3）ヴィクトリア様式
　　（4）コロニアル・リヴァイヴァル
　　（5）国際様式
　　（6）ポストモダニズム
　2　ポストモダニズム建築への視角 ………………………………………179
　　（1）消費社会の特質とポストモダニズム建築
　　（2）都市の再生とポストモダニズム建築
　3　アメリカ建築とアメリカのプラグマティズム ………………………181

第13章　ベトナム後遺症を超えて——1980年代のアメリカ再生への処方箋 ……183
　この章のねらい ……………………………………………………………183
　1　レーガン政権のアメリカ再生へのシナリオ …………………………185
　　（1）対ソ強硬路線の復活とイラン・コントラ事件
　　（2）レーガノミクスと双子の赤字
　　（3）保守派によるリベラリズム批判
　2　アメリカ衰退論の標的とアメリカの分裂への危機感 ………………191
　　（1）教育問題——文化相対主義批判
　　（2）家族問題——個人主義批判
　3　80年代アメリカの歴史的位置 …………………………………………195

第14章　統合化と多元化の行方——1990年代におけるアメリカの細分裂 ………197
　この章のねらい ……………………………………………………………197
　1　狂い始めた保守派のシナリオ …………………………………………199
　　（1）冷戦の終結
　　（2）広がる経済格差と政治不信
　　（3）人種問題の泥沼化
　2　非WASP多数派社会の接近と多元化のベクトルの再活性化 ………203
　　（1）人口構成の変化と多文化主義の台頭
　　（2）PC運動
　3　差別と対立の構造の複雑化と先鋭化 …………………………………205
　　（1）言語戦争
　　（2）非合法移民への風当たりとアファーマティヴ・アクションの危機
　4　アメリカの世紀の終わりに ……………………………………………209

第15章　テロとの戦いと格差社会――唯一の超大国の誤算と変革への希求 ……211
　　この章のねらい ……………………………………………………………………211
　　1　終わりなき戦いの始まり ……………………………………………………213
　　　（1）ポスト冷戦時代の地域紛争とネオコンの登場
　　　（2）同時多発テロ事件の背景と衝撃
　　　（3）監視社会の到来とイラク戦争への疑問
　　2　不信と分断の負の連鎖 ………………………………………………………218
　　　（1）サブプライムローン問題とリーマン・ショック
　　　（2）格差社会の自衛社会化と公的領域弱体化のリスク
　　　（3）SNS時代の到来とポピュリズムへの傾斜
　　3　変革への希求の行方 …………………………………………………………223
　　　（1）初の黒人大統領の誕生と変革への挑戦
　　　（2）変革の停滞とその要因
　　　（3）体制への失望とトランプの大統領当選
　　4　過信の果て ……………………………………………………………………227

第16章　未来のアメリカへの視角 ……………………………………………229
　　この章のねらい ……………………………………………………………………229
　　1　歴史の中の現代アメリカ ……………………………………………………230
　　　（1）新たなるアイデンティティへの転換期
　　　（2）実験国家の正念場
　　2　今後のアメリカを占う鍵 ……………………………………………………233
　　　（1）神話との決別と空間軸上でのアメリカの自己相対化
　　　（2）過去の克服と時間軸上でのアメリカの自己相対化
　　3　アメリカの未来と世界 ………………………………………………………239

　　人名索引 ……………………………………………………………………………241
　　事項索引 ……………………………………………………………………………243

第 ❶ 章

序論
――現代アメリカの見取り図

---- この章のねらい ----

　アメリカは、国としての歴史は短いとはいえ、様々な顔を持つ複雑な超大国である。そのアメリカを、特定の分野に決して偏ることなく総合的に理解するには、どのような方法が有効だろうか。ここでは、アメリカという国の特質を把握するための基本となる観点を整理するとともに、それらに基づいて本書がどのように構成され、いかなる射程を想定しているのかを説明する。

　アメリカという国の特質は、経済や政治といった個別分野の勉強を重ねるだけではなかなかみえてこない。また、現代アメリカの姿だけをいくら眺めてみても、なぜアメリカがそのような姿をしているのか理解に苦しむことも多いことだろう。アメリカについて知りたければ、むしろ、まず、アメリカという対象をより鮮明にとらえるための座標軸を持つことが重要である。そして、そうした視座の下に、様々な時代、様々な領域の現象を有機的に結びつけていくことが、この国をバランスよく理解する早道なのである。

――87年前、われわれの祖父たちはこの大陸に新しい国家を樹立しました。その国家は自由の精神から生まれ、すべての人間は生まれながらにして平等であるという信条に捧げられたのです。
　いま、われわれは大規模な内戦のさなかにあって、この国家――あるいは自由な精神から生まれて平等という信条に捧げられたあらゆる国家――が永続できるか否かの試練を受けています。（中略）

――われわれこそ、残された大きな課題に献身すべきです――われわれは、名誉ある戦死者が最後まで奉仕した偉大なる大義のために彼らの衣鉢を継ぎ、彼ら以上に奉仕すべきであり、彼らの死を無駄にしないことを固く決意すべきであり、神のもとでこの国に自由を復活させるべきなのです。そして、人民の、人民による、人民のための政治をこの世から消滅させてはならないのです。

　　　　エイブラハム・リンカン「ゲティスバーグの演説」（1863年11月19日）
　　　　　『リンカン民主主義論集』角川選書（翻訳：高橋早苗）より

1　アメリカという国への素朴な疑問

　アメリカという国は、日本人にとって恐らく最も身近に感じられる外国の一つだろう。例えば、プロ・スポーツや映画、音楽に関心のある人の中には、アメリカの試合をテレビ観戦し、アメリカ映画に足を運び、アメリカのミュージシャンたちのCDを買い求めるという人も多いことだろう。また、政治や経済に興味のある人ならば、冷戦終結後もいわば唯一の超大国であり続けるアメリカの動きに注目せずにはいられないはずである。

　確かに現在のアメリカは、このように他の国に対して強い影響力を持つ存在である。しかし、文化の発信基地として、あるいは世界の警察官や世界経済の牽引車としての役割をアメリカが本格的に果たすようになったのは、実は20世紀半ば以降であり、比較的最近のことにすぎない。つまり、アメリカは今の我々がすぐに思い浮かべるような姿を最初からしていたわけではなく、もしかしたら100年後のアメリカも今とはかなり違った姿をしているかもしれないのである。

　一方、アメリカは、世界をリードするような存在でありながら、多くの問題も同時に抱えている。犯罪の多さや貧富の差は日本の比ではないし、自由と平等を掲げながらも未だにはびこる人種差別、離婚率の増加による家族の崩壊や子どもの虐待、麻薬や十代の妊娠など問題は山積している。アメリカ社会の表と裏の落差の激しさには、しばしば読者の方々も驚くことがあるはずである。

　このようにアメリカという国は、日本人にとって身近であるとはいえ、実は不可解なとらえがたさをも同時に秘めている。建国からわずか200年あまりしか経ていないのに、なぜこれほどの国力を築くことができたのか、また、様々な社会問題があれほど深刻なのにもかかわらず、なぜアメリカは超大国であり続けることができるのか、アメリカという国を眺めているとこうした素朴な疑問がわいてくるに違いない。

　こうした素朴な疑問を解くには、どうしたらよいのだろうか。アメリカは国家としての歴史そのものは短いが、その変化の度合いの大きさやこの国の表と裏の

落差の程度を考えると、経済や政治や文学といった、個別分野の断片的な知識の
みに頼ってこの複雑な超大国を理解しようとしても自ずと限界があろう。そもそ
も国力というものは、政治力や経済指標だけで表せるものではなく、個別の現象
の背後に潜むこの国の推進力へと目を向ける必要がある。また、読者の方々の中
には、現代アメリカで進行中の問題に関心を持っている人も多いと思うが、現代
という時代が過去の経緯の積み重ねとして存在している以上、現代アメリカだけ
をみてもそれらの問題の十分な理解に至ることはできないだろう。むしろ、アメ
リカという国がそもそもどのような特徴やメカニズムを持っているのかという観
点に立って、アメリカの歴史、社会、文化の動向を考えていくという発想こそ、
アメリカに対する我々の素朴な疑問を解くヒントを与えてくれるのである。

2　実験国家としてのアメリカ

　アメリカという国の特質を大づかみに把握しようとする時、まず注目すべきな
のは、国そのものは建国以来大きな変化を遂げてきているとはいえ、この国の歴
史がある一貫した特徴を保持してきているという点である。それは、この国が、
いわば未完成の実験国家として歩み続けてきているという点である。
　そもそもアメリカは、混乱の中から出発した国である。1776年に独立革命の最
中に出された通称「独立宣言」と呼ばれる文書においても、独立して何という名
前の国になるのか明記されていなかったし、独立戦争を戦っていた北アメリカ大
陸の13のイギリス植民地がまとまって一つの国になるのか、それとも13が個々に
独立国家となるのかについてもあやふやなまま独立戦争は始まっていたのである。
つまり、アメリカは、国としての基盤が何もないところから人為的に国家を作り
上げるという、途方もない作業に着手するところから始めなくてはならなかった
といえる。
　その上、当初から独立後の国家形態が不明確だったことに加え、13の植民地の
人々の間には、自分たちは同じアメリカ人だという意識も最初はあまりなかった。
しかも、この土地には、一つの同じ国民と呼ぶには背景があまりに異なる人々が

住んでいた。西欧諸国からやってきた白人たちも移住の目的や文化的背景に違いがあったし、アフリカから奴隷として連れてこられた黒人たちは、決して自分の意志でアメリカにやってきたわけではなかった。そして、この広大な大陸には、独自の伝統や生活様式を数世紀に渡って守り続けていた先住インディアンたちが暮らしていた。つまり、アメリカは、言葉も文化も立場も違う多種多様な人々の間に「アメリカ人」という共通の国民としてのアイデンティティをどう作り上げていくかという、集団統合の根幹に関わる問題とも当初から格闘せざるをえなかったのである。

　アメリカという国家も、アメリカ人という概念も確立していない、いわば国家も国民も未完成の状態から誕生した国、それこそアメリカという国なのである。言い換えれば、アメリカは、人為的な国家建設と国民統合という、いつ完了するかもわからないような壮大な実験を宿命づけられて出発した実験国家なのである。しかし、未完成であるということは、決してマイナスばかりを意味するとは限らない。未完成であるという状態は、より完全な状態を目指した試行錯誤をうながすことにもなる。実際、その後のアメリカの歩みは、より完全なる国家とより完全なる国民統合に向けての試行錯誤の積み重ねとみることができるのであり、それは今日でも続いているのである。こうした試行錯誤は、ある時には武力という形を取ったり、別の時には法の力に頼ることもあった。また、こうした試行錯誤の過程で犠牲となる人々が出ることもしばしばであった。しかし、この国がしてきたこと、していること、これからするであろうこと、これらはみな、混乱の中から第一歩を踏み出したアメリカという国が、元来未完成であるが故にあえて様々な実験を試みるのを決して苦にしないことと密接に関係しているのである。人為的に国家を作り上げ、背景の異なる人々から一つの国民という集団を作り上げるという遠大な目標を追いかけながら、様々な実験を繰り返してきている国、それがアメリカなのである。

3　アメリカのエネルギー源としての相反する二つのベクトル

　とはいえ、試行錯誤を繰り返すのは、相当の労力が必要なはずである。それに、今までのやり方を排して新しいものに切り換えるという実験には、人は二の足を踏むことも多いことだろう。それなのに、なぜアメリカは、良さそうなことは何でも新しく始めてみよう、だめならそこでまた考え直せば良いといった試行錯誤を積極的に許容するような、フットワークの軽さを維持することが可能だったのだろうか。これには、もちろん、自分たちの未完成さに対する意識が逆に積極的な姿勢を生み出したという部分もあろう。しかし、それに勝るとも劣らないほどこの国の重要なエネルギー源となってきたのは、この国を統合しようとするベクトルと多元化しようとするベクトルという、いわば相反する二つの方向性を持つ力なのであり、これら二つの力が社会内部に作り出す緊張状態がこの国に絶えず推進力をもたらす役割を果してきたとみることができるのである。

　人為的な国家建設と国民統合を宿命づけられて出発したアメリカにおいては、社会や集団を何とか統合しようとする力が当然生まれてくる。こうした統合化のベクトルは、国内に共通の価値観を作り上げようとする方向性を持つ。しかし、先に述べたように、アメリカという国を構成している人々の間には、文化や立場にかなりの多様性が存在する。そのため、特定の価値観を社会全体に押しつけようとする統合化のベクトルが強くなれば、それだけ、それに抵抗する、いわば多元化のベクトルも活性化されることになる。つまり、アメリカという国は、人為的な統合を宿命づけられているものの、国を構成する人々の多様性ゆえに、特定の価値観を強制したり共有しようとすればするほど、それによって排除された人々の側からの抵抗が強まるような仕組みになっているのである。

　こうした傾向は、社会を効率よく統合するという点から見れば不利に見えるかもしれない。しかし、二つの相反するベクトルが緊張状態を作り出すという構図は、アメリカ社会が持つべき伝統や価値観とは本当は何なのだろうかという問いへとアメリカ国民をその都度立ち返らせ、より多くの人に受け入れられるものを

試作してみようという動きに弾みをつけることにもなる。つまり、アメリカという国は、特定の価値観が暴走することに歯止めをかけ、軌道修正に道を開く反発力が作動するようなメカニズムを内蔵しているのであり、そのことがこの国の重要な推進力を形作っているのである。統合化と多元化という二つのベクトルのぶつかりあいを克服しなければならないということは、確かに面倒なことである。しかし、そうした状況があればこそ、逆に何とかしなければならないという、前向きの実験精神が絶えず刺激されることにもなるわけである。

　アメリカという国が実験国家であり続けられる理由、それは、統合化と多元化のベクトルが絶えず緊張状態を作り出し、問題解決の必要性を社会に投げかけるという、この国に内蔵されたメカニズムに負うところが少なくない。国としての歴史の短さや、建国の経緯が物語る未完成さ、多様な集団の存在などは、一見するとこの国の弱点のように思えるかもしれない。しかし、アメリカは、未完成さを旺盛な実験精神へ、そして、複雑な民族構成をより妥当性の高い共通の価値観を模索する契機へと転換するメカニズムを、その短い歴史の間に獲得してきたのである。その意味では、アメリカという国は、弱点を強みに変える仕組みを育んできたのであり、その目標の遠大さに比例するダイナミズムとエネルギーを秘めた国といえるのである。

4　総合的なアメリカ理解に向けて

　外国のことを理解するということは、実に奥が深い話である。アメリカという国の特定の時代や分野についてはよく知っていたとしても、それが果たしてアメリカという国をどれだけ理解したことになるのかという保証はない。過去のある特定の時代のアメリカのことはよく知っているが、現代のことはわからないとか、あるいはその逆という状態は、アメリカ理解としては不十分であろう。また、例えば、アメリカの政治についてはよく知っているが、文学のことは何も知らないといった具合では、やはり外国理解としては少々いびつではないだろうか。

　こうしたことは立場を逆にして考えてみれば、さらに問題の所在が鮮明になる。

外国の人が日本という国を理解しようとする時、例えば第二次世界大戦中の日本の軍国主義の軌跡を学んで、日本人は好戦的だという日本観を持ったとする。また、経済という分野だけに偏った勉強をして、日本人はエコノミック・アニマルだという見解にたどり着いた外国の人がいたとする。こうした日本理解は、果たして日本人として受け入れられるものだろうか。特定の時代の現象や特定の分野のみに依拠した外国理解は、実はその国のほんの一部を言い当てているにすぎないことが少なくない。それを勝手に拡大解釈してしまうことは、かえって外国に対する誤解を増幅してしまう危険をはらんでいるのである。

　このように考えてみると、外国理解のポイントは、特定の時代の出来事や特定の分野に偏らずに、バランスよくその国の動向を把握することにあるといえる。つまり、時間軸と空間軸の両方の座標軸からその国の文化・社会・歴史を総合的にとらえることが必要なのであり、そうした座標軸を欠いた外国研究は外国理解に直結するとは限らないのである。こうしたバランスの取れた外国理解に至るのは、決して容易なことではない。アメリカのような複雑で巨大な超大国ともなれば、なおさらのことである。しかし、実験国家としてのアメリカの発展途上性という観点に立った時間軸を設定し、そうした歩みを続けているアメリカの地でいつの時代にも繰り広げられてきた統合化と多元化のベクトルのせめぎあいという観点に立つ空間軸をもう一方に設定して、様々な時代、様々な分野の出来事を有機的に結びつけていけば、新たなる伝統に向けた試行錯誤を繰り返しているこの巨大な超大国を、総合的にバランスよく理解することに道が開けてくるのではないだろうか。

　本書の目的は、こうした問題意識に立脚して、特定の時代や特定の分野のアメリカを「研究する」というよりは、むしろ、まず、アメリカという国を総合的に「理解する」ための土台を整備することで、アメリカを「理解すること」と「研究すること」とのつなぎ役を提供することにある。それゆえ、本書では、特定の時代だけに極端に偏らないという観点から、植民地時代から21世紀まで、ほぼ時代順に各章を配列してある。従って、これを通読すれば、アメリカの歴史の概略も把握できるようになっている。と同時に、各章では、特定の時代のある分野の現

象に焦点を当てている。取り上げられている分野は章によって異なるが、宗教、政治、法律、芸術、社会、経済、外交、人種問題、ジェンダーなど様々であり、全体を読めば、アメリカの文化・社会の諸領域についての基礎知識や背景的知識が吸収できるようになっている。各章は、それぞれ完結した内容になっているが、それらは、時間軸と空間軸の両方からアメリカという国を総合的に知ろうという本書のレールの上に配置されており、これら二つの軸で有機的につながっている。つまり、本書は、アメリカの歩みについて学びながら、同時に統合化と多元化の力関係に着目しつつ様々な分野の話題にある程度まとまった形で触れることで、バランスの取れたアメリカ理解に近づこうとするものなのである。そして、それぞれの章で取り上げた話題が、現代アメリカの動向を我々が把握しようとする際にどのような意味を持ってくるのかが、それぞれの章の末尾には言及されている。

5　アメリカ研究への招待

　ところで、アメリカという国を理解するという眼を養いながらアメリカについて学ぶことに、いったい何の意味があるのだろうという疑問を持つ人もいるかもしれない。アメリカについて勉強したところで、日本人にとっては無関係ではないのか、また、日本人がアメリカについて勉強してもアメリカ人以上にアメリカのことを理解できるはずなどないのではないか、と思う人がいても決して不思議ではない。しかし、外国について研究することは、究極的には自分の住む日本という国、さらには世界全体を改めて見つめ直すための有効な視点を得ることに通じているのであり、アメリカ研究も決して例外ではない。

　人為的な集団統合を宿命づけられたアメリカという実験国家は、未だに完成途上にあり、統合化と多元化のベクトルのぶつかりあいをその都度調整していくには、多大な労力とコストを必要とする。しかし、これらは決してアメリカという国の純然たる弱点というわけではない。むしろ、このことが指し示しているのは、アメリカにおいては、いわば理想や理念が先行しているため、現実をそれに近づけるための努力が絶えず湧き出てくる可能性が大きいということなのである。つ

まり、アメリカは、歴史は短いながら、危機に直面しても、また、失敗を経験しても、それを完成途上の出来事として臨機応変に軌道修正できるようなメカニズムを作り上げてきたのであり、いわば弱点を強みに変えようとしてきたといえる。

こうしたアメリカの体質は、時代の変化の度合いが増し、古い体質からの脱却に際して、より大胆な決断力とそれを遂行するスピードが求められるようになってきた現在、ますますその威力を発揮しつつある。それに対して、日本は、アメリカよりも長い歴史を持つ国とはいえ、こうした時代の変化への対応力という点では果してどうだろうか。外圧によってではなく、自らの意志によって古い体質から脱却していくには日本社会はどのような仕組みを備えているべきなのか、アメリカという存在は一つのヒントを与えてくれるかもしれない。

また、もし今後とも日本が現在の経済水準を維持しようとすれば、高齢化と出生率の低下の中で、労働人口をどう確保するかという深刻な問題に直面するだろう。その際には、労働人口の高齢化のみならず、労働人口を補うための移民の受け入れという選択肢を取ることも考えられる。つまり、21世紀の日本は、現在よりも外国人労働者が増える可能性があり、そうなれば、そうした人々の子孫が日本に住み着いたり、日本人との間にできた子どもの数も増えることになる。このことは、いわば多民族化というアメリカが経験してきたのと似た現象を日本も体験する可能性を示唆しているだけでなく、より多様な背景の人々を将来の日本社会はどう受け入れるのかという重要な問題をも提起している。その意味からすれば、多様な背景の人々をどう統合していくかという、アメリカに突きつけられた課題は、日本人にとって決して対岸の火事ではなく、アメリカの行く末を追いかけることは、そうした将来の日本に起こるかもしれない現象に対する問題意識を深めることにも通じているのである。

もっとも、戦後の日本はアメリカの存在を強く意識して変身しようとしてきたとはいえ、アメリカが全ての面で日本にとってのお手本であるというわけではないだろう。しかし、アメリカを勉強することによって、アメリカという国のどこに見るべきものがあるか、あるいは問題点がどこにあるかを把握できれば、それと自国を比較しようとする発想が生まれてくる。その意味で、アメリカを知ると

いうことは、日本を見つめ直すという行為につながっているのであり、アメリカという研究対象は、自国を改めて眺めるための鏡としての意味を持っているのである。

さらに、アメリカという鏡は、将来の日本を考えるヒントに満ちていることに加え、今後の世界の行方を占う意味でも貴重な存在といえる。21世紀にはグローバル化がいっそう進み、国境を超えた人と物の交流がますます盛んになるだけでなく、環境問題や食糧問題など、国境を超えて地球規模で対応しなくてはならない場合が増えることだろう。しかし、地球全体を統括するような政府は、現在はまだ存在しないし、各国の文化的背景や利害関係も千差万別である。そこには、立場の違う人々をどう統合し、一つの意思決定にどうつなげられるかという問題がある。だが、考えてみると、アメリカという国は、自分の国を作り上げていく過程で、常にこの種の問題と格闘してきた国なのである。その意味では、人為的な集団統合というアメリカの経験してきたのと類似のことを、今度は各国が集まって行う番が来つつあるともいえる。

読者の方々には、アメリカという国が背負った運命がこれまで非常に特殊に見えていたかもしれない。しかし、21世紀にはそれがそうでなくなるような状況が迫りつつあるのである。人為的な集団統合という課題に対して、人類には何ができるのか、アメリカが繰り返してきた実験は、その可能性を探る重要なサンプルとしても意味を持ちつつあるとさえいえるかもしれない。

果して、背景や立場の異なる人々の集団統合や利害調整を世界的規模で実践する必要性の増大に伴って、世界全体がアメリカ化していくのかどうかはまだ定かではない。しかし、現実の世界では、メイド・イン・アメリカの物や娯楽が広く浸透してきているという事実を考えるならば、アメリカという存在は、元来の特殊性を薄め、むしろ普遍性を獲得しつつあると見ることもできるだろう。そこには、アメリカ文化による他国の文化の侵略であるとか、文化帝国主義的な文化破壊の危険が潜んでいるのも事実であるが、いずれにせよ、今後の世界において、異文化理解を促進しつつ、いかに人類が共通の認識を作り上げていくかという難しい課題を考える上で、アメリカという存在と向き合うことは避けて通れないこ

となのである。

　このように、アメリカについて学ぶことは、単に教養を積むということ以上の奥行きや広がりを持っている。アメリカという国が、類稀な活力を維持しながら、いかに遠大な目標を追いかけているかに改めて目を向けることは、今後の日本や世界のあり方をめぐるヒントを得ることに通じているのである。

6　未完成の国アメリカ

　アメリカ研究のもう一つの醍醐味は、この国が未完成だということである。実験国家としての特性も、統合化と多元化のベクトルのぶつかりあいも、当然今後のアメリカに受け継がれていくことだろう。多様性を許容しつつ、国民を統合する価値観を作り出そうとする試行錯誤の連続は、まだ終着点を迎えていない。統合化と多元化のベクトルの綱引きは、次々と新しい姿へとこの国を変えていくはずである。そして、我々自身がそうした変化を目の当たりにするチャンスも十分にある。アメリカを研究する面白さの一つは、この国が国民統合の未だ途上にあり、真の意味でのアメリカ的価値観とか伝統といったものが、未来において作られるかもしれないという点なのである。アメリカが過去の遺産を修正し、より強固な国民統合の基盤をどのように作り上げていけるのかをリアルタイムで観察する楽しみがそこにはある。

　21世紀のアメリカは、アメリカが持つべき文化とは何かという問いをさらに突き詰める必要性に迫られることだろう。こうした社会的要請や時代の変化の中でアメリカの文化がどう変貌を遂げ、そこからどのような新しい活力が芽生えてくるのか、可能性は無限に広がっているといっても過言ではない。本書は、そうした来るべきアメリカの未来への挑戦の持つ意味を見極めるための土台となるものにほかならない。

第 ❷ 章

アメリカという「物語」
──ピューリタニズムのレトリック

---- この章のねらい ----

　アメリカの歩みを理解するためには、コロンブスの航海や先住インディアンの存在を決して無視することはできない。だが、現在の国家としてのアメリカ合衆国の原点を考えるには、植民地時代、とりわけ、ピューリタンたちがアメリカ大陸に持ち込んだ思考様式であるピューリタニズムに対する理解が欠かせない。

　ピューリタニズムは、勤勉や倹約の美徳など、現代アメリカにも流れている倫理観のみならず、実は、アメリカという国家の物語性、神話性の出発点に位置づけることができる。アメリカについて語ろうとする時、人はしばしばアメリカン・ドリームという言葉を持ち出すが、「今は困難に直面していても未来は開ける」といった、楽観的な「物語」が、このアメリカという国にはつきまとっている。しかし、考えてみれば、こうした「物語」とともに歩んでいる国というのも世界的に珍しい。そこで、本章では、実は植民地時代のピューリタンがこの国にまつわるそうした「物語」の成立に深く関与していたことを明らかにし、このような「物語」の存在が、アメリカという国のいかなる特質を形作ることになったのかを考えていく。

関連事項略年表

1492	コロンブスが西インド諸島に到達
1513	フアン・ポンセ・デ・レオン（西）がフロリダ半島に到達
1534	英国国教会設立
	ジャック・カルティエ（仏）がセント・ローレンス川流域を探検
1539	エルナンド・デ・ソト（西）が北アメリカ大陸南東部を探検
1540	フランシスコ・ヴァスケス・デ・コロナード（西）が北アメリカ大陸南西部を探検
1555	イギリスでプロテスタントに対する迫害が始まる
1565	セント・オーガスティンの建設（西）
1585	ウォルター・ローリー（英）がロアノーク島に植民地建設を試みるが結局成功せず
1588	イギリスがスペインの無敵艦隊を破る
1607	ジェイムズタウンの建設（英）
1608	サミュエル・ド・シャンプラン（仏）がケベックに植民地を建設
1620	メイフラワー号がプリマスに到着（英）
1626	ニューアムステルダムの建設（蘭）
1630	マサチューセッツ植民地の建設（英）
1636	ハーヴァード大学の設立
1637	ピークォート族の虐殺
	ニュースウェーデンの建設（ス）
1662	半徒契約の制度の導入
1675	フィリップ王戦争
1692	セイラムの魔女裁判

英＝イギリス、仏＝フランス、西＝スペイン、蘭＝オランダ、ス＝スウェーデンの関連事項であることを示す

1　ピューリタン植民の歴史的経緯

　ピューリタンとはいかなる人々であったのかを理解するためには、まず、ヨーロッパから北アメリカ大陸への初期の移住の過程の中で、彼らがどのような存在だったのかを知る必要がある。

(1)　ヨーロッパ諸国による北アメリカ大陸の植民地化
　コロンブスが1492年に西インド諸島に到達し、ヨーロッパ世界に新大陸の存在が知られるようになると、次第にヨーロッパ諸国は、未知の大陸に植民地を建設することを考え始めた。その先陣を切ったのは、コロンブスの航海のスポンサーとなったスペインである。
　中央アメリカに築いた植民地を拠点にスペインは、1513年にフアン・ポンセ・デ・レオン（Juan Ponce de Leon）を派遣してフロリダ半島への進出の足がかりを築くと、1539年にはエルナンド・デ・ソト（Hernando de Soto）に北アメリカ大陸南東部を、翌40年にはフランシスコ・ヴァスケス・デ・コロナード（Francisco Vasquez de Coronado）に北アメリカ大陸南西部を探検させ、1565年には北アメリカにおけるヨーロッパ人の最初の街となるセント・オーガスティン（St. Augustine）をフロリダに築き、着々と勢力圏を拡大しようとしていた。
　一方、1534年にジャック・カルティエ（Jacques Cartier）にセント・ローレンス川流域を調査させたフランスは、現在のカナダにあたる地域に足がかりを築いた。フランスは、南から進出しようとしていたスペインとは反対に、いわば北から新大陸に支配権を拡大しようとしていた。
　16世紀にスペイン・フランスが新大陸進出の動きを活発化させていた中で、イギリスは当初それに乗り遅れていた。そこで、ウォルター・ローリー（Walter Raleigh）は、スペインとフランスの影響力がまだ及んでいない北アメリカ大陸の中央部に進出することを試み、現在のノースカロライナ州のロアノーク島に1585年に植民地を建設したが、軌道に乗らず、1590年に補給隊が到着した時には植民

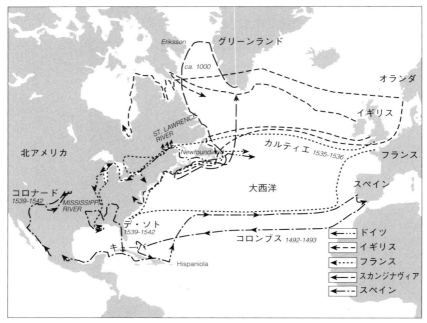

図2-1　北米におけるヨーロッパ人の探検
出典：*The New York Public Library American History Desk Reference*, Macmillan, 1997 より作成

地は消滅していた。

　しかし、その後1588年にスペインの無敵艦隊を破ったイギリスは、北アメリカへのスペインの影響力の拡大を阻止するとともに、新大陸進出競争でも巻き返しに出た。17世紀に入ると、イギリス以外にもフランス、オランダ、スウェーデンが北アメリカでの植民地経営を強化しようと試みるようになるが、イギリスはそれらの国々との競争を制して、北アメリカにおける覇権を次第に築いていった。

(2) イギリスからアメリカへの植民の本格化

　17世紀に本格化したイギリスから北アメリカへの植民には、それぞれ目的の異なる二つの流れがあった。一つは、イギリス国王から勅許状（charter）を得た合資会社が中心となった、南部ヴァージニア（Virginia）への投機的な植民で、1607

年にジェイムズタウン（Jamestown）というイギリス系の人々による最初の町が建設された。ここを拠点にヴァージニアでは、広大な土地に大農園（プランテーション）を築き、タバコを主とする利

図2-2　ジェイムズタウンの想像図
出典：Colonial Williamsburg Foundation

潤の高い作物を栽培してヨーロッパに輸出し、財を成す者が現れるようになる。後の独立革命の際にヴァージニアがその中心地の一つとなった背景には、こうした土地の私有に伴う権利意識の強い風土が関係しているとみることができるが、その一方で大規模なプランテーションの建設は、奴隷制度の導入にも道を開くという矛盾をももたらした。また、投機目的の植民団には女性が少なかったことに加え、ヨーロッパの寒冷な気候に慣れていた人々にとっては、ヴァージニアの暑い気候への適応が容易ではなかったこともあって、ヴァージニア植民地では、生存率や平均寿命が伸び悩み、社会の成熟に時間を要した。

　一方、南部ヴァージニアへの植民よりも遅れて始まったにもかかわらず、短期間に飛躍的な発展を遂げたのが、初期のアメリカへの植民のもう一つの大きな流れを形成している、東部マサチューセッツへの宗教的な植民であった。そして、その中心となったのが、イギリスにおける宗教改革の不満分子的存在であった、ピューリタンだった。

　ヨーロッパ各地で沸き起こった宗教改革は、中世のカトリックの腐敗を批判し、信仰の拠りどころをあくまで聖書に求めようとするプロテスタント勢力の台頭という形で進行したが、イギリスにおける宗教改革は、カトリックとプロテスタントの中間的存在となる英国国教会の設立という形で決着した。ところが、国教会にはまだカトリック的な儀式や階級制度が残っており、聖書中心主義を掲げるプ

ロテスタントの中には、こうした改革を不十分と考え、国教会を浄化（purify）しようと考えた人々もいた。こうした人々はピューリタンと呼ばれたが、国教会への反逆者としてイギリスで迫害を受け、信仰の自由と新天地を求めて、北アメリカへと移住した。ピューリタンの移民の数自体はさほど多くはなかったが、男女比のバランスに比較的恵まれた上に、信仰集団としての結束力の高さ、ヨーロッパに近い寒冷な気候といった要因が重なった結果、ピューリタンの植民地では生存率や平均寿命に比較的恵まれ、人口が急増し、南部よりも早く社会が成熟していった。

（3）ピューリタンの初期の移住の二つの流れ

　アメリカ北東部への初期のピューリタンの植民には、二つの流れがあった。第一波の植民は、分離派（Separatist）と呼ばれる急進派のピューリタンたちで、1620年にメイフラワー号（*Mayflower*）で現在のマサチューセッツ州ボストンの南のプリマス（Plymouth）に到着した。彼らのことをピルグリム・ファーザーズ（Pilgrim Fathers）と呼ぶ。

　これに対し、第二波のピューリタンの移住は、ジョン・ウインスロップ（John Winthrop（1588-1649）を中心としたマサチューセッツ湾会社（Massachusetts Bay Company）によるもので、1630年にアーベラ号（*Arbela*）でボストンの北のセイラム（Salem）に到着した。その後、マサチューセッツ植民地は、プリマス植民地を吸収合併して発展し、ニューイングランドと呼ばれるアメリカ北東部の中心的存在となっていく。

　マサチューセッツ植民地の急速な発展を物語る事例の一つが、1636年に神学校としてハーヴァード大学が設立されたことである。植民地建設が始まってまだわずか6年にすぎず、さほど余裕がなかったはずのこの時期に、ピューリタンたちは、教育という次世代の人材養成システムをすでに整備しつつあったのである。聖書中心主義の立場に立つピューリタンにとっては、聖書に関する知識が必須であり、その前提となる読み書き能力を広く普及させるためにも、教育に力を注ぐ必要があった。ハーヴァード大学の設立は、ピューリタンの植民地事業が早くも

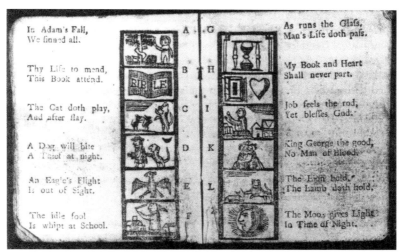

図2-3　1680年代後半に出版され、広く使われたスペリング・ブック
出典：*American Eras*, Gale, 1998

軌道に乗り始めたことを示していた。

2　ピューリタンの思想的特質

　では、こうしてアメリカ北東部に拠点を築いたピューリタンたちは、どのような思想をアメリカに持ち込んだのだろうか。そこで次に、ピューリタンたちの思考様式の特徴をもう少し詳しくみてみよう。

(1) 回心に基づく選民意識

　ピューリタンは、神によって救われる人々は、あらかじめ神によってすでに選ばれているとする予定説の立場をとる。そして、そうした人々は、神の啓示というべき宗教的体験（回心）を経ることによって、自分が神に救われる運命にある、いわば特別な人間であることを知ることができると考えた。こうした、自分たちは特別な選民なのだというアイデンティティこそ、ピューリタンの思考様式の基盤であった。

第2章　アメリカという「物語」　｜　19

（2） 新たなる契約と使命

　しかし、特別な人間とはいえ、原罪を犯したアダムとイヴの子孫であることには変わりはない。それゆえ、ピューリタンは、神は命令に背いた人類を見放すこともできたのに、なぜ自分たちには救いの手をさしのべようとしているのかと自問する。そして、これは、慈悲深い神が人類にもう一度チャンスを与え、神と人との間に新たな契約を結ぼうとしているのだと考える。つまり、自分たちは神との新たな契約に入ったのであり、神の栄光を地上に表すことこそ、自分たちに課せられた使命なのだと考えたのである。

　では、神の期待にこたえるためには、いったい、具体的にどうすればよいのか。ここでピューリタンは、自分たちは人類の再出発の事業を神から与えられたのだから、それはきっと未だに人の手が入っていない、新大陸の未開の荒野に理想の楽園を建設することこそ、自分たちの使命に違いないという答を出した。この「荒野への使命」（"Errand into the Wilderness"）に燃えて、彼らは大西洋を渡ったのである。

（3） 予型論的発想と解釈コードとしての楽園建設物語

　神と人との新たなる契約に基づいて新大陸に理想の楽園を建設することが自分たちの使命だと信じるピューリタンは、さらに次のように考えた。すなわち、いわば人類の出直しを任された自分たち選民は、旧約聖書の世界に登場する、同じく神に選ばれたイスラエルの民とどこか相関関係があるのではないかというのである。こうした発想は、キリスト教内における、予型論（**Typology**）と呼ばれる考え方を発展させたものといえる。

　予型論とは、旧約聖書に書かれたイスラエルの民についての記述の中に、新約聖書に登場するキリストにまつわる物語を予言するような、物語のひな型となる原型（予型）が存在するとする聖書解釈の方法である。ピューリタンは、これを応用して、新大陸を旧約聖書の古代イスラエル世界になぞらえて解釈することによって、選ばれた民としての自己のアイデンティティを確かなものにしようとした。

こうした予型論的解釈が表れている具体例としては、ウインスロップが大西洋上で行った説教、「キリスト教徒の慈愛の雛型」("A Model of Christian Charity")という説教が挙げられる。この中でウインスロップは、ピューリタンが神との新たな契約に基づいて作る社会は、人類の模範として世界を照らし出す「丘の上の町」("City upon a Hill")となるだろうと述べた後、説教をモーゼの言葉を引用して締めくくっている。つまり、エジプトで圧政に苦しめられていたイスラエル民族が預言者モーゼに率いられて約束の地カナンに脱出するという、旧約聖書の「出エジプト記」の記述を、ヨーロッパでの宗教的迫害から逃れて新大陸へと脱出する自分たちの運命に重ね合わせているのである。

　しかし、こうした予型論的解釈をもってしても、ピューリタンの不安は完全には払拭されなかった。選民とはいえ、神の足元にも及ばない不完全な存在たる人間である以上、新大陸に神の栄光を表すためには、神の導きが不可欠だとピューリタンは感じていた。そのため、日々の一つ一つの出来事の背後に潜む神の意志を正確に解読することにピューリタンは力を注いだ。その証拠にピューリタンたちは膨大な量の日記を書き残しており、そこには毎日の出来事の中に神の導きを必死に確認しようとする彼らの姿を読み取ることができる。

　だが、こうしたピューリタンの姿勢は、新大陸で遭遇する出来事を、全て神との契約を交わした自分たちに課せられた楽園建設の使命と関連づけて解釈しようとするものに他ならなかった。従って、ある意味でピューリタンたちは、自分たちが創作した楽園建設の物語の枠組みの中に現実を無理やり押し込めて解釈しようとしていたともいえる。それでは、いわば「初めに物語ありき」という彼らの思考様式は、植民地社会の発展とともにどうなっていったのだろうか。

3　植民地社会の発展とピューリタン的世界観

　ピューリタンの植民地においては、政治と宗教は未分化の神権政治の状態にあったが、植民地の規模が拡大していくにつれ、対外的にも内政的にも様々な問題が噴出することになった。

（1）対外的な問題

　ピューリタンにとって対外的な最大の問題は、やはり先住インディアンとの対立であった。当初は両者の間にさほど衝突はなかったが、植民者が増え、植民地が西に拡大していくにつれ、両者は緊張状態に突入し、血で血を洗う争いへと発展していった。先住インディアンたちの間には、土地の私有という概念がなかったため、ピューリタンたちを追い出そうとは当初必ずしも考えていなかった。しかし、次第にピューリタンたちが土地の私有をもくろんでいることを見抜くや、先住インディアン側は態度を硬化させていったのである。

　こうして先住インディアンとの深刻な対立に直面したピューリタンたちは、次第に自分たちの物語解釈コードに基づいてインディアンの抹殺を正当化していった。つまり、インディアンとの戦いは、実は楽園建設の途中で神が我らに与えた試練なのであり、これに打ち勝ってこそ神の意志を満足させることができるのだと、自分たちの都合のいいように考えたのである。実際、1637年に現在のコネチカット州のミスティック（Mystic）では、ピューリタンによって先住インディアンのピークォート（Pequot）族の女性や子供が虐殺された。これは、戦闘の準備のできていない集落が不意に襲われ、多数の非戦闘要員が犠牲となった悲劇的事件であったが、ピューリタンは、自分たちの楽園建設物語の枠組みの中で、神の期待にこたえる行為として先住インディアンの抹殺を正当化したのである。

　先住インディアン側の抵抗は、1675年のフィリップ王戦争（King Philip's War）での先住インディアン側の敗北を境に、アメリカ北東部では沈静化していく。しかし、先住インディアンとの戦いは、ピューリタンの植民地側にも多大の犠牲者を出すとともに、ピューリタン的な楽園建設物語の論理を一層先鋭化させる契機を作ることになったといえる。

（2）内政上の問題

　対外的な問題に見通しが立ちつつあった一方で、ピューリタンの植民地内部では、次第に大きな問題が表面化してきた。ピューリタンのアイデンティティの大前提は、回心の体験であるわけだが、経済が発達して次第に物質的に豊かになる

につれ、また、社会の中心が信仰心に厚かった移民の第一世代から第二、第三世代へと移っていくにつれ、決定的な宗教体験としての回心を経験する人の数が減少してしまった。当時の教会は、回心を経た成人男子のみを構成員とし、しかも回心を経ていない人間の子は洗礼を受けられなかったので、こうした回心体験者の減少は、教会と植民地の存立そのものを揺るがしかねない一大事であった。

そこで17世紀半ばになると、苦肉の策として半徒契約 (Half - Way Covenant) という制度が導入されるようになる。これは、回心を経ていなくても教会員に認めるという制度であった。教会の構成員を何とか確保しようとする試みとはいえ、こうした制度の普及は、ピューリタニズムの根幹を危険にさらすものであり、神の栄光を地上に表すという目標からすれば明らかに植民地社会が後退していることを示すものであった。1692年にセイラムで起こった魔女裁判は、魔女狩りがエスカレートして次々に無実の人々が処刑された事件として有名だが、こうした事件が起こったのも、逆にいえば、ピューリタン社会が内部の引き締めの必要性に迫られるほど、信仰の危機に直面していたからなのである。

このように、ピューリタンは、植民地社会が発展し、対外的にも内政的にも様々な問題に直面するに及んで、「楽園建設という理想」と「深刻な現実」とのギャップに直面することとなった。先住インディアンとの戦いで多数の犠牲者を出す一方、自らの宗教共同体の屋台骨自体が揺らぎつつあったのである。しかし、同時にここで忘れてはならないのは、こうした状況から後の世代に形を変えて受け継がれていく文化的伝統が芽生えたという点なのである。

4　文化としてのアメリカン・ジェレマイアッド

この点を考えるために参考になるのが、サクヴァン・バーコヴィッチによるピューリタン研究の成果である。バーコヴィッチによれば、こうした理想と現実との落差が歴然とし始めた17世紀の特に後半の聖職者たちの説教には、共通した特徴がみられるという。彼は、これを「アメリカの嘆き」("American Jeremiad") と呼び、本来は宗教的な次元で作られたこうしたレトリックが、次第に世俗化さ

れて後のアメリカへと受け継がれていった可能性を示唆している。危機に瀕した植民地時代のピューリタン社会は、後のアメリカにまで影響を与えるような、いったいどのような新たな思考様式を編み出したのだろうか。この点を考えるためには、そもそもジェレマイアッドというものが何であったのかをまず理解する必要がある。

（1）ジェレマイアッドの起源

　ジェレマイアッドとは、予言者エレミアの手による、旧約聖書の「エレミア記」に由来する言葉である。「エレミア記」は、バビロニアにイスラエルが征服され、人々の心もすさんでいくという、イスラエル民族存亡の危機を背景とするものである。この中で彼は、イスラエルの民に降りかかった災難はやはり神の裁きなのであり、これを謙虚に受け止めなくてはならないという考えを示すとともに、「契約を改めよう」という神の声を聞いたと記している。そして、こうした現実を招いてしまった人々を嘆きつつも、新たなる神の導きを讃える内容となっている。

　バーコヴィッチによると、この「エレミア記」のスタイルをまねたジェレマイアッドと呼ばれる説教のジャンルがあり、人々の愚かさが原因で神から受けた仕打ちを嘆く際の代表的な説教形式として、ヨーロッパのキリスト教世界に受け継がれていった。しかし、ヨーロッパのジェレマイアッドの中心テーマは、どちらかというと人々の行いを戒め、このままでは神の怒りを招くぞと警告し、人々の心に恐れと服従心を呼び起こすものへと変質していった。

（2）アメリカン・ジェレマイアッドの特質

　ところが、17世紀のアメリカのピューリタンのジェレマイアッドは、ヨーロッパのものとは異質だとバーコヴィッチは指摘する。彼によると、アメリカのピューリタンのジェレマイアッドの構成は、大体どれも同じ三部構成で、初めに聖書からの引用があり、次に現実世界の腐敗と堕落を痛烈に批判し嘆く部分が続き、にもかかわらず、人々の努力次第で新大陸は必ずや約束の地となるだろうという予言で締めくくられる。つまり、ピューリタンのジェレマイアッドは、人々に警

告したり、神への恐れを抱かせることを目的としているというよりは、むしろ、アメリカは約束の地であるという、ピューリタン特有の楽園建設物語の枠組みを再確認するものとなっているのである。換言すれば、深刻な現実、それに対する嘆き、楽園物語のシナリオ、それら全てが矛盾なく納まるようなものの言い方がここで成立しているのである。神との約束と堕落した現実との間の落差をただ嘆き悲しむにとどまらず、そうした嘆きと楽園建設の物語の枠組とが両立するようなレトリックをピューリタンは編み出したのである。そして、このような「自分たちの社会には未来が約束されているのだから、悲惨な現実に対する嘆きをバネに前進しよう」という、自分たちに言い聞かせ自らを奮い立たせるような論法は、その後のアメリカ社会の様々な局面で登場することになるものの言い方の雛型的存在とみることができる。

　例えば、1960年代の公民権運動のクライマックスとなったワシントン大行進の際、公民権運動の指導者キング牧師は、「私には夢がある」("I have a dream.")という有名なスピーチを行ったが、あの演説の論法はジェレマイアッドのレトリックに酷似している。キングは、人種差別の深刻な現実を批判し、自由と平等を掲げたこの国の理想と現実との間の落差を嘆きつつも、「私には夢がある」という、いわば約束された未来への期待を表明することも忘れていないのである。

　このように考えてみると、現在のアメリカはピューリタン的神権政治からは程遠い存在であるが、ピューリタンの用いたレトリックは、世俗化された形でその後のアメリカ社会に継承され、とりわけ、アメリカ社会が理想と現実の深刻なギャップに直面した時、それを何とか乗り越えようとする時のものの言い方の中に痕跡をとどめているとみることができる。実際、植民地時代のピューリタンとは直接の接点のない黒人たちの公民権運動においてさえ、こうしたジェレマイアッド的なレトリックがみられるという事実は、ジェレマイアッド的レトリックが、この国の文化的伝統として広範囲に根をおろしている様子を暗示する。

　アメリカ人の心の底には、様々な社会問題を抱えながらも自分たちには約束された未来があるという「物語」が生き続けているようにみえるが、そのルーツは17世紀のピューリタンに遡ることができる。そして、こうした物語が存在するか

らこそ、アメリカは常に発展途上・完成途上の国であり、進行形の国であり続けることができるのである。その意味では、17世紀のピューリタンの考え出したレトリックは、結果的にこの国のいわば推進力となるような重要な文化的伝統を生み出すに至ったといえる。アメリカという国は、困難に直面しても、それを矛盾なく回収してしまうような物語の枠組みやレトリックを文化的伝統として持っている国なのであり、そこが侮れない所なのである。そして、そうした伝統のルーツは、はるか17世紀の植民地時代にまで辿ることができるのである。

5　ピューリタンと現代アメリカ

　従来ピューリタンは、倫理的にも非常に厳格で、選民思想に取りつかれた、とっつきにくい人たちというイメージがつきまとってきたかもしれない。実際、ピューリタンと現代アメリカとのつながりというと、倹約や勤勉といった、その厳格な倫理観の遺産を思い浮かべる人が多いことだろう。確かに、そうした禁欲的な倫理観は、現代アメリカにも根強く残っている。例えば、アメリカは、1920年代に禁酒法を実施したほど、酒は慎むべきとの感覚が未だに強い。日本のようなビールの自動販売機など全くみられないうえ、現在でも日曜日には酒の販売を禁じているところも少なくない。

　しかし、バーコヴィッチの視点を踏まえるならば、ピューリタニズムは、一方ではある種の楽観主義的思考へと姿を変えて、その後のアメリカ社会に痕跡をとどめることになったという点にも気づかされる。「アメリカには未来がある」というアメリカ特有の楽観主義の種をまいたのは、理想と現実の間で嘆きつつも、あくまで約束された楽園の建設という物語に固執しようとしたピューリタンたちだったのである。植民地時代のピューリタンたちの遺産は、アメリカという国を包んでいる楽観主義的思考とは一見何の直接の関係もないかのようにみえて、実は意外な所で現代アメリカを動かし続ける原動力となっているのである。

　とはいえ、アメリカという国の推進力を生み出す役割を演じたピューリタンが、一方では先住インディアンの排撃を正当化していた点も見過ごすことはできない。

そして、まさに、この点にこそ、ピューリタンにまで遡るジェレマイアッド的レトリックに潜む危険な側面をもみることができる。確かに、ピューリタンたちは、楽園建設の物語を新大陸に持ち込み、それを機能させるためのレトリックを編み出した。そうした物語やレトリックは、様々な形で世俗化され、発展途上の国、進行形の国としてのアメリカの推進力となる、重要な文化的伝統を形成するに至った。だが、このことは、そうした推進力が、現実を自分たちの都合のいいように歪曲しかねない「物語」に依存していることをも同時に示しているのである。
　実際、アメリカという国の動きをみていると、現実を「物語化」して解釈しようとする傾向が散見される。アフガニスタンのタリバン政権を崩壊に追い込んだブッシュ大統領が、北朝鮮やイラクを「悪の枢軸」と名指ししたことは記憶に新しい。だが、考えてみれば、国というものは常に善であるとは限らないし、常に悪であるとも限らない。いやむしろ、ある国を善とか悪とみなすこと自体が、現実を自分たちにとって都合のいい物語の中に押し込んで解釈しようとする営みを体現しているのではあるまいか。実際、1950年代の冷戦期には、ダレス国務長官がソ連との対決を善と悪との戦いに例えたり、1980年代にはレーガン大統領がソ連を「悪の帝国」と呼んだように、善玉や悪玉という役柄を勝手に割り振って、現実世界を物語の舞台に見立てようとする発想は、現代アメリカでも繰り返し登場してきている。これらと、植民地時代に先住インディアンの抹殺を正当化したピューリタンの思考様式は、危ういところで似ていないだろうか。こうした現実の物語化は、ややもすると自らの立場を絶対視し正当化するあまり、周囲の国々にアメリカは独断的だとの印象を与え、かえって他国との軋轢を生じさせ、世界の中で孤立しないとも限らない。イラク戦争の際の状況は、まさにこうした図式と重なる。
　このように、「物語の国」としてのアメリカは、困難に直面しても、それを完成途上へと至る過程でのアクシデントへと変換し、更なる前進をはかるための推進力となるレトリックを文化的伝統として獲得してきたと同時に、そうした物語への依存は、現実を自分たちに都合のいいように歪曲し、独断的な「物語」を突き進んでしまう危険性とも背中合わせであるといえる。困難を乗り越えていく推進

力を生み出す思考様式を文化的伝統として獲得してきたことは、アメリカという国の強みであり、まさにその点こそ、この国が歴史は短いながら決して侮れない存在であることのゆえんである。だが、同時に、そうした現実を物語化する発想は、場合によっては、この国が自分で自分の首を絞めることにもつながりかねない。推進力を生み出す物語を維持しながら、同時にそれを相対化する視点をもアメリカは構築していく必要性に迫られているといえよう。

さらに理解を深めるための参考文献

大下尚一訳『ピューリタニズム（アメリカ古典文庫15）』研究社出版、1976年
柳生望『アメリカ・ピューリタン研究』日本基督教団出版局、1981年
岩井淳『千年王国を夢見た革命――17世紀英米のピューリタン』講談社、1995年
大西直樹『ニューイングランドの宗教と社会』彩流社、1997年
Bercovitch, Sacvan. *American Jeremiad*. Madison: University of Wisconsin Press, 1978.

第 ❸ 章

独立宣言と合衆国憲法
——その理念と問題点

この章のねらい

　前章で扱った問題は、いわばピューリタンが開発し、その後世俗化された形でアメリカ人たちが無意識の内に繰り返し用いているレトリックであったわけだが、このことだけからも、アメリカという国の社会・文化の心臓部を支えているのは、宗教的権威や血筋からくる権威などではなくて、実は「物語」とか「レトリック」といった「言葉」でできているものなのではないか、と思えてくる。ピューリタンのジェレマイアッドに遡れる、約束の地としてのアメリカを擁護するレトリックが、どちらかといえばアメリカ人の無意識の世界に根を下ろしている言語的構築物だとすれば、本章で扱う独立宣言と合衆国憲法は、より明確に書かれた形でこの国を支えている言語的構築物である。ジェレマイアッドがアメリカ人の無意識の世界に属するのに対して、独立宣言と憲法はまさにアメリカ人の意識の世界の核となっている文書といえよう。

　本章では、17世紀から18世紀へと目を転じながら、アメリカの独立革命の経緯を概観するとともに、これら二つの文書がどのような経緯で作成され、そこにはどんな意図が込められていたのか、また、そこには同時にどのような問題点も潜んでいたのかを取り上げる。

関 連 事 項 略 年 表

1734	この頃より50年代にかけて大覚醒運動が盛んとなる
1763	フレンチ・インディアン戦争の終結
1765	印紙条例
1770	ボストン大虐殺
1773	茶法
1773	ボストン茶会事件
1774	第一回大陸会議開催
1775	4月19日　ボストン郊外で英国軍と植民地側の民兵組織が交戦（独立戦争の実質的な開始） 5月　第二回大陸会議において正規軍の創設を決議。ジョージ・ワシントン（1732-99）を将軍に任命
1776	1月　トマス・ペインが『コモン・センス』を著す 6月　ヴァージニアが権利の章典（Bill of Rights）を採択 7月　トマス・ジェファソン（1743-1826）が起草した、いわゆる独立宣言が採択される
1777	連合規約（Articles of Confederation）の起草 （批准完了に伴う発効は1781年）
1781	ヨークタウン（Yorktown）の戦い
1782	セント・ジョン・クレヴクールが『アメリカ人の農夫からの手紙』を著す
1783	パリ条約の締結（独立戦争の終結、アメリカ合衆国の国際的承認）
1787	合衆国憲法の起草（批准完了に伴う発効は翌1788年）
1789	ジョージ・ワシントンが初代大統領就任
1791	合衆国憲法に10個の修正条項を追加
1803	連邦最高裁判所の違憲立法審査権の確立

1　独立革命前夜のアメリカ

　18世紀に入るとアメリカの植民地にはどのような変化がみられるようになったのだろうか。そして、それらは、後の独立革命とどのように関係しているのだろうか。ここでは、まず、独立革命前夜の18世紀前半のアメリカをみてみよう。

（1）植民地社会の成熟

　18世紀に入ると、植民地社会は独立国家となるに十分な前提条件を次第に内側から整えてくる。大西洋岸に沿って建設された13の植民地は、設立の経緯に違いこそあれ、規模において一つの独立国家を形成するに十分であった。また、1700年の時点でおよそ25万人と推定される人口も、18世紀半ば過ぎには200万人近くに達していたと考えられる。この数字は、当時のイギリス本国の人口の約四分の一に匹敵する。しかも、植民地社会においては、聖書中心主義の立場から読み書き能力を重視したピューリタンの伝統もあって、識字率が比較的高く、18世紀当時の最先端の思想であるヨーロッパの啓蒙主義がアメリカへと吸収されていく基盤が整っていたといえる。

　実際、18世紀前半には、啓蒙思想に触発された社会改革の試みもがみられるようになる。例えば、1730年代から1750年代にかけての、ジョナサン・エドワーズ（Jonathan Edwards）を中心とした大覚醒運動（Great Awakening）は、個人の信仰心を起点に社会全体を進歩させようとする試みであったが、そこには個々の理性の力を基に社会全体を変革しようとする啓蒙思想が、信仰復興運動にも影響を与えていた様子がみてとれる。

（2）イギリスによる統制の緩み

　このように、植民地社会が、規模においても実質的にも独立国となるに足る条件を内側から整えつつあった一方、植民地をとりまく周囲の状況も、植民地社会の成熟に有利にはたらきつつあった。これは、1689年以来、イギリス本国がフラ

第3章　独立宣言と合衆国憲法 ｜ 31

ンスとの戦争で手一杯となり、北アメリカの植民地に対する統制を十分行き届かせることができなかった点に大きく起因していた。その結果、植民地は、政治的、経済的、軍事的に独自の発展を遂げることができたのである。

　すなわち、イギリス本国からの政治的干渉が緩んだため、植民地はかなりの程度自治権を享受できた。このため、本国議会を通さずに自分たちの意志で物事を決定するという、本国の君主制とは異なる民主的風土が育っていった。また、対仏戦争で余裕のないイギリス本国は、植民地の貿易をあまり規制することもできなかった。それゆえ、植民地経済は、西インド諸島との貿易などを通じて、順調に発展することができた。ピューリタン的神権政治は衰えたが、商工業は発展したのである。さらに、イギリス本国は、ヨーロッパでの戦争に軍事力を割かなくてはならなかったため、植民地に常設軍を置く余裕がなかった。そこで、植民地の人々は、自己防衛のための民兵団を組織するようになり、後に武装闘争によって独立を勝ち取るだけの潜在能力をも蓄えていったのである。

　しかし、植民地は少なくとも18世紀の半ばまで、本国からの独立は望んでおらず、あくまで大英帝国の枠内に留まろうとしていた。このことが如実に表れていたのは、フレンチ・インディアン戦争（1755-63）における植民地側の対応である。イギリスとフランスが、双方と関係の深い先住インディアン諸部族をも巻き込む形で、北アメリカにおける覇権を争ったこの戦いにおいて、植民地の人々は、大英帝国の一員としてイギリスの側に立って戦い、北米大陸におけるフランスの勢力を大きく削ぐことに貢献した。

　このように、北アメリカのイギリス植民地は、自ら独立の道を選択可能な状況に恵まれていながら、18世紀半ばまで、イギリス本国からの独立という選択肢を真剣には考えていなかったといえる。だが、独立を必ずしも望んでいなかったはずの植民地は、1776年には独立宣言を出すことになる。なぜ、ほんのわずかの期間に、植民地側の姿勢は大きく変わることになったのだろうか。

2　独立革命の経緯

　植民地が独立に向けての動きを急速に早めたのは、フレンチ・インディアン戦争終結後のことであった。それには、半世紀以上にもわたるフランスとの戦いにようやく勝利したイギリスが、北アメリカの植民地経営に本格的に乗り出したことが大きく関係していた。

（1）フレンチ・インディアン戦争の終結とイギリスによる統制の強化

　フレンチ・インディアン戦争の結果、北アメリカ大陸における覇権をゆるぎないものにしたイギリスは、重商主義に基づいて、ようやく北アメリカの植民地経営に本腰を入れることができるようになった。そして、その際、対仏戦争による多大な軍事支出の穴埋めとして、植民地の同意をとりつけずに、一方的に税を徴収しようとしたのである。イギリスにとっては、今まで対仏戦争に明け暮れていたために、植民地から十分な税収を得る態勢が整っておらず、いわば、取り損ねた税金をようやく取り立てることができるという感覚だったのであろうが、それまで比較的自由を享受していた植民地側には、これは本国による統制の強化であり、本国が植民地から富を搾り取ろうとしていると映ったのである。

　実際、イギリスが、1765年に印紙条例（Stamp Act）の導入を試みると、植民地側には大きな反発が巻き起こった。この法律は、植民地で発行される印刷物は全て本国政府発行の印紙を張らなくてはならないというもので、植民地内部から本国のために税金を集めようとする意図が明白だった。このとき、植民地は、本国の議会に代表を送っていなかったにもかかわらず、一方的に課税されることになったため、これは「代表権なき課税」（"taxation without representation"）であるとして、パトリック・ヘンリー（Patrick Henry）らが猛反対の論陣を張った。その結果、翌年本国はこの法律を撤回した。

　しかし、イギリス本国は、植民地内部での税の徴収が困難ならば、いっそ植民地が輸入するものにみな関税をあらかじめかけてしまう方向へと政策転換する。

その結果、本国と植民地の対立は深刻化し、1770年には、ボストン大虐殺（Boston Massacre）と呼ばれる事件が発生する。これは、ボストンに駐留していたイギリス軍が民衆に発砲し、数人の死傷者が出たというものだったが、これを契機に植民地社会は、本国からの分離を真剣に考え始めるようになった。

　そうした植民地の人々の怒りを爆発させることになったのが、1773年の茶法（Tea Act）であった。この法律は、植民地における茶の輸入・販売を、イギリス本国の肝いりで作られた東インド会社に独占させることを狙ったもので、茶を飲む習慣がすでに定着していた当時、これが実現されれば植民地経済に大きな打撃が出るのは必至であった。これに怒った人々は、サミュエル・アダムズ（Samuel Adams）を中心として、いわゆるボストン茶会事件（Boston Tea Party）を引き起こす。これは、茶法に抗議する植民地の人々が、ボストン港に停泊中の東インド会社の船に乗り込み、積み荷の茶を海に捨てたという事件で、本国に対する植民地側の敵愾心があらわになった事件であったが、同時に、この事件は、秩序の維持という大義名分をイギリス本国に与え、軍事介入の口実を与えることにもなってしまった。

　こうして、フレンチ・インディアン戦争終結後のわずかの間に、それまで政治的にも、経済的、軍事的にも本国からの圧力を比較的受けずに済んでいた状況は一変した。しかも、当時のイギリス軍は世界最強の軍隊であり、民兵組織しか持たない植民地側としては、個々の植民地が個別にイギリスとの紛争に勝利するのは困難と思われた。そこで13の植民地側は、団結して本国に立ち向かうべく、1774年に第一回大陸会議（Continental Congress）をフィラデルフィアで開催し、イギリス製品のボイコットを決議した。茶を飲むという行為がイギリス本国を利することになると考えた植民地の人々は、茶を飲む習慣そのものを意識的にやめるようになり、このことは、後にアメリカが旧イギリス植民地の中では例外的に茶を飲む習慣が希薄な国へとなっていく遠因にもなった。こうして、本国と植民地との関係はいよいよ緊張したものになっていったのである。

（2）独立戦争の始まりと独立既成事実化の動き

　植民地側と本国との対立がついに本格的な武力衝突へと発展したのは、1775年4月19日であった。この日、駐留イギリス軍は、ボストン郊外に植民地側が保管していた武器弾薬を押収しようと試み、レキシントンとコンコードという場所で植民地側の民兵と交戦状態となった。これが、独立戦争の始まりであった。

　この最初の戦闘では、植民地側はイギリス軍の進撃を何とかくいとめることができたが、そのことは後世に語り継がれるいくつかの逸話を生むことになった。例えば、ポール・リヴィア（Paul Revere）は、イギリス軍の動きをいち早く察知し、夜通し馬を走らせて危急を知らせたことから、愛国者の代名詞となったし、イギリス軍を迎え撃った民兵たちは、一大事にすぐさま駆けつけたとの言い伝えから、ミニットマン（Minute Man）と呼ばれている。

　これを契機に植民地の世論は、次第に本国との関係修復をあきらめ、武装闘争による独立の達成を求めるようになっていく。とはいえ、植民地側には民兵組織しかなく、世界最強のイギリス軍との戦いには困難が予想された。そこで植民地側は、1775年5月の第二回大陸会議において正規軍（Continental Army）の創設を決議し、ジョージ・ワシントン（George Washington、1732-99）を将軍に任命した。これにより、植民地側の戦争への士気は高まることとなった。

　そうした人々の士気にさらに弾みをつけたのが、1776年1月に出版された、トマス・ペイン（Thomas Paine）が著した『コモン・センス』（*Common Sense*）という政治的パンフレットであった。絶対王政の根幹をなしている世襲制度は本来キリスト教世界には存在しなかった伝統であるばかりか、全くもって不合理であり、そのような政治制度の下にイギリスの一部であり続けることにもはや何の利点もないことを力説したこのパンフレットは、3ヵ月で12万部も売れたといわれ、植民地は武装闘争をしてでも独立を勝ち取る以外にないという世論の形成に大きな影響を与えた。

　しかし、人々の士気は高まったとはいえ、にわか作りの軍隊がイギリス軍に果たして太刀打ちできるのかは、依然不透明で、短期間に植民地側が勝利をおさめられる見通しは立っていなかった。それゆえ、武装闘争を展開する一方、植民地

側は、政治的独立を既成事実化することで、自分たちに有利な状況を作り出そうと試みるようになる。実際、1776年6月には、政治権力を制限し、人権を保障した世界最初の成文憲法とされる、権利の章典（Bill of Rights）がヴァージニアで採択され、武装闘争の決着を待たずにイギリス本国に対して政治的圧力をかけようとする動きが表面化した。

　こうした動きを睨みながら、大陸会議もイギリス国王の主権からの離脱の問題を広く国際政治の舞台へと引きずり出し、独立を既成事実化するとともに、イギリスと敵対する国々からの支援を引き出そうと考え始めた。いわゆる独立宣言とは、このような脈絡の下で採択された文書であった。

3　独立宣言の理念と問題点

　大陸会議において独立が決議されたのは、実際には1776年7月2日であったが、文書としてのいわゆる独立宣言が採択されたのは、7月4日のことであった。しかし、この時、ニューヨークだけは、代表団への訓令の指示が間に合わず、棄権した。ニューヨークが独立に正式に賛成したのは7月19日のことであった。こうした経緯は、独立宣言が、満を持して十分な準備の下に出された文書であるというよりは、むしろ、この文書が誕生する過程に実はかなりの混乱があったことを連想させる。実際、いわゆる独立宣言と呼ばれる文書は、アメリカの理想を高らかに謳ったものという一般的なイメージとはやや趣を異にする部分を持っていた。

（1）独立宣言の論理構成

　この文書は、後に第三代大統領となるトマス・ジェファソン（Thomas Jefferson、1743-1826）が起草した草稿を土台としており、およそ四つの部分から構成されている。最初の部分は、いわば前口上の部分であり、次に、自分たちの基本的権利（平等、生命・自由・幸福の追求）の表明と続き、三番目の部分では、にもかかわらず、イギリス国王ジョージ三世がいかにそれらの権利を踏みにじったかが列挙され、最後の部分では、それゆえ独立せざるをえないことが世界に向かって宣言

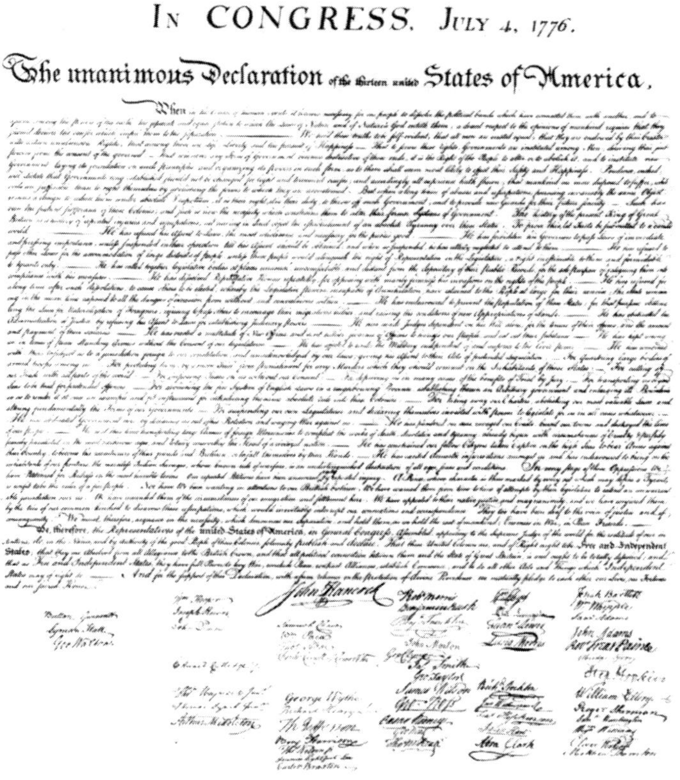

図3－1　独立宣言（1776年7月4日）
出典：National Archives

されている。長さの上では、イギリス国王の罪を列挙した部分が全体の大部分を占めている。このことは、実は独立宣言が、何を論拠に自らの独立を正当化しようとしているのかという点と密接に関係している。

　独立宣言が依拠しているのは、イギリスの哲学者ジョン・ロック（John Locke）の社会契約論である。ロックの社会契約論のユニークな点は、抵抗権を認めている点にある。すなわち、社会は、他人の財産・生命を侵してはならないという自然法の執行権を合意のもとに政府に信託している以上、国家権力は平和目的以外に濫用されてはならないのであり、仮に政府が人々からの信託に違反した場合、人々は自衛のための抵抗権を持つとロックは主張したのである。独立宣言において、イギリス国王ジョージ三世がいかに自分たちの基本的権利を踏みにじったかが列挙されているのも、植民地の側が抵抗権を行使し、新たな政府を樹立するに足る十分な証拠を示すためだったのである。

　しかし、ここで数々の圧政の元凶が、あくまでイギリス国王ジョージ三世個人とされている点も見過ごしてはならない。つまり、かつてトマス・ペインが『コモン・センス』において君主制そのものを否定したのとは異なり、独立宣言は絶対王政という制度自体には必ずしも批判を加えていないのである。このように、独立宣言の内容が、『コモン・センス』に比べていささかトーン・ダウンしている点は、武装闘争の決着を待たずして独立を既成事実化するために、諸外国の援助を植民地側が引き出そうとしていたことを物語っている。すなわち、当時のヨーロッパ列強の国々はまだ絶対王政下にあり、絶対王政を否定してしまえばどこの国からも援助など到底期待できないことになってしまうが、絶対王政の是非には触れずに、イギリス国王個人に対する攻撃という形であれば、イギリスと敵対する絶対王政の国からも何らかの援助が期待できるからである。

　このように、独立宣言と呼ばれる文書の論理構成から読み取れるのは、あくまで武装闘争による決着を目指す姿勢よりも、独立戦争をいわば国際政治の問題にすることで自分たちに有利な状況を作り出そうとする発想の方が先行していたということである。つまり、いわば見切り発車的に独立の問題を既成事実化してしまおうというのである。だが、このことは、同時に独立後の国の姿に対する明確

なヴィジョンが整う前に、アドバルーンだけ先に上げてしまったようなものである。事実、この独立宣言は、様々な問題点をもはらんだ文書であった。

(2) 独立宣言の問題点——独立後の国家体制と非白人の人権

　実は、「独立宣言」というのは俗称であって、この文書につけられた通称にすぎない。大陸会議で採択された際のこの文書の正式名称は「13のアメリカ諸国連合による全会一致の宣言」("The Unanimous Declaration of the Thirteen United States of America")であって、「独立」という言葉は本文中には実際はほとんど登場しない。むしろ、イギリス本国との政治的結びつきを「解消」（dissolve）することで、13の植民地は意見の一致をみたという、いわば分離宣言というべきものなのである。

　その証拠に、独立したあかつきには何という名前の国ができるのか、この文書には明確に書かれていない。本文中には、13の植民地は「自由にして独立したStates」("These United Colonies are . . . Free and Independent States.")と書かれているだけであり、具体的な国名は記されていない。しかも、この"States"の意味も「国」なのか「州」なのかはっきりしないだけでなく、13植民地が独立後は一つの国家となるのか、それとも13の独立国ができるのかについても判然としない。とりわけ、ここで注目されるのは、"These United Colonies are"とbe動詞が複数形になっている点である。

　現代英語では、"The United States"が主語の場合には、複数名詞を含むとはいえ、50の州がまとまった一つの国という観点から、be動詞は三人称単数を用いる。だが、ここでわざわざbe動詞の複数形が用いられているという事実は、13植民地が一つにまとまった1個の国という感覚がまだ成熟していなかった様子を物語っている。当時の人々の感覚では、アメリカは植民地の連合体にすぎず、アメリカ人という感覚よりも、「マサチューセッツ人」とか「ヴァージニア人」という意識の方が依然として強かったのである。

　独立宣言と呼ばれるにしては、独立後の国家体制が不明確であるという矛盾に加えて、この文書には、人権に対するダブル・スタンダードが見え隠れする点も

重要な問題点である。この文書には、「あらゆる人間は生まれながらにして平等」という有名な文言が記されているが、当初ジェファソンが盛り込もうとした奴隷制度を糾弾する一節は、審議の途中で削除されてしまった。また、イギリス国王の人権侵害を列挙した部分には、イギリス国王が「無慈悲で野蛮なインディアン」（merciless Indian savages）から自分たちを守ろうとしてこなかったとの不満が述べられており、先住インディアンに対する侮蔑的な表現もみられる。つまり、白人の人権については高らかに謳い上げる一方で、非白人の人権については無頓着な態度が、この文書にはつきまとっているのである。

このように、今日では「独立宣言」として知られている文書は、平等と基本的人権の擁護を力説し、イギリスからの分離の経緯を広く世界に知らしめるとともに、アメリカ建国の理念の一端を述べたものには違いないが、分離後の国家体制については連合国家なのか13の国に分かれているのか、今一つはっきりしないだけでなく、白人以外の住民の権利をどう保障するかについてのヴィジョンに欠ける内容となっている。そもそも、独立の既成事実化という目的からくる限界があったとはいえ、当初からこの国の理想と現実との間には亀裂が生じていたことをも、この文書は物語っているのである。

4　独立戦争の終結とアメリカ合衆国の承認

独立宣言を出したとはいえ、植民地側は独立戦争に勝利するめどはまだ立っていなかった。実際、独立戦争開始以来、装備に劣る植民地側は苦戦を強いられた。しかし、その独立戦争にもやがて転機が訪れる。

（1）独立戦争の転機

独立宣言の目的は、独立を既成事実化するとともに、イギリスと敵対する国からの援助を引き出すための環境整備にあったわけだが、結果的にこれが功を奏し、植民地側はフランスからの援助の獲得に成功する。フレンチ・インディアン戦争で北アメリカの覇権をイギリスに握られたフランスとしても、アメリカのイギリ

ス領植民地の独立闘争を援助することで、北アメリカでの影響力を回復したいとの思惑があり、いわば両者の利害が一致したのである。

 こうして、フレンチ・インディアン戦争の際には敵対していた、北アメリカのイギリス領植民地とフランスが、今度はともにイギリスと闘うという構図ができあがると、次第に戦局は植民地側優勢となっていった。そして、1781年にヴァージニア沿岸で行われたヨークタウンの戦いで米仏連合軍がイギリス海軍を破ると、独立戦争の行方はもはや決定的となった。すると、こうした戦争の展開と併行して、植民地には新たな動きが出てくるようになる。

（２）連合規約の制定と国民意識の広まり
 独立戦争の勝利が目前に迫ると、植民地には二つの重要な動きが新たにみられるようになる。それは、植民地間のより強固な協力関係の構築と、アメリカ人としての国民意識の広まりである。

 13の植民地は、協力と団結を強化すべく、1777年に連合規約（Articles of Confederation）を起草する。各植民地の批准に手間取り、発効したのは1781年になってからであったが、その第一条によって、この連合の名称が「アメリカ合衆国」と規定された。独立宣言の際には不明確なままだった国名が、ようやくここで定まったのである。また、連合規約では、各 "State" からの代表者によって構成される連合会議を発足させ、内政面は各 "State" が権限を有するものの、外交・国防などの権限については連合会議に委譲することが決定された。

 連合会議の権限は制限されてはいたが、植民地の壁を越えた統治機構の設立は、「アメリカ人」という国民意識の形成をうながすことになった。こうした傾向を象徴的に示している著作に、セント・ジョン・クレヴクール（Hector St. John Crèvecœur）の『アメリカ人の農夫からの手紙（Letters from an American Farmer, 1782)』がある。この中でクレヴクールは、アメリカでは諸民族の混合が進んでおり、ここに住んでいるのは、新しい原理に基づいて行動する全く新しい国民なのだと述べている。その真偽はともかく、ここに至って従来の植民地の枠を越えた国民としてのアイデンティティは確実に浸透しつつあったといえよう。

そして、1783年のパリ条約により、合衆国の主権をイギリスが認め、連合国家としてのアメリカ合衆国の独立が国際的に承認された。独立革命は、ようやく一つの節目を迎えることとなったのである。しかし、連合国家としてのアメリカ合衆国を運営していくには、連合会議は徴税権も司法権もなく、財政的にも人的資源においても十分ではなかった。より強力な連合国家の統治機構が必要であることは明白だった。そうした文脈の下に新たに起草されたのが、合衆国憲法であった。

5　合衆国憲法の理念と問題点

　合衆国憲法は、1787年に起草されたものの、各州での批准に手間取り、発効したのは1788年であった。合衆国憲法の文面とその制定過程からは、国家としてのアメリカ合衆国がどのように船出しようとしていたのかを垣間みることができる。

(1) 合衆国憲法の構成と基本理念

　合衆国憲法は、前文と七つの編（**Article**）から成り、連邦議会や大統領、連邦司法部の権限を規定するとともに、州と連邦との関係を定めている。その基本理念は、およそ以下の4点に集約できる。

　まず第一は、より強い連邦政府の設立である。このことは、合衆国憲法に「連邦の優位」の規定が盛り込まれ、合衆国憲法がアメリカ合衆国における最高の法律であることが明記されている点にもみることができる。二つ目の基本原理は、政教分離による共和制の導入であり、それはすなわち民主主義国家の建設を目指したものといえる。基本原理の三つ目は、君主制に代わる大統領制の導入であり、絶対王政の弊害と民主主義の煩雑さの両方を乗り越えるための新たな統治形態が考案されている。四つ目の基本原理は、権力を分散するための三権分立の徹底である。

　これらの基本理念は、どれも、当時のヨーロッパの絶対王政と比べて斬新で画期的な内容であり、植民地社会が当時のヨーロッパの思想家たちの最先端の思想

を確実に吸収していたことを物語っている。しかし、この憲法が各州で批准されるまで手間取ったことにもみられるように、合衆国憲法には、いくつかの問題点も潜んでいた。

(2) 合衆国憲法の問題点

　合衆国憲法がはらんでいた問題点の一つは、基本的人権について何も書かれていないことであった。これは、合衆国憲法があくまでより強い連邦政府の構築を意識して作られたことと無関係ではないが、基本的人権に関する規定の不在は、ある厄介な問題を浮上させた。それは、例えばヴァージニアの権利の章典のように、合衆国憲法制定以前にアメリカでは、いわば州の憲法がすでに作られており、そこでは基本的人権に関する規定がすでに盛り込まれていたからである。それゆえ、州の憲法には基本的人権についての規定が書かれているのに、合衆国の最高の法律たる合衆国憲法にはそれがないのはおかしいという議論が巻き起こった。結局これは、10個の修正条項（Amendment）を1791年に追加することで決着した。だが、わざわざ基本的人権に関する修正条項が追加されたにもかかわらず、独立宣言の際に棚上げされてしまった奴隷制度の廃止は、ここでも先送りされてしまった。

　合衆国憲法が内包していた二番目の問題点は、州の権限や地位が連合規約より低下していることであった。これは、より強い連邦政府の構築のためにはやむをえないことではあったが、州の側は自らの権限が低下することに少なからぬ難色を示した。憲法制定過程で表面化した、中央と地方との摩擦は、その後もくすぶり続け、南北戦争の遠因ともなった。しかし、州側の不満を結局は押し切る形で、合衆国憲法を最高の法律とすることが承認されたことの意義は極めて大きい。実際、その後の様々な社会運動の中で、正義を実現するための最後の砦となったのは、この憲法なのである。

　さらに、合衆国憲法には、違憲立法審査権の規定がない点も問題であった。議会が制定した法律が憲法に違反するかどうかを判断する違憲立法審査権を有するのはどこなのか、明確にされていなかったのである。この問題は、1803年の最高

裁判決により、連邦最高裁判所が違憲立法審査権を持つことが確認された。これにより、その法律が合衆国憲法に違反していないかどうかを判断できるのは、連邦最高裁判所ということになり、その後のアメリカの歴史では、こうした連邦最高裁判所の判決がしばしば歴史の流れを大きく変えることになっていく。

このように、合衆国憲法は、問題点をはらみながらも、独立後の国家体制の確立に大きく貢献するものだった。憲法発効の翌年には、ジョージ・ワシントンが初代大統領に就任し、1790年代には連邦政府の恒久的な所在地となる首都ワシントンの建設が始まり、連邦国家としての骨格は着実に整備されていった。しかし、奴隷制度の問題や先住インディアンの問題はここでも置き去りにされたのであった。

6　独立革命と現代アメリカ

アメリカの独立革命は、それまで比較的自由と自治を享受していた植民地が、イギリス本国からの統制の強化に反発したことに大きく起因している。そして、独立革命が産み出した独立宣言と合衆国憲法という二つの文書には、アメリカ合衆国という国がどのような理想の下に建設されようとしていたかが書かれていると同時に、この国が建国当初から、連邦政府による人為的な国家統合と、白人以外の住民の権利をどのように保障するのかという、二つの大きな問題を抱えたまま船出したことが暗示されている。しかし、その後のアメリカが、これらの問題を解決し、正義を実現しようとする時の最終的な拠りどころとなったのも、これら二つの文書であった。その意味で、様々な問題点を残しながらも、これらの文書が出されたことの持つ意義はきわめて大きい。

また、現代アメリカにみられる諸現象の中には、独立革命の経緯との関連性を彷彿させるものが少なくない。例えば、現在のアメリカで最もポピュラーな飲み物といえば、コーヒーである。アメリカでは紅茶を飲む習慣は必ずしも定着していない。これは旧英領植民地としては例外的である。だが、なぜアメリカが紅茶の国からコーヒーの国へと変わってしまったのかを辿っていくと、独立革命の際

の重要な争点の一つとなった、あの茶法にまで遡ることができる。当時はアメリカでも紅茶を飲む習慣が一般的であった。だが、紅茶を飲み続けることは東インド会社を、ひいてはイギリスを利するだけだという判断から、植民地の人々は意識的に紅茶から離れていった。つまり、植民地人が紅茶を飲み続けることは植民地への裏切り行為と見なされるようになったのである。コーヒー党へのアメリカの転向はこうして始まった。

　さらに、独立革命の発端が、イギリス本国による徴税の強化にあったことを想起するならば、現在でもアメリカでは税金に対する意識が非常に高いことが改めて思い浮かぶ。こうした感覚は、自分を支配しようとする巨大な権力への嫌悪感と結びついており、連邦政府ができる前に州の政府が存在していたという歴史ともあいまって、今でもアメリカでは巨大な権力を敵視しようとする風土が強い。実際アメリカは、連邦政府の恒久的な首都としてのワシントンの建設が1790年代に始まるまで、定期的に連邦の首都を移転させ、どこか特定の州の権力が突出するのを避けようとしていたほどである。強力な連邦政府が独立革命によって築かれたとはいえ、分権的なシステムを温存しようとする発想は決して途絶えることはなかったのである。

　加えて近年では、連邦制度の成立には、実は先住インディアンの統治機構がヒントになっていたのではないかとする説も出てきている。連邦制度は、対等な立場の州が自らの主権の一部を連邦政府に委譲するという側面を持つが、こうした超国家的政府を樹立するという政治的伝統はヨーロッパに必ずしも顕著だったわけではない。実際、アメリカが作り上げた連邦制度は、むしろ先住インディアンの連合国家の形態に近い。

　例えば、現在のニューヨーク州西部にあったイロコイ連合という先住インディアンの連合国家は、五つの部族がそれぞれサチェムと呼ばれる会議体を持ち、部族内のことをそこで決める一方、各サチェムのメンバー全員が集まって大評議会を数年に一回開き、外交や防衛などイロコイ連合全体に関わる事項を審議していた。しかも、イロコイ連合は、新たな部族の加盟にも道が開かれており、現に18世紀になると、イロコイ連合には新たな部族も加わった。

こうしたイロコイ連合の特質は、内政を州が、外交・防衛を連合会議が担当しようとした、アメリカの連邦制度の初期の形とよく似ている。また、その後合衆国が領土を拡大していった際、新たな領土を独立時の13州が山分けせず、連邦への新たな州の加盟を認めたという経緯も、イロコイ連合の制度と酷似している。実際、独立革命以前からイロコイ連合と植民地との間には数々の接触があり、独立革命の指導者たちの間でもイロコイ連合の存在が知られていたことを考えれば、アメリカの政治制度は、実はヨーロッパの最先端の思想と先住インディアンの政治的伝統の混血として誕生した可能性も否定できないのである。

　こうした視点は、独立革命が、先住インディアンから少なからぬ恩恵を受けていながら、実際には先住インディアンを政治的に排除する形で進行したという矛盾を浮き彫りにする。このように独立革命は、アメリカという国家の完成を意味していたのではなく、むしろ様々な矛盾や問題点を抱えてこの国が船出したことを物語っているのである。

　だが、合衆国憲法には、自国の未完成さに対する意識も刻印されていたことを忘れてはなるまい。前文に書かれた「より完全な統合を実現するためにここに合衆国憲法を定める」という文言は、統合の完成こそが合衆国の究極の目標であり、アメリカが未だにその途上にあることを再確認するものでもあったのである。

さらに理解を深めるための参考文献

R・A・グロス、宇田佳正・大山綱夫訳『ミニットマンの世界——アメリカ独立革命民衆史』北海道大学図書刊行会、1980年

ハワード・H・ベッカム、松田武訳『アメリカ独立戦争——知られざる戦い』彩流社、2002年

有賀貞『アメリカ革命』東京大学出版会、1988年

斎藤眞『アメリカ革命史研究——自由と統合』東京大学出版会、1992年

松井茂記『アメリカ憲法入門』有斐閣、1989年

ドナルド・A・グリンデ・Jr.、ブルース・E・ジョハンセン、星川淳訳『アメリカ建国とイロコイ民主制』みすず書房、2006年

第 ❹ 章

「アメリカのアダム」
――文学にみるアメリカの文化的独立

---- この章のねらい ----

　ピューリタニズムと独立革命を概観した前章までの内容からも明らかなように、すでに建国の段階において、この国の推進力が無意識の世界と意識の世界の両方で言語的構築物として定式化されることになった一方で、アメリカが達成した政治的独立には、独立後の国家体制と非白人の人権という二つの大きな問題点も潜んでいた。だが、一応の政治的独立を達成したアメリカは、自分たちのアイデンティティをより確かなものにすべく、アメリカ人とはどのような人間であるべきなのか、あるいはヨーロッパ人とどう違うべきなのかという、より文化的な次元の問題にも積極的に取り組む必要が出てきた。そうした社会的要請に対して、後のアメリカ社会にまで大きな影響を与える答を最初に引き出したのは、実は文学の領域であった。そこで本章では、アメリカの文化面での独立の問題を19世紀前半の文学を通して考えていく。

関連事項略年表

1818	ベンジャミン・フランクリン、『自伝』
1826	ジェイムズ・フェニモア・クーパー、『モヒカン族の最後』
1835	ナサニエル・ホーソン、「ヤング・グッドマン・ブラウン」
1836	ラルフ・ウォルド・エマソン、『自然』
1841	ブルック・ファームの設立
1852	ハーマン・メルヴィル、『ピエール』
1854	ヘンリー・デイヴィッド・ソロー、『森の生活』
1855	ウォルト・ホイットマン、『草の葉』

図4-1　映画『ラスト・オブ・モヒカン』より
写真協力　㈶川喜多記念映画文化財団

1　新しい国家、新しい人間像——アメリカン・ルネサンスの背景

　アメリカの文化的独立の経緯をたどるためには、まず、そもそもこの新興国家がどのような知的風土の中で出発したのかに目を向ける必要がある。当時のアメリカは、ヨーロッパに比べて後進地域に位置づけられてはいたが、そのアメリカにおいていかなる知が作られつつあったのかを改めて検討してみると、そこには単純に後進地域として片づけることができない、アメリカらしい知の営みがすでに開始されつつあった様子がみえてくる。

（１）ピューリタニズムと啓蒙思想の橋渡し——ベンジャミン・フランクリンの遺産

　17世紀のアメリカにはピューリタニズムが流れ込んでいたが、18世紀になるとアメリカは啓蒙思想を吸収して独立革命をなし遂げた。しかし、よくよく考えてみると、これら二つの思想は水と油の関係にある。すなわち、ピューリタニズムは、救われる人はあらかじめ神によって決められているという予定説の立場であり、だとすれば、それ以外の人はいくら努力しても無駄ということになる。一方、啓蒙思想は、理性と教育の力によって、人間は自己を、さらには社会全体を変えることができるという立場であり、誰でも努力次第で幸福になれるという考え方に立っている。つまり、アメリカには、わずか100年の間に正反対の思想が押し寄せてきたにもかかわらず、アメリカの人々はうまくそこを乗り換えて、ヨーロッパに先立って絶対王政からの脱却を独立革命という形でなし遂げたのである。

　しかも、ここで興味深いのは、啓蒙思想への乗り換えの段階でピューリタニズムが消し去られたかというと決してそうではなく、ピューリタン的な倫理観やジェレマイアッド的なレトリックもいまだにアメリカでは生き続けているという点である。このように、ピューリタニズムの遺産を完全に破壊することなく、啓蒙思想へと乗り換え、ある意味ではヨーロッパにおいてまだ実現されてはいなかった政治体制を作り上げるという器用な離れ業は、なぜ可能となったのだろうか。これを解く重要な鍵の一つは、独立革命期を代表する知識人の一人、ベンジャミ

ン・フランクリン（Benjamin Franklin）の著作、とりわけ『自伝』の中の「十三徳」の部分にみることができる。

　ここで彼は、どの宗教も目指すところに大差はないのだから、特定の宗派にこだわるのをやめて、むしろ良き市民となるにはどうすればよいかを考えるべきだと主張する。そして、より完全な人間になるために、身につけるべき徳目を13設定して、フランクリンはそれらを獲得するための日課表を作って実践していく。ここで興味深いのは、彼が設定した徳目の中には、節制や節約、勤勉や純潔といった、ピューリタニズムにおいては神の掟とされているようなものが多数含まれていたという点である。これらは、ピューリタンにとっては絶対に厳守すべきものであって、そうでなければ人間失格であった。しかし、フランクリンは、これらを徳目という形で人間の努力目標に置き換え、仮に現在それが身についていなくても、今後理性をはたらかせ、努力して獲得すれば良いという考え方を示した。つまり、彼はピューリタニズムの倫理を理性の力で獲得していくという道筋を示すことによって、ピューリタニズムの遺産と啓蒙思想とが両立するような地平を切り開いていったと考えることができる。現代のアメリカにまで、ピューリタニズムと啓蒙思想の両方が流れ込んでいる背景には、こうした啓蒙思想の文脈の中でのピューリタニズムの再解釈という作業が介在していたとみることができる。

（2）啓蒙思想からロマン主義へ──「良き市民」から「アメリカらしい人間像」へ
　このようにフランクリンは、ピューリタニズムと啓蒙思想という正反対の二つの思想の間のいわば変換装置を巧みに開発した。しかしながら、彼が示したのは「良き市民とはどういう人間か」という一般論であって、「アメリカ人とはいかなる人間か」という問いには必ずしも十分答えるものではなかった。確かに独立革命後半になると、クレヴクールの著作にもみられるように、アメリカ人としての国民意識は広まってきてはいたが、アメリカ人とは具体的にどういう人間であるべきなのかという点については、フランクリンとて必ずしも明確な人間像をまだ思い描くことができないでいた。しかし、19世紀に入ると、今度は啓蒙思想の産物を新興国家アメリカという文脈に沿って新たに意味づけ、そこから発展してア

メリカ人のアイデンティティをより明確にしようとする動きが出てくる。

　そもそも啓蒙思想とは、宗教心・信仰心・感情・想像力などよりも、理性に信頼を置く考え方であり、民主主義、進歩思想、科学の三つに具体化されていった。すなわち、理性が個々の人間に備わっている以上、理性を尊重することは、自ずと個人の権利を認める、民主主義を志向することにつながる。また、人間は理性と教育の力によって世の中を変えることができるという確信は、未来は今よりもよくなるはずだという進歩思想を産み出す。さらに、理性によって万物を合理的に説明できるという理性への信頼は、有限な世界観に基づいて全てを合理的に説明する手段としての科学の発達をうながすことになる。

　だが、これらの啓蒙思想の産物は、独立後のアメリカの風土において、次第に新たな意味を持つに至った。個を尊重する民主主義的発想は、アメリカはヨーロッパと違う独自の個性を持って当然という、独自の国民性の追求を助長する姿勢へと発展した。また、進歩思想は、アメリカ人は過去＝旧ヨーロッパ世界のもはや奴隷ではないのだという感覚を生み、伝統からの解放と自立指向を助長することになった。一方、アメリカの広大な空間（自然）は、次第に有限な世界観を打ち砕いた。18世紀末の時点では、この広大な大陸がどこまで続いているのか、この先にどんな風景が広がっているのかといったことはまだよく分かっていなかった。それゆえ、こうした未知の広大な空間を前にしたアメリカの人々にとっては、世界は有限であるという感覚は必ずしも説得力を持つものではなかった。むしろ人々にとっては、この先にはどんな世界が広がっているのかというイマジネーションをはたらかせることの方が、はるかに自然なことであった。その結果、啓蒙主義では抑えられていた、未知なるもの、科学的・合理的に説明できないものに対する想像力がアメリカでは活性化されることになったのである。

　こうして、アメリカ人としての独自の新たな国民性を追求する姿勢、過去の世界との訣別を模索する自立志向、想像力に対する関心の三つが結びついた19世紀の前半、アメリカの文学は最初の黄金時代を迎え、中でも1830年代から50年代にかけての時代を「アメリカン・ルネサンスの時代」と呼ぶ。こうした、伝統よりも自己、理性よりも想像力を重視する考え方を一般にロマン主義というが、啓蒙

思想からロマン主義へという転換こそが、アメリカ文学の勃興を促したといえる。そして、ここに至って、アメリカ人とはどのような人間であるべきなのかという文化的な次元の問いに対する探究が、文学を舞台として本格的に開始されていく。

では作家たちは、いかなるアメリカ人像をどのように作品化しようとしていたのだろうか。実は作家たちは、一つの問題に直面していた。

(3) 独自の文学的題材を求めて——アメリカン・ルネサンスの自然観

アメリカン・ルネサンス期の作家が直面していた大きな問題は、アメリカらしい人間像を描くにふさわしい題材がまだ十分開拓されていなかったことであった。ピューリタニズムの時代においては、勤勉さが強調されたために娯楽は発達せず、また、独立革命の時代も文化的な事業を行う余裕はアメリカ社会にはなかったため、アメリカでは文学自体が未発達であった。しかも、ピューリタニズムも、独立革命も、その基盤はヨーロッパから輸入された思想であって、必ずしもアメリカが独自に作り上げたものではなかった。そこで、作家たちは、アメリカらしい題材の有力候補として、アメリカの「自然」(nature) に目を向けた。

かつてピューリタンにとってアメリカの荒野は、神のために理想の社会を建設する上で、征服されるべき障害物であった。しかし、19世紀に入るとアメリカ人たちは、かつてピューリタンたちが敵視していた広大な自然を、今度はヨーロッパとアメリカの違いを特徴づけるものとして、むしろ自然というものにプラスの意味を見い出すようになったのである。

しかし、アメリカらしい題材として自然を活用する点では大方の文人たちの考え方は一致していたが、アメリカの自然に対する見方には大別して二通りあった。一つは、楽天的な自然観というべきもので、あたかも時が止まったような、人類の歴史の流れから解放されたような無時間的で広大な空間としてアメリカの自然を賛美する見方であった。もう一つは、より慎重な自然観というべきもので、いくら広大な空間たる自然＝アメリカといえども、やはり時間と歴史の力が作用しており、その運命から逃れることはできないのだという、より悲観的な見方であった。これら二つの異なる自然観を背景にした理想のアメリカ人像の探求は、一

方では子供のようなイノセンスを礼賛する発想を共有しながら、アメリカ人のアイデンティティの枠組みのあり方に大きな影響を与えていくことになる。

2　空間のヒーロー———超越主義的「楽園のアダム」

　アメリカの自然をあくまで無時間的で広大な空間ととらえる人々にとっては、その広大な空間と個人との調和こそが重要なテーマであった。そこで、こうした立場の人々は、個人の内面（想像力）の広がりと自然の広大さとを有機的に結びつけることが必要だと考えた。この抽象的な命題に取り組んだ代表的人物が、ラルフ・ウォルド・エマソン（Ralph Waldo Emerson、1803-82）であった。

（1）エマソンの超越主義
　エマソンは、『自然』（*Nature*、1836）をはじめとする著作において、自然と個人とが調和するには、個人の内部に自然の広大さに匹敵するような心の広がりがなければならないのであり、そうした内面の広がりを保つためには、人は様々な外的制約（偏見・慣習・権威）から解放されなくてはならないと主張した。そして、そうした状態の下で、個々の人間と自然とが触れ合うならば、両者は一体化できるのであり、これを人々が繰り返していけば世の中の調和が達成されるはずだと考えた。彼が、あらゆる外部からの制約や圧力を超越して自己の精神を自然という外界に向かって解放することを呼びかけたことから、エマソンに代表されるこの思想は、超越主義（Transcendentalism）と呼ばれている。
　エマソンの超越主義は抽象的だが、新興国たるアメリカの状況と照らし合わせてみると、超越主義の思想的特色がそれとまさに符合していることがわかる。すなわち、権威や伝統といった外的なものより、自分自身内部の感覚を重視する点で、超越主義は自己信頼の思想であり、それは、ヨーロッパの影響から解放されて独り立ちしようとしているアメリカの姿と重なる。また、自然界のあらゆる存在を受け入れ、それらと支配関係を築くのではなく、対等な立場で一体化しようとする点で、超越主義はユートピア的共生の思想であり、アメリカの理想として

の民主主義による国民統合の理念に近いものがある。

　しかし、超越主義の理念を実践するに最もふさわしい人間とはどのような人間であるのかについては、エマソンは必ずしも具体的な人間像を提示するには至らなかった。超越主義を実践する理想のアメリカ人とはどんな人間かを、より具体的な形で探り当てたのは、エマソンの影響を受けた　ウォルト・ホイットマン（Walt Whitman、1819-92）という詩人であった。

（２）ホイットマンとアメリカのアダム
　ホイットマンにとって、そうした人間は、何よりもイノセントな、子供のように純粋無垢な人間でなくてはならないはずであった。なぜなら、外部からの様々な誘惑や圧力に屈せずに自己を信頼し、かつ、全てを受け入れる寛大さと素直な心がなくてはならないからである。そして、ホイットマンは、超越主義の理念を体現する人間像に最も近いのは、旧約聖書に登場する堕落以前のアダムではないかと考えるようになった。つまり、理想のアメリカ人像として、堕落以前のアダムをモデルにしようとしたのである。

　実際、ホイットマンの代表作となった詩集『草の葉』（*Leaves of Grass*、1855）は、堕落以前のアダムのイメージに満ち溢れている。そこでは、過去の世界から切り離された楽園とおぼしき広大な自然の空間をバックに、大人の世界の汚れなどかけらもないようなアダム的人物が、自然界の一つ一つの事物と交わる様が歌われている。そのため、あらゆる事物を詠みこもうとするこの詩集は、カタログ趣味的で膨大な量になっていった。また、エマソンにならって、自然界と個人とが一体化することを重視したホイットマンにとっては、性行為さえも一体化の重要な手段の一つであった。それゆえ、彼の詩には、しばしば性描写が登場することになったが、こうした表現方法は、性をあからさまに描写しようとは必ずしもしてこなかったヨーロッパの文学の伝統にとらわれまいとするアメリカの自立志向をも表すことになった。さらに、楽園のアダムがあらゆる事物と交わる様を描こうとした点で、ホイットマンは、ユートピア的共生を基盤とする民主的社会というアメリカの理想を詩の形で表現しようとしたともいえる。アメリカの自立志

向とユートピア的共生の思想が託されたこの詩集は、超越主義の精神を集大成し、理想のアメリカ人像を提示する記念すべき文学作品となったのである。

(3) 超越主義の実践と後退

　こうした超越主義の精神は、文学作品として表現されるばかりでなく、しばしば社会的実践にも移された。現に、ボストン郊外に建設されたブルック・ファームをはじめとして、19世紀の半ばになると、超越主義的なユートピア的共生の精神を掲げた実験的な共同体がアメリカ各地に作られるようになる。そして、こうした実験的コミュニティーの建設は、奴隷制廃止運動といった社会改革へと超越主義の思想を発展させていく動きにも弾みをつけることになった。また、超越主義的な自然と人間との一体化は、個人のレベルでも追求された。例えば、ヘンリー・デイヴィッド・ソロー（Henry David Thoreau、1817-62）は、マサチューセッツ州コンコード近郊の森の中にあるウォールデン池のほとりに小屋を建て、1845年から2年あまりに渡って自然の中で暮らした時の体験を『森の生活』という本にまとめている。

　だが、四季の変化を克明に観察し、日々の出費を几帳面に記録していくソローの姿は、超越主義が実践に移されていく過程で、次第にロマン主義的な想像の世界を離れ、身の周りのリアリティに目を向けることで、超越主義がリアリズムの世界へと足を踏み出し始めていたことを物語っている。そして、こうした現実社会と超越主義が対峙した時、超越主義が内包していた楽観主義的な色彩は後退を余儀なくされた。ホイットマンが創造した、いわば「空間のヒーロー」というべき楽園のアダムは、独立後のアメリカの理想主義的・楽観主義的側面を反映するものであったが、1861年の南北戦争の勃発は、こうした楽観主義を根底から覆す大事件であった。そして、現実の社会の混乱によって、作家たちの関心が次第にロマン主義からリアリズムへと向くようになるにつれ、楽園のアダムではなく、むしろ、楽園から現実の世界へと追放されるアダムの物語が多く登場するようになる。そして、この系譜の形成に大きな役割を果たしたのは、超越主義とは異なる、もう一つの自然観の流れを汲む文人たちであった。

3　空間と時間(歴史)との摩擦——アメリカ型イニシエーションの物語

　超越主義的な「空間のヒーロー」としての楽園のアダムという人間像は、アメリカ人の自然観の変化を如実に物語ってはいたが、次の二つの問題をあまり重視していなかった。すなわち、広大な自然も、実際には開拓という名の下に、社会・経済的な時間軸の中に組み込まれようとしているということと、アメリカは独立を勝ち取ったものの、決して過去の人類の過ちから解放された完全無欠な国ではなく、過度の理想化は禁物だということである。それゆえ、これらの点を踏まえて、アメリカ人の生き方を模索しようとした作家たちは、自然という空間と時間(歴史)との摩擦がアダム的人物像にいかなる影響を及ぼすのかを追求しようとした。つまり、超越主義の系譜があくまで楽園のアダムの姿を追求しようとしたとすれば、もう一つの系譜に属する文人たちは、アダムの楽園からの追放の方へと関心をシフトさせていったのである。そして、こうした試みの中から、ホイットマン的な楽園のアダムとは異なるアダムの姿が次第に浮かび上がっていった。

(1) クーパーと失われゆく楽園

　空間と時間の摩擦というテーマは、まず「自然」対「文明」という図式で取り上げられた。このテーマを追求した作家が、ジェイムズ・フェニモア・クーパー (James Fenimore Cooper、1789-1851) であった。彼は、「レザーストッキング・テイルズ」("Leather-Stocking Tales") と呼ばれる作品群を残したが、その主人公ナティー・バンポー (Natty Bumppo) は、インディアンのチンガチグックに育てられているが実際にはイギリス人の子孫という、まさに自然と文明の境界線上の存在である。彼は、個別の話の中では様々なあだ名で登場し、『モヒカン族の最後』(*The Last of the Mohicans,* 1826) ではホークアイという名で登場する。ホークアイは、広大な空間に生きるアダムの雰囲気を漂わせているが、彼の住む無時間的な空間には次第に歴史の影が忍び寄ってくる。クーパーは、フレンチ・インディアン戦争の勃発や、開拓者の流入による自然破壊により、空間のヒーローが歴

史の力に追い詰められ、無理やりそれと対決させられた楽園のアダムが行き場を失っていく様を描いた。

(2) 行き場を失うアダムたち

　クーパーの問題意識は、その後、ナサニエル・ホーソン（Nathaniel Hawthorne、1804-64）とハーマン・メルヴィル（Herman Melville、1819-91）という二人の作家に引き継がれたといえる。彼らは、クーパーの物語の型、すなわち、アダム的な純粋無垢な人物を歴史や文明社会の力が脅かすという図式を、今度は「個人」対「社会」という脈絡の中で徹底的に追求した。

　ホーソンの短編「ヤング・グッドマン・ブラウン」は、善良な青年が、普段は信心深い町の名士たちが森の闇の中で悪魔の儀式に加わっている様をみてしまう、幻想的な物語で、人間の外見と本性との落差に気づいてしまったために何もかも信じられなくなった若者の悲劇を描いている。この作品では、森という自然は超越主義的な楽園の舞台ではもはやなく、そうした自然自体が人間社会の汚れから逃れられない存在であることが暗示される。そして、その後ずっとふさぎこんだまま一生を終えるはめになったブラウンの運命は、世の中の悪の存在を悟ってしまった若者にとっては、もはや自然も社会も安住の地ではないことを象徴する。

　社会の汚れを目の当たりにすることで楽園的世界を追放される若者の姿は、メルヴィルの『ピエール』（*Pierre*、1852）にも登場する。主人公のピエールは、牧歌的なニューイングランドの田園地帯に暮らす、名家の息子で、純粋無垢なアダムのような少年である。父親はすでに死んでいるが、父のことを尊敬し、母と仲良く暮らしている。ところが、そこへ突然イザベルという女性が出現する。何とこの女は亡き父がフランスで別の女に生ませた子供、つまりピエールの異母兄弟らしいことがわかる。こうした設定は、人類の過去の過ちから解放されたように思える希望の空間としてのアメリカも、過去の過ちを引きずっており、そうしたものの侵入を防ぐことができないことを暗示する。ピエールの父への信頼は一気に揺らぎ、エデンの園のようだった世界は一気にグロテスクなものに思えてくる。アダム的人物は歴史（過去）の束縛の力の前にうちのめされるのである。ピエー

ルには恋人がいたが、彼は身内の恥を隠す方が先決と考えてイザベルと偽装結婚し、都会へ出て小説家を目指すが、失意のうちに破滅してしまう。

　これらの物語を図式化すると、純粋無垢なアダムのような人間が、文明社会の堕落した部分の持つ力によって社会の現実に無理やり直面させられ、楽園的世界を喪失し、破滅していくという、いわば、社会＝大人の世界への悲劇的な入門の物語であるといえる。通常、社会への入門（イニシエーション）には、プラスの意味が与えられるのだが、メルヴィルがたどり着いたアダムの物語は全くその反対であった。ここでは、子供のようなイノセンスが礼賛されている一方、そうしたイノセンスを破壊する社会や大人に対して批判の目が向けられているのである。

（3）繰り返し描かれるアダムの悲劇

　R・W・B・ルーイスは、ホーソンやメルヴィルが完成させた、このアメリカ型イニシエーションの物語の形式は、その後の作家たちによって繰り返し用いられることになり、それ自体がアメリカ文学の一つの重要な伝統になったと主張している。なぜ、こうした物語形式にみられる、イノセンスを喪失し社会の悪の前に破滅させられるアダム的人物像がアメリカではその後も好まれたのだろうか。

　ルーイスによれば、アメリカ人の間には、歴史の浅い国たるアメリカが建国の理想を捨てずに悪と腐敗に染まらないで欲しいという意識があって、子供のイノセンスを守りたいという思いがひときわ強いという。つまり、アメリカという国自体が子供の段階であり、そのままであるべきだという考え方が社会の中に根強く存在しており、逆にいえば、個人が堕落した大人へと成長することにより、社会全体が汚れ、アメリカの理想が遠ざかっていくことへの抵抗感がそれだけアメリカ人の意識の中に根強いというのである。

　このように考えてみると、アメリカ文化の中で子供という素材・題材は特別な意味を持っているといえる。そして、アメリカという国が堕落した大人の国に向かおうとすればするほど、子供を小道具に使って社会に対して警告のメッセージを発信するという傾向の作品は、より説得力を持つようになり、広く受け入れられていくようになったのである。

4 アメリカ・ルネサンスと現代アメリカ

　アメリカ人とはどうあるべきか、どのような人間が理想のアメリカ人なのかという問いに対する答の中身は、この国が人為的な集団統合を宿命としている以上、時代とともに変わっていくとしても決して不思議ではない。だが、21世紀を迎えてもなおそこにある一貫したヴィジョンが受け継がれているとすれば、それは若さとイノセンスを肯定し、アダムの楽園からの追放と国家・社会の危機を重ね合わせ、堕落した大人の対極に理想のアメリカ人像を求めようとする発想である。そして、こうした発想が誕生する上では、19世紀のアメリカ文学における「アダム的人物像」の登場が深く関わっていた。アメリカにおける自然観の変化を物語るこのアダム的人物像の登場は、理想のアメリカ人像を模索する中から、アメリカが自らの文化的独立に向けて着実に歩み始めたことを示すものでもあった。その意味で、超越主義的な楽園のアダムの誕生と、そのアダムの楽園からの追放を軸とするアメリカ型イニシエーションの物語の形式の確立をみたアメリカ・ルネサンスの時代は、今日にも通ずるアメリカ人のアイデンティティの枠組みのあり方に大きな影響を与えた時代であったといえる。

　実際、子供のイノセンスと現実社会の醜さとを対比する手法は、現代でもアメリカの文学や映画で盛んに用いられてきており、アメリカン・ルネサンス期の文人たちを襲った、若い国たるアメリカが汚れた大人の国へと堕落してしまうことへの抵抗感は、アメリカ的想像力／創造力の重要な源として今日まで受け継がれてきている。現に映画や小説といった文化表現媒体において、「アメリカ人はどうあるべきか」という問いが発せられる時、今でも子供という題材はしばしば重要なモチーフとして登場する。例えば、『フォレスト・ガンプ』(1994)という映画には、体は大人でも知能が子供並みという設定のガンプの愚直な生き方と現実の世の中を対比させることによって、世の中はどこか間違っていないかという警告のメッセージを伝えようとする姿勢がみられたが、こうした手法は、実は19世紀以来のアメリカ文学の伝統的な手法を踏まえたものなのである。

また、アメリカを代表する娯楽施設であるディズニーランド自体が、大人が童心に帰れるような装置であるのも、決して偶然ではあるまい。ウォルト・ディズニーにとって、ディズニーランドは、決して子供のためだけのものではなく、大人と子供がともに集える場所という意味を持っていた。ディズニーランドの成功は、そうした子供の世界を忘れないことこそ、アメリカという国では重要な価値を持っていることを改めて証明しているといえる。このように、イノセントな子供という存在へのこだわりは、19世紀以来、この国の文化表現のあり方に少なからぬ痕跡を止めてきているのであり、その重要な震源地こそ、アメリカン・ルネサンス期の文学だったのである。

　さらに、南北戦争の勃発によって後退を余儀なくされたとはいえ、超越主義的な発想が、決して今日においても意味を失っていないことにも留意すべきであろう。自然との一体化を求める姿勢は、その後の環境保護運動を経て、アウトドア派のライフスタイルを好む人々が現代のアメリカ人の中に多いという事実にも密かに受け継がれているとみるべきだろう。また、超越主義が掲げたユートピア的な共生の思想は、現代に至るまでアメリカでは様々な実験的コミューンが作られてきている事実と決して無縁ではない。1960年代のヒッピーたちの中には、既存の社会に反旗を翻して、博愛主義に基づく共同体を立ち上げようとする動きが見られたが、そうした発想は革新的であるようにみえて、実は19世紀の超越主義者による社会的実践と類似している部分もある。アメリカが文化的独立に向かって本格的に歩み始めた19世紀前半の遺産は、このようにあたかも地下水脈のように現代アメリカにまで届いているのである。

さらに理解を深めるための参考文献

ベンジャミン・フランクリン、松本慎一他訳『フランクリン自伝』岩波クラシックス、1982年
R・W・B・ルーイス、斎藤光訳『アメリカのアダム――19世紀における無垢と悲劇と伝統』研究社出版、1973年
斎藤光訳・解説『超越主義（アメリカ古典文庫17）』研究社出版、1975年
酒本雅之『アメリカ・ルネッサンスの作家たち』岩波書店、1974年

第 ❺ 章

「連邦」対「州権」
──奴隷制度と南北戦争

―――― この章のねらい ――――

　前章で紹介したように、文学を舞台としたアメリカの文化的独立への動きは、理想を掲げて出発した若い国が汚れた大人の社会へと堕落することへの嫌悪感を体現したアダム的人物をめぐる物語を誕生させ、アメリカ文化において子供やイノセンスに特別な地位が与えられていくきっかけとなった。だが、アメリカン・ルネサンスの時代の直後に勃発した南北戦争は、果たして現実のアメリカ社会は理想の実現に本当に近づいているのかという問いを改めて突きつけるものだった。
　事実、この戦争は、アメリカが建国以来抱えていた二つの懸案、すなわち連邦政府による人為的な国家統合と、白人以外の居住者の権利をどう保障するかの二つの問題が、内戦という最悪の形に発展したものであった。そこで本章では、南部に目を転じながら、奴隷制度に端を発した南北戦争の持つ意味を、アメリカにおける「統合化」と「多元化」のせめぎ合いという、本書の基本的な観点に立って考えてみたい。

関連事項略年表

1787	北西部条令
1803	ルイジアナ買収
1820	ミズーリ協定
1831	ウィリアム・ロイド・ギャリソンが、『解放者』の刊行を開始
	ナット・ターナーの反乱
1850	1850年の妥協
1852	ハリエット・ビーチャー・ストウの『アンクル・トムの小屋』が出版される
1854	カンザス・ネブラスカ法
1857	ドレッド・スコット判決
1858	エイブラハム・リンカンが「相分かれる家演説」を行う
1859	急進的奴隷制反対論者ジョン・ブラウンがハーパーズ・フェリーの武器庫を襲撃
1861	リンカンの大統領就任
	南北戦争の開始
1863	リンカンの奴隷解放宣言
	ゲティスバーグの戦い
1865	南北戦争の終結
	リンカンの暗殺
	憲法修正第13条（奴隷制度の廃止）
1868	憲法修正第14条（州による市民権侵害の禁止）
1870	憲法修正第15条（合衆国市民の投票権の保障）
1877	戦後の南部の再建半ばにして北部の勢力が南部から撤退
1896	プレッシー対ファーガソン判決

1　奴隷制度と南部社会

　南北戦争がなぜ起こったのかを理解するには、南北対立の主要な原因となった奴隷制度がどのような経緯からアメリカに定着していったのか、その結果として南部という地域がいかなる特徴を帯びていったのかにまず目を向ける必要がある。

（1）アメリカ南部への黒人奴隷流入の経緯

　制度としての奴隷制度は、ギリシア時代にも存在していたようにその歴史は古く、世界各地にみられるが、アメリカの奴隷制度の直接の発端となったのは、大航海時代以来のヨーロッパ諸国による奴隷貿易であった。15世紀以来19世紀に至るまで、スペイン、ポルトガル、イギリスなどのヨーロッパ諸国がアフリカ大陸から調達した黒人奴隷の総数は、少なく見積もって1200万人といわれ、18世紀頃には毎年ほぼ10万人と言われている。このような大量の奴隷の取引がなぜ数世紀にも渡って存続したのだろうか。その理由は、ヨーロッパ、アフリカ、新大陸を結ぶ、この大西洋三角奴隷貿易においては、これら三者が各々莫大な利益を上げることができたからであった。

　大西洋を舞台とした三角奴隷貿易のメカニズムはおよそ以下のようなものであった。まず、ヨーロッパの商人が武器や雑貨などをアフリカへ運ぶ。戦争状態が絶えなかったアフリカでは、これらの日用品や武器が重宝されており、それらを売ったヨーロッパの商人はそこで大量の奴隷を調達することができた。そして、今度は奴隷を乗せて新大陸へと向かう。そこでは、農園や鉱山の開発のための安価な労働力が求められていたので、奴隷は高値で売れた。そして、その代金を元手に、ヨーロッパの商人は、砂糖などの換金作物や鉱物資源といった、ヨーロッパに持ち帰れば高値で取り引きされる商品を満載して帰っていく。こうして、いわば二束三文の雑貨や武器から出発したにもかかわらず、最後はそれが高価な品物に化けるのが、ヨーロッパにとってのこの三角奴隷貿易のうまみであった。また、アフリカや新大陸にとっても、それぞれが必要としていた武器や労働力が調

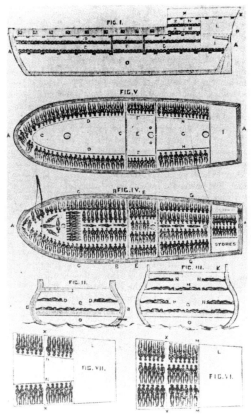

図5-1 奴隷船に積荷として詰め込まれた奴隷たち
出典：*American Eras*, Gale, 1998

達できた。航海のリスクにもかかわらず、こうした貿易のネットワークが廃れなかったのは、このように各々が満足する条件が整っていたためであったといえる。

こうした奴隷貿易によって、現在のアメリカ合衆国となる地域に最初に奴隷が運ばれてきたのは、1619年、オランダ船によって南部ヴァージニアに運ばれてきたのが最初とされている。実際、その後、奴隷が多く流入していったのはアメリカの中でも南部であった。それには主に二つの理由があった。

一つは、南部のプランテーションで安価な労働力が求められていたからであった。南部には投機的な移民が多く、プランテーションと呼ばれる大農場を築き上げた地主（プランター）は、安価な労働力を使って収穫した作物をヨーロッパへ輸出して富を築こうとしていたのである。

また、もう一つの理由は、やがてアメリカ北部にも奴隷貿易商人が現れ、ヨーロッパが始めた三角奴隷貿易に参入するようになったことであった。つまり、全く同じ要領の貿易を、アメリカ北部を出発点として始める商人が登場し、彼らは最後に奴隷をアメリカ南部へ運び、南部のプランテーションで生産されたタバコなどの換金作物を北部に持ち帰って、利益を上げるようになっていったのである。

このように、南部の奴隷社会成立の背後には、北部の商人が一枚かんでいたといえる。事実、奴隷制度を法律で定めたのは、南部よりもむしろ北部の州の方が時期的には早い。しかし、大規模な農園が発達しなかった北部では奴隷に対する需要自体は少なかった。独立革命の頃のアメリカの人口は約400万人で、うち70万人が奴隷であったが、北部に住んでいた奴隷は約5万人程度で、すでに自由な身分となっていた黒人も北部にはいた。奴隷制度は、事実上、南部独特の制度としての性格を強めていった。

(2) 奴隷制南部社会の特質

　では、奴隷制南部社会はどのような特徴を帯びることになっていったのだろうか。その特徴はおよそ三点に整理することができる。

　まず、第一に奴隷制南部社会は、ごく少数のプランターが南部の富の多くを占めるピラミッド社会となっていった。すなわち、白人プランターを頂点とし、その下に白人自営農民、白人奉公人、黒人奴隷と続く、階級秩序に人種の要素が組み込まれた社会である。イギリスやアイルランドから南部に移住した人々の中には投機目的の移民が多かったが、これらの人々は必ずしも本国では経済的に恵まれていたわけではなかった。それゆえ、渡航費用を捻出できない者も多く、それらの人々は、すでに南部に渡った人から渡航費を前借りし、その分は現地に着いてから働いて返済するという、年季奉公人として南部に入っていく場合が少なくなかった。だが、そうした身分から出発して、自分の土地を持ち、さらには大農園を築くまでに出世することは稀であった。その結果、南部の富の多くは、一握りのプランターによって占められることになったのである。

　奴隷制南部社会の第二の特徴は、奴隷をあくまで財産の一部とみなし、黒人の地位向上の機会を奪う社会であったという点である。奴隷は金銭で売買される「モノ」であり、奴隷の地位向上の阻止を目的とした様々なしくみが社会の中に張り巡らされていた。例えば、黒人奴隷には、読み書きはおろか教育の機会も与えられず、ひたすら劣等意識が注入され、女性は性的な搾取も受けた。また、奴隷の売買においては、わざと親子を別々の農園に売り飛ばすなど、徹底的に血縁組

織も破壊された。奴隷たちは、実際には様々な異なる地域・部族の出身者が混ざっており、出身地が違えば言葉すら通じないことも珍しくはなかった。こうした血縁組織の破壊は、奴隷たちの団結力を弱体化させ、反乱を未然に防ぐという意味が込められていたのである。そして、それでも反乱がおこれば、プランター側は、残酷な刑罰で応酬した。もっとも、プランターの中には、私的な奴隷解放を行った者もいた。その場合、遺言などで自分に尽くしてくれた奴隷を解放するという形が多かったが、こうした事例は社会全体からみれば例外的で、黒人の地位を向上させるためのシステムが南部社会に備わっていたわけではなかった。

　奴隷制南部社会の第三の特徴は、人種間の主従関係を美化/正当化しようとする社会であったということである。実際、南部社会は、主人と奴隷との温情的主従関係を美化した物語を数多く作り出すとともに、一方では、奴隷制度を聖書や科学の力を借りて正当化することにも余念がなかった。もっとも、こうした正当化の論理は、必ずしも南部社会を超えて十分な説得力をもつものではなかった。聖書に奴隷制度を容認する記述がみられるという南部側の主張は、キリスト教の教え一般との間に整合性を欠いていたし、奴隷制度の科学的根拠とされた、頭蓋骨の形状から黒人の劣等性を科学的に立証しようとした骨相学にしても、疑似科学の域を出るものではなかった。だが、聖書と科学という一見相反するものが奴隷制度の正当化に動員されていたという経緯は、あらゆる手を尽くしてでも南部がそれだけ奴隷制度に固執していたことを物語っている。

　しかし、独立革命後の理想に燃えた時代になると、奴隷制度自体を廃止しようとする動きが北部に出てくる。大規模な農園が発達せず、奴隷制度が必ずしも必要でなかった北部は、合衆国憲法による連邦政府の権限の拡大を利用して奴隷制度を廃止に追い込むことを次第に考え始めた。一方、依然として農業中心の南部は、元来アメリカ合衆国は州の連合体であり、個々の州の権利や立場を尊重すべきだという州権論の考え方を持ち出すことで、奴隷制度を存続させようとした。この結果、奴隷制度をめぐる北と南の対立は、連邦政府の権限をより強化するのか、それとも制限するのかという、連邦主義と反連邦主義＝州権論の対立の図式と重なるようになり、同時にそれは、連邦政府を軸とした統合化のベクトルと、

あくまでも州を軸とする多元化のベクトルの戦いの様相を呈するようになった。そして両者の対立は、合衆国の領土の拡大につれて新たに誕生した州において果して奴隷制度を認めるか否かをめぐって、次第に深刻になっていった。

2　準州昇格問題と奴隷解放論

　南北対立は、実際には独立革命の時点ですでに表面化していた。このことは、独立宣言から奴隷制度を非難する文言が削除された経緯にも表れている。しかし、同時にこれは、奴隷制度をめぐって南北は、ぎりぎりの妥協によって、対立が決定的になるのを極力避けようとしていたことも示している。こうした南北の駆け引きは、19世紀前半を通して繰り返されていくことになるが、それは同時に妥協が困難な地点へと南北が着実に接近しつつあったことをも示していた。

（1）　南北の妥協と協定の形骸化
　独立革命直後から、南北双方は、互いの勢力の均衡を図ることに神経を使ってきた。このことは、奴隷制度を認めない地域（自由州）と奴隷制度を採用する地域（奴隷州）の境界線を南北双方がどのように確定していったかに如実にみることができる。
　自由州と奴隷州の境界は、1787年の北西部条令によって、オハイオ川と定められた。オハイオ川は、オハイオ州の南側の境界線に沿って流れ、インディアナ州とケンタッキー州の境界を西進し、最終的には北アメリカ大陸中央部を南北に流れるミシシッピー川に合流する。これにより、ミシシッピー川以東では、オハイオ川の北側の州については奴隷制度は正式に廃止されたのである。また、南北は、1808年で奴隷貿易を廃止することでも合意した。
　しかし、1803年のルイジアナ買収（次章参照）によって合衆国の領土となった、ミシシッピー川流域からロッキー山脈までの地域の人口が一定数に達して、準州の中から州への昇格を連邦に申請する地域が出てくるようになると、今度はこのミシシッピー川以西の地域を奴隷州にするか自由州にするかという新たな問題が

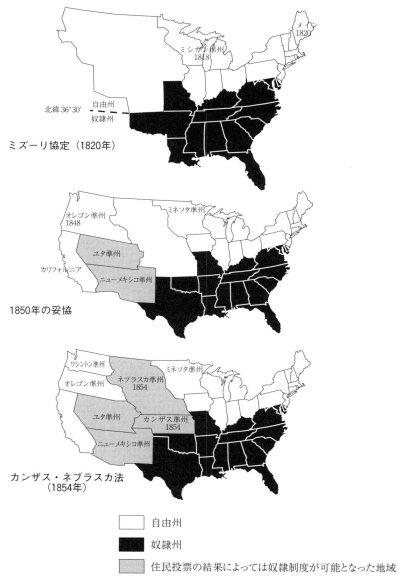

図5-2 南北間の自由州と奴隷州の境界の変化
出典：*A Concise History of The Civil War*, Eastern National Park and Monument Association, 1994

持ち上がった。北西部条令で自由州と奴隷州の境界とされたオハイオ川は、ミシシッピー川と合流してしまう河川であり、ミシシッピー川より西の地域に関しては、自由州と奴隷州の境界線はまだ確定されていなかったのである。

　そこで、南北双方は、他の争点との抱き合わせによって事態を収拾しようとした。それが、1820年のミズーリ協定である。この協定によって、ミズーリを奴隷州として承認する代わりに、メインが自由州として連邦に加盟することとなり、南北の互いの勢力の均衡がここでもはかられた。また、ミズーリを除く北緯36度30分（ミズーリとアーカンソーの境）より北の地域では奴隷制度を認めないことで南北は合意し、ミシシッピー川以西の南北の境界線が確定した。

　しかし、1820年代を境に、イギリスの産業革命によってアメリカ南部のプランテーションの綿花に対する需要が高まると、奴隷の数は激増した。18世紀末には、総人口500万のうち奴隷は90万程度であったが、1840年代には総人口1700万のうち、奴隷は約400万と、総人口の伸びを上回った。奴隷制度を維持しようとする南部の態度は次第に強硬なものになっていった。

　そして、19世紀半ばにアメリカの領土が太平洋まで達すると、カリフォルニアをどのような形で連邦に加入させるかという問題がまた持ち上がった。南北に細長いカリフォルニアは、北緯36度30分というミシシッピー川以西の自由州と奴隷州の境界線の南北にまたがっており、どちらに帰属すべきかという問題が生じたのである。そして、ここでも南北双方は互いに牽制しあいながら更なる妥協を重ねた。これは、「1850年の妥協」と呼ばれている。ここでは、カリフォルニアは自由州とする代わりに、それ以外の1848年にメキシコから奪い取った領土において奴隷制度を認めるかどうかは住民投票で決定するという合意がなされ、あわせて逃亡奴隷の取り締まりの強化が決定された。

　だが、この1850年の妥協は、ミズーリ協定とは矛盾する側面を持っていた。カリフォルニア同様、メキシコから奪い取った領土には、ミズーリ協定で定められた36度30分という境界線の南北にまたがる地域が含まれていた。ミズーリ協定の趣旨からすれば、本来それらの地域も、この境界線によって自由州と奴隷州に分割されなければならない。だが、ここでは、カリフォルニアを例外扱いしただけ

でなく、自由州になるか奴隷州になるかという判断は、住民投票に委ねられることとなった。つまり、住民投票の結果いかんでは、ミズーリ協定と矛盾する事態が発生しかねないことになったのである。

　こうしたミズーリ協定の形骸化は、続く1854年のカンザス・ネブラスカ法によってさらに鮮明となった。これら二つの準州は、北緯36度30分の北に位置しており、本来なら自由州にしかなれないはずであるが、このカンザス・ネブラスカ法によって、これら二つの準州においては、住民投票で奴隷州になるかどうか決定することが定められたのである。ここに至ってミズーリ協定の趣旨は完全になし崩しにされた。そこで、住民投票を有利に進めるため、南北双方とも盛んに開拓者をこれらの地域に送り込み、カンザスでは流血事件も多発するようになっていく。

　こうした一連の経緯は、北部自由州の側が南部に対して弱腰だったという印象を与えるかもしれない。だが、北部としても南部に対して強硬には出にくい事情があった。実際、当時は、奴隷制度の撤廃も重要だが、それ以上に連邦の分裂を回避することの方が重要だという考え方が浸透しており、奴隷制度を問題にすることは、北部としても腫れ物に触るような感覚があった。また、南部の綿花はアメリカの主要な輸出品であったため、商工業が発達しつつあった北部としても、南部の存在に一目置かざるをえなかったのである。しかし、こうした風潮に満足せず、アメリカが掲げる民主主義と平等の精神に照らして、奴隷制度を即刻廃止すべきだとする奴隷解放論が北部で出てくるようになる。

（２）奴隷解放論とドレッド・スコット判決

　北部における奴隷制廃止運動は、世論形成に影響力を持つ出版物の登場を機に高まっていった。1831年には、奴隷制廃止論者のウィリアム・ロイド・ギャリソン（William Lloyd Garrison）が『解放者』（*Liberator*）の発行を開始したのをはじめ、1852年に出版されたハリエット・ビーチャー・ストウ（Harriet Beecher Stowe）の『アンクル・トムの小屋』（*Uncle Tom's Cabin*）はベストセラーとなり、奴隷制度の残酷さを広く世に知らしめることとなった。

　一方、南部の黒人たちも決して黙ってはいなかった。奴隷たちは、反乱を起こ

したり逃亡することで、奴隷制度を内側から揺さぶった。1831年のナット・ターナー（Nat Turner）の反乱は、神の啓示を受けた黒人奴隷をリーダーとする奴隷たちの一団が無差別に白人を殺戮したもので、南部の白人社会に大きな衝撃を与えた。また、北部に逃亡した奴隷の中からは、その後の奴隷解放運動に大きな影響を与える人物も登場するようになった。例えば、フレデリック・ダグラス（Frederick Douglass, 1817–95）は、奴隷として生まれながらも、読み書き能力を獲得する機会を得、北部に逃亡してからは、黒人を下等な人種とみなそうとする白人たちの偏見にもかかわらず、持ち前の弁舌や自伝の出版を通じて、キリスト教の教えに奴隷制度がいかに反しているかを訴えた。ダグラスは、南北戦争中には、時の大統領リンカンにも助言するなど、政界にも関わるようになり、奴隷出身でありながら最後は外交官の地位にまで上りつめるなど、19世紀の黒人としては極めて異例な経歴を辿ることになる。

とはいえ、奴隷たちが北部へ逃亡するのは本来決して容易ではない。金銭で売買される奴隷の逃亡は、奴隷主にとっては大きな経済的損失となるわけで、奴隷主たちは奴隷の逃亡には目を光らせていた。にもかかわらず、奴隷たちの逃亡が後を絶たなかったのは、南部からの奴隷の逃亡を手助けする地下組織が次第に発達してきたためであった。このような地下組織は、地下鉄道（Underground Railroad）と呼ばれたが、それは、あたかも地下に鉄道が通じているかのように逃亡のためのネットワークが密かに張り巡らされていたからであった。中でも、黒人女性のハリエット・タブマン（Harriet Tubman）は、自身逃亡奴隷でありながら、その後南部へ何回も潜入し、70人にも上る奴隷の逃亡を助けた。

このように19世紀半ばになると、南部の奴隷制度は外部からも内部からも大きく揺さぶられるようになった。ところが、ここで南部側が大いに勢いづく出来事が起こった。それは、1857年の連邦最高裁でのドレッド・スコット判決であった。この裁判は、奴隷州のミズーリに住んでいたドレッド・スコットという奴隷が、主人の移動に伴って自由州のイリノイに一旦居住した後再びミズーリに戻った際、自分は一回奴隷制度の存在しない自由州に出たのだから、もはや奴隷ではないと主張し、身分の確認を求めて1846年に提訴したものであった。これに対する判決

は、現代の感覚からすると驚くべき内容であった。まず、判決では、黒人奴隷は合衆国憲法でいう国民ではなく、あくまでも奴隷主の財産にあたるとした。そして、北緯36度30分以北での奴隷制度を禁止していたミズーリ協定自体が、その地に移住しようとする奴隷主の財産権を侵害する憲法違反の協定であったとし、ミズーリ協定が憲法違反だった以上、自由州に居住したことを根拠に自由人としての身分を求めても無効であると結論づけたのである。つまり、奴隷とは、財産という点では机や椅子と同じなのだから、ミズーリ協定は、特定の財産を特定の地域で所有してはならないと定めた点で、憲法で保障された財産権を侵害しているというのである。従ってこの判決は、奴隷の所有が財産権によって憲法で保護される以上、連邦政府は個人の奴隷所有に干渉する権限を持たないことを明確にしたのであり、事実上、連邦政府が法律の力で奴隷制度を廃止させることはできないという判断がここで連邦最高裁によって下されてしまったのである。

　奴隷制度の合憲性を確認したドレッド・スコット判決は、盛り上がりをみせていた奴隷制廃止運動に水をさすとともに、連邦政府も法律も奴隷制度に介入できないのだとしたら、もはや武力に訴えて奴隷制度を廃止に追い込むしかないのではないかという空気をも生むことになった。実際、1859年には、業を煮やした急進的奴隷制反対論者ジョン・ブラウン（John Brown）が、自ら軍隊を組織して南部の奴隷を解放すると決起し、武器調達のためにハーパーズ・フェリー（Harper's Ferry）という場所にあった連邦の武器庫を襲撃するという事件まで発生した。こうして奴隷制度をめぐる南北の対立は、いつ本格的な武力衝突に突入しても不思議ではないほど激しいものとなり、両者の決裂を回避するのは極めて困難になりつつあった。

3　リンカンの大統領就任と南北戦争

　こうした中で1860年の大統領選挙で当選を果たしたのがエイブラハム・リンカン（Abraham Lincoln, 1809-65）であった。リンカン自身は、1854年にカンザス・ネブラスカ法に反対する人々が奴隷制の拡大阻止の立場から結成した、北部を地

盤とする共和党の穏健派に属していた。

（1） リンカンの立場と戦略

　奴隷制度に対するリンカンの考え方は、1858年6月にイリノイ州の共和党大会で彼が行った演説によく表れていた。俗に「相分かれる家演説」（"House-Divided Speech"）と呼ばれるこの演説の中でリンカンは、「国が争えばその国は存立できない、ばらばらに分かれた家は建っていることができない」という新約聖書マルコ伝の言葉を引き合いに出して、連邦の分裂を回避することが最優先であるという考えを示した。既存の奴隷制度には干渉しないが、新たな奴隷州の誕生は阻止することで連邦の融和をはかるというのが彼の基本的立場であり、少なくとも彼は奴隷制度の即刻廃止を掲げるような急進的奴隷解放論者ではなかった。

　しかし、連邦議会には共和党急進派が多数を占めていたことから、南部諸州はリンカンの大統領当選によって、大統領と議会の両方が共和党に握られてしまったことに過敏に反応した。そして、最後の切り札である連邦からの脱退を表明し、南部は11州から成る南部連合政府を樹立し、初代大統領にジェファソン・デイヴィス（Jefferson Davis）を一方的に選出した。そして、1861年4月12日に、サウスカロライナ州チャールストンの連邦軍のサムター要塞を南軍が攻撃したことをきっかけに南北戦争に突入した。

　当初、この戦争は短期間で決着がつくと考えられていた。それは、人的資源、経済力の両方において北部が圧倒的に有利だったからであった。例えば、南部の人口は白人550万、黒人奴隷400万で、総計でも北部の半分でしかなく、兵力も北部の約半分の100万程度であった。また、工業生産力の90％近くは北部に集中しており、鉄道輸送においても決定的な差があった。

　戦争遂行に当たって北部は、戦力の優位にものをいわせて大規模な作戦を展開した。北軍（連邦軍）は、南部が綿花を輸出して戦費を調達できないようにするために大西洋岸の海上封鎖を行うとともに、地上では、南部連合の首都であるヴァージニア州リッチモンドへの侵攻作戦（東部戦線）と、ミシシッピ川をおさえて南部連合を東西に分断する作戦（西部戦線）に打って出た。

（2）南北戦争の長期化と奴隷解放宣言

　ところが、戦争開始直後から北軍の思惑は大きく外れることとなった。それは、東部戦線でのつまずきが原因だった。当初、有能な指揮官が北部にはいなかったのに対し、一方の南部は総兵力では劣るものの有能な職業軍人に恵まれており、ロバート・E・リー（Robert E. Lee）将軍の精鋭部隊を東部戦線に配置して迎え撃ったのである。リーは、南部が北部を制圧するのは無理としても、戦争を長引かせるか、北部に多少とも打撃を与えれば有利な条件で終結できると考え、奴隷のためになぜ白人が死ぬのかという議論が北部に巻き起こるのを狙っていた。負けなければ勝ちも同然というわけである。

　また、南部は、イギリスの綿工業の重要な原料供給基地となっていたため、密かにイギリスの援助をとりつけようとしていた。そこでそれまで連邦の維持を最優先に既存の奴隷制度には介入しないとの立場を取ってきたリンカンは、戦争の争点を奴隷制度の廃止という人道的な問題と結びつけ、諸外国が干渉しにくい状況を作り上げるべく、1863年1月1日に奴隷解放宣言を行った。これにより、すでに1838年に植民地の奴隷制度を廃止していたイギリスは、奴隷制南部を擁護する口実を失い、南北戦争にイギリスが介入してくる事態を回避することにリンカンは成功した。とはいえ、奴隷解放宣言が出たからといって、それは南部の奴隷たちには実質的には何の変化ももたらさなかった。奴隷解放宣言は、いわば行きがかり上出された非常手段としての意味合いが強かったといえる。

　ところが、この奴隷解放宣言をもってしても、北部はなかなか戦況を打開できなかった。南北戦争のほとんどは、北軍による南部侵攻という形だったが、戦局が一進一退の状況の中、1863年夏になると、今度はリーが反撃に出て初めて北部へ侵攻する事態となった。そして南北両軍は、1863年7月に北部ペンシルヴェニア州のゲティスバーグ（Gettysburg）で激突した。このゲティスバーグの戦いで、リー率いる南軍の精鋭部隊は初めて決定的な敗北を喫し、南北戦争は戦局の大きな転換点を迎えた。この後は、南軍は守勢一方となり、次第に有能な指揮官が登場するようになった北軍は、ほぼ時を同じくして西部戦線でも優位に立った。中でもユリシーズ・シンプソン・グラント（Ulysses Simpson Grant）は、ミシシッ

ピー川流域を制圧後、北軍の最高司令官となり、ヴァージニアのアポマトックス（Appomattox）で1865年4月9日にリーを降伏させた。

　こうして南北戦争は終結したが、そのわずか5日後にリンカンは首都ワシントンで観劇中にジョン・ウィルクス・ブース（John Wilkes Booth）という南部出身の俳優に暗殺された。しかし、皮肉にもこれによって南部再建の主導権は、リンカンよりもはるかに南部に対して強硬な態度を取ってきた連邦議会内の共和党急進派が握ることになったのである。

4　南部再建と人種隔離政策——黒人を抑圧する制度の復活

　南北戦争による死者は60万に達し、戦場のほとんどが南部だったため、南部は大打撃を受けた。戦後、北部側は南部を軍政下に置き、戦争に関わった南部の支配勢力の公民権を停止した状態で南部再建に着手した。こうして、共和党急進派主導による、報復的な色彩の南部再建が始まった。

（1）南部の連邦への復帰と南部再建

　では戦後の南部再建の過程で、そもそも南北戦争の発端にあった、連邦と州の関係、及び黒人の地位はどうなったのだろうか。連邦議会は憲法を修正し、それらの修正条項を受け入れることと引き換えに戦後南部は連邦に復帰することを認められた。南部に突きつけられた、奴隷制度の廃止を定めた憲法修正第13条（1865）、州による市民権侵害の禁止を定めた修正第14条（1868）、合衆国市民の投票権の保障を定めた修正第15条（1870）は、いずれも奴隷制南部社会の解体につながる規定であったが、壊滅的被害を受けた南部は、再建のために北部の援助が不可欠であったため、これらを受け入れざるをえなかった。

　これらの修正条項により、南部では黒人の議会進出の道も確保され、連邦分裂の危機も収拾されて、表向きは連邦主義が反連邦主義＝州権論に勝利したかにみえる。しかし、公民権を停止されていた南部の人々の名誉が1870年代になって回復され、南部保守勢力が巻き返しに出ると、完全な復興を遂げないまま、北部の

政治的・軍事的勢力は1877年に南部から撤退してしまう。これは、1876年の大統領選挙に際して、南部の票と引き換えに北部の勢力を南部から撤退させる裏取引がなされたためであった。北部の勢力は連邦の分裂は食い止めたが、黒人の権利が保障されるよう監視の目を光らせ続けることまではしなかったのである。

（2）復活する黒人差別

　実際、北部の監視の目がなくなると、その後南部は様々な手段で再び黒人を抑圧し始めるようになる。南部が再構築した黒人差別のシステムは、経済、政治、社会の広い範囲に渡っていた。

　まず、経済面では、南部はシェア・クロッピング制度という制度を導入した。黒人奴隷は解放されたといっても、自活していけるだけの教育も経済力もなく、元の奴隷主の所に留まらなくてはならなかった。そのことに目をつけた南部保守勢力は、元プランターの地主が住居や用具を黒人に貸し付け、黒人は収穫の約半分を地主に納めるという、シェア・クロッピング制度を作り上げ、解放された黒人の地位を限りなく奴隷に近い小作人に引き止めておくことに成功した。これにより、かつてのプランターを頂点とするピラミッド社会が事実上復活するとともに、解放奴隷は十分な現金収入を得られなくなってしまった。

　また、政治面では、黒人の投票資格者に様々な条件をつけることが行われた。例えば、納税をしていないと投票できないとか、財産がなければだめであるとか、字が書けない者は投票できないといった具合である。これらは、投票権を保障した合衆国憲法修正第15条を公然と無視するものであったが、こうした慣行は南部で広く実施されるようになっていく。

　さらに、社会面では、学校や乗り物など公共の場での白人と黒人の分離を法律で定めることが行われた。こうした人種隔離を定めた法令を総称して、ジム・クロウ（Jim Crow）といい、南部は「分離すれども平等」（"separate but equal"）という建前の下に、公共の場での黒人の抑圧を強めていった。

　こうした、経済、政治、社会の広範囲に渡って、黒人を抑圧する制度を南部が再構築していく様子を北部は黙認するばかりであった。しかも、ジム・クロウに

至っては、1896年のプレッシー対ファーガソン判決によって合憲との判断が連邦最高裁判所によって出された。この裁判は、白人専用と黒人専用の客車に分離することを定めたルイジアナ州のジム・クロウに違反して白人専用車両に乗車して逮捕されたホーマー・プレッシーという黒人が、この法律の違憲性を訴えて起こしたものだが、連邦最高裁は、施設・設備に差がなければ、人種によって車両が区別されていても憲法違反ではないと結論づけた。この人種隔離を合憲とする考え方は、20世紀前半いっぱい黙認されることになる。

こうして南北戦争の戦後処理の失敗は人種差別の解決を遅らせることになった。また、南部再建の途上で北部が撤退し、南部が黒人を抑圧する制度を再構築するのを北部が黙認したことは、南部には南部独自のやり方があるという、南部の反連邦主義の風土を延命させることになってしまった。こうした、その地方独自の政策を尊重すべきだという考え方は、地方主義と呼ばれるが、南部の反連邦主義の風土は地方主義となって20世紀に受け継がれていくのである。

5　南北戦争と現代アメリカ

独立革命以後、南北戦争を経て19世紀末に至るまでのアメリカは、準州昇格問題をめぐる南北の度重なる妥協や、南北戦争における連邦軍（北軍）の勝利によって、奴隷制度をめぐる連邦分裂の政治的危機を収拾することには一応成功した。しかし、北部による南部再建が中途半端に終わった結果、建国以来の懸案だった非白人の権利の保障と国家体制の基盤をどう強化するかという二つの課題を一気に解決する絶好の機会をアメリカは活かし切ることはできなかった。黒人を抑圧する南部流の社会制度の復活を戦後北部が黙認した結果、人種差別の撤廃はさらに先送りされる結果となった。また、そうした制度の復活は、「連邦主義＝統合化のベクトル」に対抗してきた南部の「反連邦主義＝州権論＝多元化のベクトル」が南北戦争後も生き残ったことを意味した。そして、そうした風土が、合衆国憲法を無視し、南部独自の人種差別的制度を維持しようとする地方主義となって20世紀に引き継がれたことは、人為的な国家統合という課題の完全な解決も先送り

されてしまったことを物語っていた。

　このように、南北戦争の戦後処理の失敗は、建国以来のアメリカの二大課題が20世紀へと先送りされたことを意味している。その意味では、現代アメリカは南北戦争の後始末に追われることになったといえる。このことは、後に詳述する公民権運動に如実に表れることになる。

　と同時にここで忘れてはならないのは、現代アメリカでも消え去っていない人種差別は、奴隷制度廃止後に再構築されたものだということである。人種差別の直接の引き金は、奴隷制度にあるというよりは、むしろ奴隷制度廃止後に人為的に作られ黙認されてきた差別のメカニズムにある。だが、同時にこのことは一筋の希望をも指し示している。人為的に作られたものは人為的に作り変え、黙認されてきたものはもうこれ以上認めないという姿勢こそが、非白人の人権の保障という建国以来の課題への処方箋であることが、そこには暗示されているのである。

さらに理解を深めるための参考文献

猿谷要『アメリカ黒人解放史』二玄社、2009年
ケネス・M・スタンプ、疋田三良訳『アメリカ南部の奴隷制』彩流社、1988年
トーマス・L・ウェッバー、西川進監訳、竹中興慈訳『奴隷文化の誕生――もうひとつのアメリカ社会史』新評論、1988年
有賀貞『アメリカ政治史』福村出版、1985年
池本幸三他『近代世界と奴隷制――大西洋システムの中で』人文書院、1995年
辻内鏡人『アメリカの奴隷制と自由主義』東京大学出版会、1997年
畑博行『アメリカの政治と連邦最高裁判所』有信堂高文社、1992年

第 6 章

「開拓」か「侵略」か
――フロンティアの神話と現実

この章のねらい

　南北戦争は、人為的な国家統合と非白人の人権の保障という、建国以来の二大課題が露呈した事件であったわけだが、19世紀のアメリカでは、これとよく似た現象が西部を舞台としても起こっていた。事実、白人と先住インディアンの間の対立には、合衆国による人為的な統合のベクトルとそれに抵抗するインディアン側の多元化のベクトルとの対立という、連邦主義と反連邦主義が衝突した南北戦争の場合と似た図式をみることができるほか、先住インディアンの人権をどう保障していくかという問題は、南北戦争の際の黒人をめぐる問題と重なるものがある。

　そこで本章では、話題を西部に移して、南北戦争の背景にあった、この国が独立当時から抱えていた二つの懸案である、人為的な国家統合と白人以外の住民の権利の保障という問題が、西部という空間ではどのような形で持ち上がっていたのか、白人と先住インディアン双方の視点からみていきたい。

関連事項略年表

1803	ルイジアナ買収
1804	ルイス゠クラーク探検隊の派遣
1812	第二次英米戦争（1812年の戦争）
1813	インディアンの部族間の団結を呼びかけ、連合軍の指導者となっていたショーニー族のテクムセが戦死
1817	セミノール戦争
1819	フロリダをスペインから買収
1830	インディアン強制移住法
1836	テキサス共和国独立
1838	現在のオクラホマ州に設定された移住先へと強制的に移動させられていた約一万人のチェロキー族のうち、寒さのために約四分の一が死亡（「涙の旅路」の悲劇）
1845	テキサス併合 ジョン・L・オサリヴァンが、『デモクラティック・レヴュー』に掲載された「併合」と題する論文の中で、西部への領土の拡大を「マニフェスト・デスティニー」（明白なる神意）と呼んで正当化
1846	オレゴン併合 アメリカ・メキシコ戦争（勝利したアメリカは1848年にメキシコから領土を奪取）
1848	カリフォルニアで砂金が発見され、ゴールド・ラッシュを呼ぶ
1862	ホームステッド法（自営農地法）
1876	リトル・ビッグホーンの戦い
1887	ドーズ法（インディアン一般土地割当法）
1890	ウーンデッド・ニーの虐殺
1893	フレデリック・ジャクソン・ターナー（1861-1932）が「アメリカ史におけるフロンティアの意義」と題する論考を発表

1　合衆国の領土の拡大

　19世紀の西部の問題を考えるためには、この地域に合衆国がどのようにして領土を広げていったのかにまず目を向ける必要がある。そうした経緯からは、実は合衆国が買収、既成事実化、交渉、武力など様々な手段を用いて西部に領土を広げ、かなり強引な手法で脅威となる勢力を排除していった形跡がうかがわれる。

(1) ルイジアナ買収と北西部方面への領土の拡大

　独立後の合衆国にとっての最初の領土の拡大の契機となったのは、1803年のルイジアナ買収であった。時の第三代大統領ジェファソンは、1500万ドルでフランスが所有していた北アメリカ大陸中央部の領土を購入した。それは、ミシシッピー川からロッキー山脈に至る、今日の合衆国の領土の三割程度を占める広大な地域であった。絶対王政の国々に囲まれて孤立していたナポレオンは、戦費を必要としていた。一方の合衆国にも、大陸中央部からフランスの影響力を排除できるという利点があった。この買収は、いわば両者の利害が一致した結果であった。

　ルイジアナ買収の翌年の1804年、ジェファソンは新たに領土となった地域の探査を目的としてルイス゠クラーク探検隊を派遣した。ジェファソンの構想の中には、太平洋へと抜ける水路を探し当て、アジアとの貿易ルートを開拓するというアイデアも含まれていた。そこで、メリウェザー・ルイス（**Meriwether Lewis**）とウィリアム・クラーク（**William Clark**）をリーダーとするこの探検隊は、先住インディアンの協力を得ながら、ミシシッピー川中流のセントルイス付近でこの大河に合流するミズーリ川を北西方向に遡り、ロッキー山脈を越え、今度は太平洋の方向へと向かって流れるコロンビア川を下って、北アメリカ大陸北西部を太平洋岸まで調査し、2年後に無事帰還した。この探検隊の派遣によって、アメリカはオレゴン地方と呼ばれた北西部への移住の足がかりを築いた。

　しかし、この地方の領有をめぐってアメリカは、同じく太平洋岸に関心を示していたイギリスと次第に対立するようになった。そのため合衆国側は、開拓民を

積極的にこの地方に送り込んで、合衆国領土であるという既成事実を作り上げ、事態を有利に運ぼうとした。実際1840年代には、多くの移住者がオレゴン・トレイルと呼ばれるルートで、ミズーリから約3,000キロを4か月ほどかけて北西部に移住していった。カンザス・ネブラスカ法の場合同様、実は西部への人の流れには、こうした政治的意図が関係していた場合が少なくなかった。そして、こうした強引なやり方が功を奏し、1846年のオレゴン併合により、北緯49度までが合衆国領と認められた。これは、現在の太平洋岸でのカナダとの国境に相当する。

(2) 南・南西部方面への拡大

一方、アメリカは、北西方向だけでなく、南、あるいは南西方向へも領土を拡大していった。南への領土拡大の第一歩となったのは、1819年にスペインからフロリダを買収したことであった（この点については後に別の角度から触れる）。そして、1821年にメキシコがスペインから独立すると、今度はアメリカは、独立直後でまだ十分な国力のない隣国メキシコからの領土の収奪に乗り出していく。

メキシコ領の中でアメリカが最初に触手を伸ばしたのは、合衆国と接するテキサスであった。テキサスは、首都メキシコシティーからは遠く離れた、メキシコにとっては辺境の地であり、メキシコは、労働力を確保するねらいから当初テキサスへのアメリカの移住者を受け入れていた。しかし、増え続けるアメリカ系住民に脅威を感じたメキシコは、1830年代になると移住者の数を制限し、奴隷制度も禁止した。こうした措置に対して、テキサスのアメリカ系住民は1836年に反乱を起こした。アメリカ系住民は、有名なアラモ砦の攻防戦では敗れたが、サミュエル・ヒューストン（Samuel Houston）率いる軍勢がメキシコの将軍サンタ・アナ（Santa Ana）の軍隊を打ち破り、同年テキサス共和国という独立国を建国した。だが、このテキサス共和国の実権はアメリカ系住民に握られており、この国がアメリカの一部になるのは時間の問題だった。実際1845年には、テキサスは、奴隷州として連邦に加入し、独立国としての歴史に終止符を打った。

ところが、テキサスを手中におさめただけではアメリカは満足しなかった。そして、今度はテキサスのさらに西側にあるメキシコの領土を収奪しようとした。

テキサス併合の翌年の1846年に始まったアメリカ・メキシコ戦争は、一方的に国境の変更を企てたアメリカがメキシコに宣戦布告したもので、侵略的意図が露骨に表れていた。そして、1848年に勝利したアメリカは、現在のカリフォルニアと南西部一帯を割譲させ、サンタフェ・トレイルと呼ばれる通商路を通って人々は南西部へ移住していった。テキサス併合とアメリカ・メキシコ戦争の結果、メキシコの領土はほぼ半減してしまった一方で、アメリカは北西部のみならず南西部でも太平洋岸に到達し、大西洋から太平洋に至る大陸国家となったのである。

（3）フロンティアの定義

　こうしたアメリカの西部への領土の拡大の過程でよく登場する言葉に、「フロンティア」がある。一般には西部の開拓地という意味で使われることが多いが、このフロンティアという用語にはもう少し厳密な定義もある。

　当初フロンティアという用語は、「1平方マイル（約1.6キロ四方）の人口が二人以下の地域」と定義され、開拓の最前線の地域を限定的に指していた。こうしたフロンティアは、いわば現在のカナダとの国境からメキシコの国境に至るまで南北に帯状に出現し、それが少しずつ西へと移動していくという現象がみられたため、フロンティアの開拓は西漸運動と呼ばれた。ところが、西部開拓は、常にこのような単純な西への人口移動ではなかった。1850年にカリフォルニアが連邦に加盟してからは、太平洋岸から東向きの西部開拓も始まった。そのため、実はフロンティアとしての特徴を最後までとどめることになったのは、ロッキー山脈とシエラネヴァダ山脈の間の地域、州でいえばアリゾナやニューメキシコの辺りであった。実際、これらが州に昇格したのは20世紀に入ってからであった。

　そして、1890年の国勢調査では、このような合衆国の領土を南北に貫く帯状の地域としてフロンティア・ラインを地図上に引くことがもはやできなくなったことが判明した。こうした「フロンティアの消滅」は、人口の希薄な地域を南北に連なる線としてもはや引けないほどにまで、西部へと人口が拡散したことを示していた。ルイジアナ買収からまだ1世紀も経ていない間に、広大な地域に猛スピードで人口が拡散していったという事実は、考えてみれば驚くべきことである。

こうした西漸運動を支えた巨大なエネルギーとは何だったのだろうか。

2　西漸運動を支えたエネルギー

　西漸運動の発展には、経済的要因と精神的要因の両方が関係していた。これらが組み合わさったからこそ、短期間に巨大な人の流れが形成されたといえる。

（1）経済的要因

　西漸運動の背景にある経済的要因は、主として二つに大別できる。一つは、合衆国政府の公有地政策、もう一つは、成功するチャンスの豊富さであった。

　独立後、合衆国の領土となった土地は、いったんまず連邦政府管轄下の公有地となった。連邦政府は当初、財政難から公有地を民間に売却する政策を遂行したが、西部の開拓と人々の移住を促進するため、次第に土地を低価格で民間に譲る路線へと方向転換した。その結果1862年には、ホームステッド法（自営農地法）という法律が制定された。この法律は、160エーカー（65ヘクタール）の公有地に5年間居住し開墾した21歳以上の合衆国市民には、その土地を無償で払い下げるというものであった。自分の土地を所有したいという人々の夢を叶えるこうした公有地政策は、東部での生活に不満を感じていた人々に西部への移住をうながす重要な動機づけとなったといえる。

　これに加えて西部では、農業以外にも成功するチャンスが様々な形で存在した。西部では、東部では成立しにくいような、しかも巨大な利益を生むようなビジネス、例えば毛皮の取引や鉱山開発を大規模に進められる可能性があった。ビーバーやバッファローの毛皮は、ヨーロッパでは帽子やコートの材料として珍重されていたし、鉱物資源が巨万の富につながるのはいつの時代も同じである。実際、1848年にカリフォルニアで砂金が発見されたことは、いわゆるゴールド・ラッシュを引き起こし、一攫千金を夢見る人々が10万人も殺到する事態となった。こうした鉱山ブームは、その後も西部各地で繰り返された。

図6-1 西部開拓時代、土地の取得を求めて殺到する人々
出典：*Encyclopedia of the American West*, Macmillan, 1996

（2）精神的要因

　西漸運動を押し上げたもう一つの要因は、いわば精神的要因というべきもので、フロンティア自体が神話性を帯びていったことに関係している。すなわち、西漸運動を神聖化・正当化するレトリックや神話の存在が、この運動の規模をさらに増幅したとみることができるのである。

　西部開拓の神聖化・正当化を支えることになった概念としては、「マニフェスト・デスティニー」（"Manifest Destiny"）のレトリックを挙げることができる。「明白なる神意」（あるいは天命）というこの用語が最初に意図的に用いられたのは、1845年に『デモクラティック・レヴュー』に掲載されたジョン・L・オサリヴァン（John L. O'Sullivan）の「併合」（"Annexation"）と題する論文においてであった。この中で彼は、西部への領土の拡大を「明白なる神意」と呼んで正当化したのである。ここでいう併合とは、テキサス併合のことを指しており、彼はそれを支持する立場からこうした表現を用いたのである。

　テキサス併合をめぐっては、争点が一つあった。それは、テキサスが地域的に北緯36度30分より南に位置し、ミズーリ協定の趣旨に従えば、巨大な奴隷州が誕生することになるという点だった。奴隷制度の是非をめぐって南北双方が互いの勢力均衡を図りながら妥協を重ねていたこの時期、領土の拡大を優先するのか、それとも奴隷州を増やさないことを優先すべきかという問題がそこにはあったの

である。これに対してオサリヴァンは、奴隷制度はこの際問題ではない、この大陸は神が我々自由の民に与えたものであって、西部に領土を拡大することは、アメリカ人に与えられた「使命」であり義務であると主張したのである。

オサリヴァンのこうしたものの言い方は、かつてのピューリタンのレトリックを彷彿させる。実際、これは、ピューリタン的な楽園建設の使命のレトリックにみられた、現実をねじ曲げて自分たちに都合よく解釈するピューリタン的論法を世俗化して、ナショナリズムへと転化するものといえる。こうした思考形態は、部外者からみれば手前勝手も甚だしいものに映るが、西漸運動の精神的基盤を支えるとともに、開拓者たちを「神の使命を全うする人間」して英雄視し、彼らに関する様々な神話を生み出す原動力となっていった。

実際、19世紀には、トール・テイル("Tall Tale")とよばれる、フロンティアの開拓者たちにまつわる様々な逸話が作られた。これらの物語には誇張されたほら話的傾向が強く、開拓者たちの神話や伝説は、ダイム・ノヴェル("Dime Novel")と呼ばれる廉価本の題材ともなった。トール・テイルによく登場する人物には、西部へ通ずる道を整備し、開拓者の鏡のような存在とされたダニエル・ブーン(Daniel Boone)や、テキサスでのアメリカ系住民の反乱の際に助太刀し、アラモ砦の攻防戦で玉砕した愛国的英雄デイヴィッド・クロケット(David Crockett)、西部各地で治安維持にたずさわった有名な保安官ワイアット・アープ(Wyatt Earp)などがいる。また、いわゆる無法者("Outlaw")すらも、トール・テイルではヒーローに仕立て上げられた。ジェシー・ジェイムズ(Jesse James)のような銀行強盗や、ビリー・ザ・キッド(Billy the Kid)のような殺人鬼も、しばしば弱い者の味方として巨大な権力に立ち向かった英雄へと脚色されている。これらの逸話には虚構の部分が多く、登場人物も大衆受けするように故意に神聖化されているが、通信手段が発達していなかったこともあり、かえってフロンティアの持つ神話性を高め、人々の西部に対する特別な思いを形作ることになった。

3　ターナーのフロンティア学説——白人側からみたフロンティアの持つ意味

　以上のように、西漸運動を支えたエネルギーは、経済的な要因と精神的要因が重なったものとみることができるわけであるが、歴史家の立場から、フロンティアの存在の意味を問いかけたのが、フレデリック・ジャクソン・ターナー（Frederic Jackson Turner、1861-1932）であった。ターナーは、1893年にシカゴのアメリカ歴史協会で「アメリカ史におけるフロンティアの意義」と題する論考を発表し、彼の主張は後にターナーのフロンティア学説と呼ばれるようになった。

　ターナーは、フロンティアの存在は、現状に不満を持つ人々を救済するための安全弁となっただけでなく、アメリカ的精神風土が育つ上で重要な役割を演じたと考えた。ここで彼が、フロンティアに根ざしたアメリカ的精神風土として注目したのは、個人主義、民主主義、愛国主義、反知性主義、物質主義などであった。すなわち、既存の社会の制約から隔たっていたフロンティアは個人の自由を保障したのであり、フロンティアにおける経済的な機会均等は民主主義の風土を育んだとターナーは主張した。また、フロンティアの厳しい自然環境は時として人々に団結する必要性を教え、一見個人主義とは正反対とも思える愛国主義の傾向をも定着させたのであり、フロンティアが、エリート文化の高尚な知識よりも努力と経験がものをいう世界であったことは、実利的な創意工夫に高い価値を置き、知的エリートに対しては好感を寄せない、反知性主義の伝統をアメリカに定着させたと彼は分析した。さらに、フロンティアの豊富な資源は、使い捨てや浪費といった、アメリカ人の物質主義的な傾向に拍車をかけたという見解をターナーは示した。そして、こうした精神風土は、アメリカがヨーロッパの影響から逃れ、独自の国民的価値観を築くことにつながったとターナーは結論づけた。

　ターナーの説に対しては、様々な異論も唱えられたが、フロンティアの「開拓」を白人社会がいかなる意味を持つものとしてとらえようとしたのかを示している点で重要である。しかし、ターナーは、同時にこうしたフロンティアの時代がす

でに過ぎ去ろうとしていたことをも強調している。実際、彼がこの論考を発表したのは、国勢調査の結果でフロンティアの消滅が宣言された3年後だった。そこには、アメリカ史の一つの時代が終わりを告げたことに対する彼の戸惑いをみることができる。19世紀末に至って、それまでアメリカの発展を支えてきたフロンティアが消滅した以上、今後アメリカはどうしたらよいのかという悲観主義さえ散見される。

しかし、当時のアメリカが抱えていた問題は、西部というフロンティアに代わる新たなフロンティアの追求だけではなかった。西部というフロンティアの開拓の代償として、この国は新たな問題をも実はすでに抱え込んでいた。それは、「開拓」の犠牲となった、先住インディアンとの関係であった。

4 「開拓」の犠牲者たち

先住インディアンの祖先は、ベーリング海峡を渡って約2万年前にアジアから移動し、時間とともに南北アメリカ全体に拡散した人々であった。ヨーロッパ人が新大陸にやってくる直前には、北アメリカには地域ごとにいくつかのインディアン文化圏がすでに形成されていた。平原地方の諸部族は、遊牧や菜園的農業を中心としていたのに対し、南西部の乾燥地帯では、アドービという日干し煉瓦を使った集合住宅からなるプエブロとよばれる集落が発達し、人々は定住して灌漑農業を行っていた。また、北西部太平洋岸では、サケやアザラシなどの漁労に基盤を置いた生活様式が発達し、トーテム・ポールなどの独特の芸術的伝統も生まれた。このように、先住インディアンたちは、地域の特性にあわせた生活様式を数世紀に渡ってすでに育んできていた。しかし、16世紀以降、スペイン、フランス、イギリスの覇権争いの影響で、先住インディアンをとりまく環境は一変した。

(1) 白人の侵入と先住インディアンの抵抗

白人の侵入は、主に三つの点で先住インディアンの生活に大きな影響を与えた。まず、一つは、部族対立が助長されたことである。例えば18世紀のフレンチ・

インディアン戦争にみられるように、ヨーロッパ諸国がアメリカ大陸で覇権争いを演じた際、それぞれがしばしば先住インディアンを自分の陣営に引き込み、部族対立をいわば代理戦争へと組み込んでいった。つまり、白人の侵入によって部族対立が不必要に増幅されてしまったのである。

　また、白人の侵入に伴う商品経済の流入は、先住インディアンの生活サイクルを大きく乱すことになった。白人は、先住インディアンとの交易の際、ビーバーやバッファローなどの動物の毛皮を要求した。だが、これらの獲物を先住インディアンは必ずしも日常的に手に入れていたわけではなかった。先住インディアンにとっては、狩猟は一種の宗教的儀式であり、決められた約束事に従って、一定の時期に行う行事のような存在であった。しかし、白人との交易を成立させるためには、狩猟を日常的に行う必要が出てきた。そして、そのことは獲物の乱獲につながり、先住インディアンの生活を支えてきた動物資源そのものが減少するだけでなく、伝統的な生活サイクルそのものを乱すことになった。また、商品経済とともに先住インディアン社会に流入してきたアルコールも、大きな影響を与えた。先住インディアンは、アルコールに対する免疫がなかったため、アルコール中毒に陥るなど、生活サイクルの乱れは個人のレベルでも起こったのである。

　さらに、先住インディアンに決定的な打撃を与えたのは、白人によるインディアン狩りであった。ヨーロッパ人は、先住インディアンを常に交易相手として尊重したわけではなく、植民地の建設という目的の下では、先住インディアンを排除することをもいとわなかった。南北アメリカで殺された先住インディアンは、1500万人にも達するといわれ、中には絶滅した部族や、故意に天然痘を移されてしまったような部族もある。

　このように、白人の侵入以来、先住インディアンの生活環境は大きな影響を受け、両者の関係は次第に緊張したものになっていった。とりわけ、両者の間に決定的な亀裂を生じさせたのは、土地をめぐる問題だった。先住インディアンには土地の私有という概念がなく、大地は神から与えられた共有物だと考えていた彼らは、白人が自分たちの暮らしていた土地に入ってくることをあえて完全に阻止しようとはしなかった。ところが、白人は自分たちを追い出して、土地を占有し

ようとしているということを、次第に先住インディアンは悟るようになった。

　そこで、独立革命期の混乱に乗じて、ミシシッピー川以東のインディアン諸部族は、独立国家の樹立を目指して、連合軍を組織して白人たちに戦いを挑んだ。こうした先住インディアン側の動きの中心人物となったのが、ショーニー族のテクムセ（Tecmesh）だった。預言者的な性格を持つとして尊敬を集めた彼は、五大湖地方から南部まで遊説し、部族間の団結と連合を呼びかけ、自らも勇敢に戦い、合衆国を手こずらせた。

　事実、合衆国は、独立してからも対インディアン戦争に専念できるような余裕は必ずしもなかった。1812年には、アメリカはヨーロッパで孤立したナポレオンを助け、現在のカナダからイギリス勢力を駆逐することを狙って、イギリスに宣戦布告した。独立革命の際に助けてもらったフランスに恩返しをしつつ、イギリスからの植民地の収奪を目論んだこの第二次英米戦争（1812年の戦争）は、独立直後のアメリカの国力からすれば無謀であった。実際、ヨーロッパでナポレオンが降伏するとアメリカは窮地に立たされ、一時はイギリス軍の上陸を許し、完成してまだ間もない首都ワシントンの建物もイギリス軍によって焼き払われてしまった。

　ところが、1813年に合衆国との戦いでテクムセが戦死すると、先住インディアンの連合軍は求心力を失い、次第に軍事的に劣勢になっていった。そして、第二次英米戦争の難局をかろうじて乗り切った合衆国側は、先住インディアンの軍事的な制圧からさらに一歩踏み込んだ支配体制の確立へとコマを進めていった。

（2）同化政策と強制移住

　先住インディアン側を武力で押さえ込むことにめどがたった連邦政府は、次なるステップとして、先住インディアンの白人への同化政策を推進し始めた。この政策の背後には、未開人を文明化させるという考えだけでなく、同化によって先住インディアンを狩猟中心の生活から定住型の農耕民へと変えることができれば、開拓民が広大な土地に安心して移住できるという判断もあった。この場に及んで、先住インディアンたちには二つの選択肢しかなかった。それはすなわち、白人の

生活様式に同化することで白人との共存を選ぶか、それとも、同じく白人から抑圧されていた黒人奴隷たちと連帯して徹底抗戦するかという、同化か徹底抗戦かの二者択一だった。そして、先住インディアン諸部族の間で対応は割れた。

　同化政策を受け入れた部族の代表的な存在としては、チェロキー族（Cherokee）を挙げることができる。アメリカ南東部に暮らしていた彼らは、同化政策を受け入れ、定住農耕民となった。そして、独自の文字や憲法を制定して自治国家を作り、白人の生活様式を徹底的に真似るべく、黒人奴隷を使った農業をも行った。

　一方、徹底抗戦する道を選んだ部族としては、セミノール族（Seminole）が挙げられる。これは、連邦政府との戦いで敗れたインディアン諸部族の残党がスペイン領のフロリダへ流入した結果、形成された集団で、同じくフロリダへ逃れてきていた黒人の逃亡奴隷を保護し、共闘して連邦政府に戦いを挑もうとしていた。

　こうしたセミノール族の動きによって、ますます逃亡奴隷がスペイン領フロリダに流れることを恐れた南部のプランターたちは、合衆国によるフロリダ併合を求め、奴隷州として連邦に加えるよう圧力をかけた。こうした中、第二次英米戦争の際にイギリス軍のニューオーリンズ突撃を阻止して一躍名をはせたアンドルー・ジャクソン（Andrew Jackson、1767-1845）は、1817年、自ら軍勢を率いてフロリダに進攻し、セミノール族の掃討作戦を開始した。しかし、このセミノール戦争は、スペインという外国の領土にジャクソンらが土足で踏み込んでいった、国際法的には物議をかもす出来事であり、合衆国はスペインとの関係修復に苦慮したものの、結果的には1819年にスペインと協定を結んでフロリダを獲得した。また、セミノール族に関しても、壊滅させるには至らなかったが、連邦政府指定の狭い地域に押し込めることに成功した。

　セミノール族の敗北は、もはや先住インディアン側が武力では状況を打開できないことを物語っていた。こうして先住インディアン側が同化政策を受け入れざるを得ない状況に追い込まれると、連邦政府は、さらに次なるステップとして、先住インディアンの強制移住に着手していく。これが実施に移されたのは、1830年のインディアン強制移住法を通じてであった。この法律は、ミシシッピ川以

東の地域の先住インディアンを、ミシシッピー川以西の連邦政府が指定する保留地（リザベーション）に強制的に移住させるという内容だった。

　この法律が制定されたのは、第七代大統領アンドルー・ジャクソンの時代だった。第二次英米戦争とセミノール戦争で英雄となったジャクソンは、アパラチア山脈西側のテネシーを地盤とする、当時の感覚では西部が生んだ初の大統領であり、東部や南部の名門一族出身ではない、平民の大統領の誕生を印象づけた。ジャクソンの下に集結した支持者たちは、大衆政党としての性格を備えた民主党を作り、選挙権の拡大も手伝って、ジャクソン政権の時代はアメリカの民主主義の重要な発展過程としてジャクソニアン・デモクラシーの時代と呼ばれてきた。

　だが、そのジャクソンの対先住インディアン政策は、およそ民主的とはいえなかった。強制移住法に基づいた土地の交換は、必ずしも先住インディアンにとって有利ではなかった。その上、遊牧生活をしてきた部族にとっては、連邦政府が指定するリザベーションの中に定住して農耕民になるということは、慣れ親しんだ土地を失った上に、生活様式を根本から変えることを迫られるものだった。

　しかも、この強制移住法は、すでに白人に同化する道を選択して、奴隷制度まで導入していたチェロキー族にも適用された。これは、チェロキー族の住む土地で金鉱が発見され、それを独占しようとした合衆国側が、チェロキー族を追い出そうとしたためであった。そして、1838年に現在のオクラホマ州に設定された移住先へと移動中、寒さのために一万人以上いたチェロキー族の四分の一が死亡するという事件が起きた。「涙の旅路」（"Trail of Tears"）と呼ばれるこの事件は、同化政策に従ってきた部族までもがこのような悲劇を味わわなくてはならなかったという意味において、先住インディアンの歴史の中でも特筆に価する。

（3）先住インディアンの抵抗の沈静化と文化破壊

　しかし、ミシシッピー川以西も先住インディアンには安住の地ではなかった。西漸運動に伴って、土地の取得や毛皮貿易や鉱山開発の機会をうかがう白人たちの流入は、彼らの生活を脅かした。農地の増大は、遊牧生活には障害となったし、バッファローの乱獲は、そこから毛皮だけでなく食糧も調達してきた先住インデ

ィアンにとって痛手となった。また、相次ぐ鉱山ブームの度に、先住インディアンは、またこの土地も追われるのではないかという不安におびえることになった。

とはいえ、先住インディアンの側には、こうした状況を武力で打開する余力はもはや残っていなかった。西部における先住インディアンによる抵抗のうち、最後にして最大規模のものは、1876年のリトル・ビッグホーンの戦いであった。これは、ラコタ（スー）族のクレイジー・ホース（Crazy Horse）とシティング・ブル（Sitting Bull）に率いられた先住インディアンの連合軍が、合衆国陸軍第七騎兵隊の一部を壊滅させたものであったが、この戦闘でインディアン征伐の先頭に立ってきた軍人ジョージ・アームストロング・カスター（George Armstrong Custer）を失った第七騎兵隊は、先住インディアンの掃討作戦を一層強化した。1890年には、現在のサウスダコタ州のウーンデッド・ニーで先住インディアンの武装解除を進めていた第七騎兵隊が発砲し、女性や子供を含む100人以上の先住インディアンが虐殺された。このウーンデッド・ニーの虐殺は、西部において先住インディアンが完全に武力制圧されたことを象徴する事件となった。

こうして1880年代になると、先住インディアンの抵抗はほぼ鎮圧され、先住インディアンは、部族ごとに割り当てられたリザベーションの中に押し込められることになった。すると白人側は、今度は、リザベーション内の土地をも合法的に収奪し、それは、先住インディアンたちに深刻な文化破壊をもたらすことになった。

こうした事態を招くきっかけとなったのが、1887年のドーズ法（インディアン一般土地割当法）である。これは、保留地内の土地をインディアン個人個人に割り当て、先住インディアンには合衆国の市民権を与える代わりに、割り当てて余った土地は開拓民が購入できることを定めたものである。この法律により、インディアンの保留地の面積は1900年には三分の二に激減してしまう。しかも、この法律は当初チェロキー族が強制移住させられたオクラホマ一帯には適用されないはずだったが、土地を求める移住者の要求に屈した連邦政府は、1889年にオクラホマの先住インディアンの土地をも開拓民に解放してしまった。

しかし、保留地の面積が激減したこと以上に深刻だったのは、保留地内の土地

が個人に分割された結果、宗教的儀式を行うための部族の共有地が消滅し、先住インディアンの伝統文化が危機にさらされたことだった。その上、土地の私有という個人主義は、本来先住インディアンの価値体系にはない考えであり、そのような価値観を彼らがここで無理やり押しつけられたことは、伝統的な社会組織の衰退にも少なからぬ影響を与えた。こうして、先住インディアンは、自分たちの文化を否定され、西洋的価値観にも溶け込めないという、いわば根無し草のような状態に追い込まれてしまったのである。

5　フロンティアと現代アメリカ

19世紀における西部へのアメリカ合衆国の領土の拡大は、アメリカ的価値観の形成を促進したとみることもできるが、それは先住民族であるインディアンに対する武力弾圧、及び、彼らの土地の収奪や、伝統文化の破壊と表裏一体のものであった。こうした経緯は、この国が当初から抱えていた人為的な国家統合と非白人の人権という二つの大きな問題の解決が、南北戦争後の南部の場合と同じく西部という地域においても先送りされたことを物語っている。

先住インディアンをとりまく環境は、今日でも決して改善されたとはいえない。リザベーションとして彼らに与えられた土地の中には、不毛な砂漠地帯や農業に適さないような場所も少なくなく、産業が育たず失業率も高い。それどころか、辺境に位置するリザベーションの中には、しばしば核廃棄物など有害物質のゴミ捨て場として、環境差別の犠牲になっている所すらあり、先住インディアンに対する人権の保障はまだまだ十分とはいえない。もっとも、現在では先住インディアンは、リザベーションの外にも居住できることになっているが、十分な教育を受ける機会も少ないため、依然として先住インディアンの総人口の半分近くは、全米に約250存在するリザベーションの中に居住している。近年では、リザベーション内でのカジノ経営によって雇用の創出と観光収入に活路を見出そうとする部族も少なくないが、経済的自立への道のりも決して平坦ではない。

こうしたリザベーションの存在は、非白人の人権の保障と並ぶ建国以来のもう

一つの課題であった、人為的な国家統合という課題も依然として克服されていないことをも強く印象づける。リザベーションは、連邦政府が先住インディアンに与えた土地であり、どこの州にも属していない。そこでは、各部族が独自の統治機構

図6-2　先住インディアンのリザベーション
（ニューメキシコ州アコマ）　　撮影：鈴木透

を持ち、いわば自治国家が形成されている。こうした国家内国家の存在は、人為的な国家統合という課題が実はアメリカではまだ途上にあることを物語っている。

　アメリカが自由と平等の国として胸を張りたいとすれば、先住インディアンをめぐる歴史と正面から向かい合い、そうした歴史の汚点を自らの手で克服していく必要があろう。武力弾圧され、同化を余儀なくされ、強制移住させられ、伝統文化を破壊された人々を犠牲にし続けることで成立する民主主義は、本物の民主主義ではない。アメリカは、「物語の途中の国」として、自らの民主主義の不完全さを忘れてはならないのである。

　そうした観点から注目されるのは、特に1990年代以降のアメリカ映画において、従来の西部ものとは異なる作品が登場するようになってきている点である。そこでは、白人＝善玉＝文明人、インディアン＝悪玉＝野蛮人という従来の西部劇の約束事が打ち破られ、フロンティアの英雄が、むしろアンチ・ヒーロー的な人間として描かれたり、先住インディアンの視点から西部の歴史を再解釈しようとする試みが出始めている。こうした文化表現媒体の側の動きが、フロンティアの歴史の克服へとどうつながっていくのか、興味深いところである。

さらに理解を深めるための参考文献

明石紀雄『ルイス゠クラーク探検――アメリカ西部開拓の原初的物語』世界思想社、2004年

山岸義夫『アメリカ膨張主義の展開――マニフェスト・デスティニーと大陸帝国』勁草書房、1995年

H・N・スミス、永原誠訳『ヴァージンランド――象徴と神話の西部』研究社出版、1971年

R・A・ビリントン、渡辺真治訳『フロンティアの遺産』研究社出版、1971年

清水知久『米国先住民の歴史（増補版）――インディアンと呼ばれた人びとの苦難・抵抗・希望』明石書店、1992年

富田虎男『アメリカ・インディアンの歴史・第3版』雄山閣出版、1997年

ジャック・M・ウェザーフォード、小池佑二訳『アメリカ先住民の貢献』パピルス、1996年

阿部珠理編『アメリカ先住民を知るための62章』明石書店、2016年

内田綾子『アメリカ先住民の現代史――歴史的記憶と文化継承』名古屋大学出版会、2008年

第 7 章

競争原理と公共の利益
——アメリカン・ドリームの光と影

───── この章のねらい ─────

　前章でみたように、この国が建国当初から抱えていた人為的な国家統合と非白人の人権という二つの問題の解決は、南部に続いて西部においても20世紀へと先送りされた。しかし、アメリカは西部開拓の犠牲となった先住インディアンに対して必ずしも有効な手だてを打ち出せなかったものの、フロンティアの時代が過ぎ去ろうとする中で、「国の新たな発展の活力を何に求めるべきか」という課題に対しては、答えを出しつつあった。それは、産業社会という新たなフロンティアへの挑戦であった。

　そこで、本章では、19世紀後半のアメリカ経済の話題を中心に、現代のアメリカに通ずる産業社会が、いかなる人々によって、いつ、どのようにして出現したのか、そして、そこからまたどのような新たな問題が出てきたのかを探り、現代アメリカが出現する上で、19世紀後半が重要なターニング・ポイントとなったことを明らかにする。

関 連 事 項 略 年 表

1784	トマス・ジェファソンが『ヴァージニア覚え書』を著す
1789	アレグザンダー・ハミルトンが初代の財務長官に就任
1793	イーライ・ホイットニーがコットン・ジンを発明
1859	ペンシルヴェニア州で石油が発見される
1869	大陸横断鉄道が開通
1870	ジョン・D・ロックフェラーがスタンダード・オイル社を設立
1875	アンドルー・カーネギーがペンシルヴェニア州ピッツバーグに最新式の製鉄工場を開設
1879	トマス・エジソンが白熱電球を発明
1886	アメリカ労働総同盟（AFL）の設立
1889	カーネギー、「富の福音」
1890	反トラスト法の制定
1892	スタンダード・オイル社の解体
	人民党の結成
	シエラ・クラブの設立
1901	USスチール社の誕生
	セオドア・ローズベルトが大統領に就任
1906	食肉検査法、食品医薬品法の制定
1920	憲法修正第19条により女性参政権が認められる

1　農本社会から産業社会へ

　独立当初のアメリカは、まだ農業中心の国であった。そのアメリカはいったいどのようにして工業化への道を歩み始めたのだろうか。

(1) ハミルトンの工業化路線とジェファソンの農本主義
　独立直後のアメリカでは、何を軸にこの国の経済を組み立てるかをめぐって、相反する二つの考え方が広まっていた。それは、工業化路線と農本主義の対立であった。

　工業化路線を主張した代表的人物は、初代財務長官となったアレグザンダー・ハミルトン（Alexander Hamilton、1755 ?-1804）であった。彼は、合衆国銀行の創設や、租税・通貨制度の整備を行い、合衆国の金融政策の土台を作るとともに、イギリスを模範とする資本主義工業国への脱皮を主張した。

　一方、ハミルトンの考えと真っ向から対立する主張を展開したのは、独立宣言の起草者で、第三代大統領となったトマス・ジェファソンだった。ジェファソンの農本主義的な考え方は、『ヴァージニア覚え書』（*Notes on the State of Virginia*、1784）という著作に鮮明に表れている。この中で彼は、土地を耕し、額に汗して働く農民こそ神に選ばれた民であるとし、過剰な人口を支えるために商工業を発達させざるをえなかったヨーロッパは、商品経済による道徳の頽廃を招いているが、アメリカには広大な土地がある以上、商工業を必要最低限に抑えて、皆が「農民＝神に選ばれた民」のままでいることが可能だという見解を示した。これは、アメリカは農業国であり続けるべきだという農本主義の立場であり、こうした考え方は、プランテーションの発達した南部を中心に支持されていた。

(2) 北部における工業化の発展とその要因
　とはいえ、土地があまり農業に適しておらず、大規模な農園が発達しなかった北部では、ハミルトンの示した方向が次第に現実のものとなっていった。その要

因は主に五つに大別できる。

　まず第一に、北部のピューリタン的伝統の存在が挙げられる。ピューリタンの神権政治は消え去っていたが、倹約を尊ぶピューリタンの精神は工業化の基礎となる資本の蓄積を促したのである。

　第二に、アメリカ独自の技術革新が起こったことが北部の工業化を押し上げたといえる。このことは、代表的な二人の発明家の功績に顕著に表れている。一人は、イーライ・ホイットニー（Eli Whitney、1765‒1825）である。彼は、綿花の種と繊維とを面倒な手作業によらずに分離できるコットン・ジンという機械を発明して一躍有名になった。その後、マスケット銃の製造を手がけ、従来一人の熟練工の手作業だったものを改め、銃の部品を規格化し、分業によって生産した部品を組み合わせる方式を開発した。このやり方は「アメリカ的製造方式」と呼ばれ、大量生産の基本原理となった。また、もう一人の著名な発明家としては、トマス・エジソン（Thomas Edison、1847-1931）を挙げることができる。彼は、電気技師として、実用性の高い製品を次々に発明し、配電盤の改良や白熱電球の商業生産に成功した。彼は、独自の研究所を開設する一方、企業経営にも才覚を示すなど、技術開発と販売促進を有機的に結びつけるビジネス・モデルを編み出した。

　北部の工業化の第三の背景には、人口の増大と西部開拓による急速な市場の拡大が関係していた。これにより、特に低価格の生活用具の需要が増大し、需要に追いつくようにと、能率的な大量生産がさらに促進された。

　第四の要因としては、南北戦争の勃発が挙げられる。戦争による資材・軍需物資の必要性は、重工業の発達をもうながし、政府も補助金を出して育成に努めた。

　そして、工業化の第五の要因としては、輸送手段の発達がある。軽工業・重工業の発展に呼応する形で、北部では1830年代から鉄道が発達し、1869年には大陸横断鉄道が開通した。

　南北戦争の戦場はほとんど南部だったため、南部は壊滅的な被害を受けたが、南北戦争後の1870年代には、このように北部は工業社会の入口まできていた。事実、南北戦争後、アメリカの国民総生産はイギリスのほぼ二倍のペース（年平均

約4.5％）で成長し、遂に1880年代前半には、工業生産でイギリスを抜いて世界一となった。

　仮に、現在もよく口にされる「アメリカン・ドリーム」というものを、民主的で、かつ経済的に繁栄した社会への憧れと定義するならば、この19世紀末はこれらの夢が現実味を帯びてきた時期といえるかもしれない。しかし、俗に1870年代から1890年代にかけては、「金ぴか時代」または「金メッキ時代」（Gilded Age）と呼ばれ、決して「黄金時代」（Golden Age）とは呼ばれていない。その理由は、経済の目ざましい進展の陰で様々な社会問題、とりわけ富の不公正な再配分という問題が頭をもたげてきたからだった。そして、こうしたアメリカン・ドリームの光と影の部分を端的に表していたのが、この時代に登場してきた巨大企業であった。

2　巨大企業の形成過程とその問題点

　1880年代に世界一の工業国となったアメリカを象徴していたのは、巨大企業の出現であった。しかも、これらの企業を築き上げたパイオニアたちは、必ずしも上流階級の出身者ではなかった。それゆえ、こうした巨大企業の経営者たちは、誰にも経済的に成功するチャンスが開かれているという、民主的で平等なアメリカ社会の象徴的存在とみなされ、いわばアメリカン・ドリームを実現したヒーローとしてもてはやされた。だが、こうした巨大企業の形成過程は、金ぴか時代の背後に潜む様々な問題点をも映し出していた。

（1）巨大企業のパイオニアたち――カーネギーとロックフェラー

　巨大企業を作り上げた人々が、どのような種類の人間だったのか、そして、彼らが作り上げた企業がいかに巨大であったのかは、アンドルー・カーネギー（Andrew Carnegie、1835-1919）とジョン・D・ロックフェラー（John D. Rockefeller、1839-1937）の二人の軌跡に如実にみることができる。

　カーネギーの父親は、19世紀半ばにスコットランドから移住したが事業に失敗

し、貧しい少年時代を過ごしたカーネギーは、様々な職種を経験しながら、経営術を磨き、努力して蓄財した。そして、南北戦争が始まると、鉄道のレールを作るための鉄鋼の需要が増大するだろうと見越した彼は、鉄鋼業に投資して大成功をおさめた。彼は、1875年にペンシルヴェニア州のピッツバーグに最新式の製鉄工場を開設したのを皮切りに、買収などで事業を拡大し、鉄鋼王としての地位を築いたのである。その後、1901年にカーネギー製鋼会社を売却して彼は引退するが、彼の工場は鉄鋼会社数社の合併によって誕生したUSスチールとなり、アメリカの鉄鋼生産の60〜70％を占める巨大な製鉄会社となった。1900年のカーネギーの年収は2500万ドルにも達し、しかも当時は所得税がなかったことを考えれば、彼が莫大な利益を手にしていたことは容易に想像されよう。

一方のロックフェラーは、石油王としての地位を築いた人物である。彼の父は貧しい薬の行商人で、ロックフェラーもカーネギー同様、恵まれない少年時代を送った。ところが、1859年にペンシルヴェニア州で石油が発見されると、彼の人生は大きな転機を迎えた。その後に起こった石油ブームでは、石油採掘業に投資した人が少なくなかったが、彼はそうではなく、石油精製業に投資した。石油の採掘は、当たれば大儲けになるが、掘った井戸から必ず石油が出るとは限らず、リスクも大きい。その点、石油精製業は、石油を製品化する上で必ず必要な過程を扱うわけで、石油の需要が高まれば確実に低リスクで利益をあげることができた。一攫千金を夢見て石油採掘業に投資した人々が時として損害を被る中で、ロックフェラーは確実に利益を稼ぎ、1870年にスタンダード・オイル社を設立した。その後かなり強引な手法で事業を拡張したこの会社は、エクソン、モービル、シェブロンなどの現在の大手石油メジャーを全て併せた規模を誇るまでとなり、一時はアメリカの石油精製業のほとんどを支配することになった。こうしてロックフェラーも、巨万の富を手に入れたのであった。

決して上流階級の出身ではない人々が巨大企業の経営者へとのし上がることができたのには、二つの理由があった。一つは、巨大企業の出現につながる自由放任主義の思想がアメリカで支持されていたこと、もう一つは、これらの巨大企業が、ある時点からはそうした自由放任主義を自らねじ曲げて業績をさらに伸ばし

ていったということである。そこで、これら二つの背景について次にみてみよう。

（２）社会進化論──適者生存の原理の拡大解釈

　当時のアメリカで自由放任主義経済が支持されていた背景には、社会進化論と呼ばれる思想が介在していた。社会進化論は、ダーウィンの『種の起源』（1859）に触発された思想で、適者生存の原理が自然界だけでなく人間社会にも作用しているとする立場をいう。この説は、イギリスの思想家ハーバート・スペンサー（Herbert Spencer）によって唱えられたが、彼の思想はむしろアメリカの方で受け入れられた。アメリカでは、伝統的に政府は企業活動に立ち入らない方針をとってきた結果、企業の自由な競争に任せるという自由放任主義がかなりすでに定着しており、市場のメカニズムによって優れた企業が競争に打ち勝つのは当たり前という考え方が漠然と広まっていた。社会進化論は、そうした考え方が科学的に正しいことを裏付ける理論として、アメリカで歓迎されたのである。

　実際、巨大企業はこうした社会進化論によって正当化された激しい価格・生産競争の結果、出現したものだった。そのことは、1870年代から1890年代にかけてのいくつかの経済指標にも如実に表れている。例えば、この20年ほどの間に卸売物価指数は、ほぼ半減しており、激しい価格引き下げ競争が起こったことが分かる。カーネギーに関係のある鉄鋼業に関する数字をみても、トン当たりの鉄鋼レールの価格は、1870年頃に50ドルだったのが1890年頃にはわずか12ドルと、四分の一以下にまで下がっている。また、この間、鉄鋼生産量は約60倍に増えているが、鉄鋼業の企業の数は逆に20％近く減少している。つまり、鉄鋼業の規模が飛躍的に拡大する過程で、競争に敗れた企業は倒産するか吸収合併されるかして、企業の淘汰が進み、激しい競争を生き残った有力ないくつかの企業が市場の大半を占有するような状況が出現しつつあったのである。

　ここで見逃してはならない点は、社会進化論の登場によって自由放任主義への人々の信頼は揺るぎないものになったとはいえ、激しい競争で生き残った企業が吸収・合併によって整理統合されてくると、巨大化した企業は次第にそれ以上の競争を避け、共存共栄のために価格の維持と市場の独占に関心を寄せるようにな

っていったということである。巨大企業は、ある時点からは自由放任主義のルールを自ら破壊していったのである。

(3) 巨大企業による価格の維持と独占
　巨大企業は、確かにある時点までは、弱肉強食の適者生存の原理のメカニズムの結果生まれてきたようにみえる。しかし、実際には、巨大企業の形成過程では、純然たる市場原理とは相いれない、不公正な手段が横行していた。自由放任主義への人々の信頼があるのをよいことに、巨大企業のオーナーたちは、ある程度企業の淘汰が進んでくると、次第に裏では不正な手段で業績を伸ばそうとしていた。すなわち、企業の淘汰が進み、市場が有力な企業数社による寡占状態の様相を呈してくると、それらの企業は、次第に互いの競争よりも、安定した利益配分へと関心を寄せるようになり、人為的に値崩れを防止しようとしたのである。こうした価格の維持のために登場したのが、カルテル（企業連合）やトラスト（企業合同）である。
　1870年代に様々な業界で結ばれるようになったカルテルは、生産調整による値崩れの防止を申し合わせた、いわば闇協定であった。しかし、このカルテルは強制力を持たず、協定破りをして密かに利益を稼ごうとする企業が続出した。そこで1880年代には、カルテルをより強化したトラスト（企業合同）が結成されるようになった。ここでは、トラストに参加する企業の資本が単一の経営体へと信託されているため、企業同士は一種の運命共同体となり、協定破りはほぼ不可能となった。そのため、価格の維持がカルテルの場合よりも徹底されることになった。
　カルテルやトラストは、同一業種の企業が自由で公正な競争をねじ曲げることで利益を確保しようとする策略だったわけであるが、こうした企業の水平的統合は、さらに異業種との垂直的統合へと進化し、それは市場の独占という事態にまで発展していった。この点で才覚を発揮したのは、ロックフェラーだった。彼は、同一業種の水平的な統合だけでは、有力なライバルのトラストが現れた場合、競争に常に勝てる保証はないことに気づき、むしろ他の産業と石油産業との垂直的な統合を進めることによってライバルを蹴落とせるのではないかと考えた。彼が

目をつけたのは、輸送手段の支配であった．すなわち、鉄道会社と独占的・排他的輸送契約を結び、パイプラインを独占するなど、輸送手段との垂直的統合を進めることで、ライバル業者を次々と窮地に追い込んでいったのである。ライバル業者は、輸送手段がロックフェラーに押さえられてしまったため、製品を運ぶためには大幅なコストがかかってしまい、ロックフェラーとの価格競争に敗退するしかなかったのである。こうした手法でロックフェラーは、ライバル業者を次々に打ち破り、一時アメリカの石油生産量の95％を独占するに至った。

　こうした、激しい競争の反動としてのトラストの出現や市場の独占は、巨大企業をさらに成長させる結果となった。カーネギーやロックフェラーら、一般大衆の中から登場してきたこれら巨大企業の創立者たちは、アメリカン・ドリームを実現させたヒーローとみることもできるが、実は彼らは他人がその業種に自由に参入する機会を奪うことによって成功したともいえる。実際、彼らはそうして手に入れた巨万の富でヨーロッパの貴族まがいの生活をしていたため、泥棒貴族（Robber Baron）と皮肉られた。また、巨大企業が出現する過程で行われた手段を選ばぬ企業競争は、金こそ全てという風潮を作り、政治家・資本家を問わず、この時代には社会の腐敗が目立ってきた。

　そしてこれこそ、この時代が、金ぴか時代とか金メッキ時代といわれるゆえんなのである。一見繁栄しているようにみえる社会の背後には、様々な問題が存在していた。ごく一握りの人間がアメリカン・ドリームを達成した背後では公正な自由競争が阻害され、不公正な富の再配分が横行し、大勢の人々が卑劣な手段で競争に打ち負かされていた。このことは、人々の自由放任主義への信頼を大きく揺るがすとともに、それが引き起こした社会の歪みをどう是正するかが産業社会へと変身したアメリカにとっての新たな課題となったことを意味していた。

3　自由競争から公正さの確保へ——自由放任主義の規制と改革

　巨大企業の横暴を許した根本原因は、アメリカが自由放任主義を容認していた結果、巨大企業の不正行為をうまくチェックできなかった点にあったといえる。

しかし、企業の自由な活動に任せっ放しでは色々な弊害が生じることがもはや明らかとなった。そこで、公正な競争の実現と富の再配分に向けてアメリカ社会は動き始めた。事実、こうした自由放任主義経済の見直しをきっかけとして、19世紀末から20世紀初頭にかけて、アメリカ社会には様々な改革運動が登場してきた。これらは、自由競争一辺倒だったアメリカを、公共の利益の確保という方向へと軌道修正しようとするものであった。一連の改革は、上からの改革と下からの改革の二種類に大別できるが、今日までその精神が引き継がれている改革運動の原点を感じさせるものが少なくない。

（1）上からの改革

　上からの改革としては、連邦政府による改革と、企業経営者自身による慈善事業を挙げることができる。

　連邦政府は、それまでの自由放任主義を容認する姿勢を転換し、企業活動に積極的に介入する方向へと舵を切った。そうした政府の新しい方針を支えることになったのが、1890年に制定された反トラスト法（シャーマン法）である。これは、一種の独占禁止法で、カルテルによる価格維持・生産調整の禁止や、有力企業がダンピングや合併などによって市場を独占することを禁止する内容となっている。そして、この反トラスト法に基づいて、ロックフェラーの築いたスタンダード・オイルは解体された。1901年に大統領に就任したセオドア・ローズベルト（Theodore Roosevelt, 1858-1919）は、この反トラスト法によって企業を取り締り、私企業の利益よりも公共の利益を優先する経済政策を推進した。現在でもアメリカは、こうした独占禁止法に触れる企業活動に対しては、非常に厳しい。

　一方、巨万の富を手にした企業家の側も、大金を慈善事業に投入するようになった。実際、カーネギーは、「富の福音」（1889）と題した一文の中で、「富は使うためにあるもので、富を持ったまま死ぬのは不名誉である」と述べ、財団を設立し、研究教育活動や様々な社会事業を援助した。ロックフェラーも引退後、慈善事業に多額の寄付を行っている。こうした動きが、果たして本当の善意によるものか、それとも名誉欲からなされたのかについては意見が分かれるかもしれない

が、巨大企業のオーナーたちが実際に多額の寄付を行ったのは事実である。その意味では、企業家自身が富の不公正な再配分を自ら是正しようとしていたといえる。そして、これらの財団は、今日においても、様々な社会事業をバックアップする重要なスポンサーとなっている。

（2）下からの改革

　人々がいわば下から政府や社会を動かしていった動きとしては、プログレッシヴィズム、労働運動、農民運動、環境保護運動などがあった。ただ、下からの改革といっても、既成政党が人々の不満をうまく吸収できたため、結果的には体制内改革という形に落ち着いたものが多い。

　まず、最初に挙げられるのは、都市の中産階級主導によるプログレッシヴィズム（革新主義）と呼ばれた運動である。これは、企業家やそれと結託している政治家の腐敗を追及し、道徳的見地から社会を改革しようとする運動を軸に展開されたものだが、独占企業の告発のみならず、女性参政権運動、禁酒運動、公衆衛生改善など幅広い分野に及ぶ生活改善運動の様相を呈していった。この運動の先頭に立ったのは、「マックレイカーズ」（"Muckrakers"）と呼ばれたジャーナリストたちで、社会の不正を暴露する記事を数多く発表した。こうしたジャーナリズムの側からの告発を受けて、民主・共和両党による法令の改正へと結びついたケースも少なくない。例えば、1906年の食肉検査法や食品医薬品法は、食肉加工の現場の実態や、医薬品の表示方法の不透明さを告発する報道がきっかけとなって、実現したものであった。1920年の憲法修正第19条によって認められることになった女性参政権も、プログレッシヴィズムの成果の一つといえる。

　こうした中産階級の改革運動とは別に、労働者階級も企業家に対抗する圧力を強めていった。企業家は、生産コストを下げることには心を砕いたが、労働条件については必ずしも十分考慮しなかった。1900年当時ですら、労働者の平均労働日数は週6日で一日10-12時間労働が普通であった。また、安全対策も不十分で、工場労働には危険が伴うこともあった。そこで次第に労働者たちは、組合を組織して労働条件の改善を求めるようになる。1886年には、アメリカ労働総同盟

（American Federation of Labor、略称 AFL）が設立された。AFL の会員数は、1900年には50万人程度にすぎなかったが、第一次大戦以後発展し、アメリカの労働運動を代表する組織に成長していった。しかし、資本主義の脅威になる存在だとして、この時期は組合に対する風当たりが強く、企業家はしばしば暴力的な手段でストライキを鎮圧した。また、技術を持つ者とそうでない者との対立や、人種や移民に対する偏見や農民への敵対心などもあって、労働運動自体は必ずしも十分な成果を得られなかった。とはいえ、長期的には、アメリカの労働組合運動は、経営者の横暴に対する抑止力としての意味を持つことになったといえる。現在でもアメリカは、決して共産主義の国ではないのに、日本と比べて概して非常に労働組合の力が強い。

さらに、工場労働者だけでなく、農民たちも、企業家との対決姿勢を強め、独自の改革要求を政府に突きつけるようになった。鉄道や倉庫などの輸送業が垂直的統合を機に巨大企業の傘下となり、運賃や賃貸料がカルテルによって不法に高く吊り上げられると、同じく鉄道輸送や倉庫に頼っていた農民の間に不満が出てきた。そこで、農民は自らの政党を作り、自分たちの手で政治を動かそうとした。こうして1892年に結成されたのが、人民党（Populist Party）である。人民党は、累進課税や鉄道の国有化など、低所得者の保護と、公共性の高い分野での私企業の取締りを要求し、二大政党に少なからぬ衝撃を与えた。もっとも、支持基盤が農民に限られていたため、政党としては数年で消滅したが、人民党の存在は20世紀初頭の民主・共和両党の政策にも影響を与えることになった。

この時期に顕著になってきたもう一つの改革運動は、環境保護運動であった。企業の活動を規制するなら、経済的側面のみならず、環境問題にも配慮すべきだという考え方が出てきたのである。中でも、ジョン・ミュアー（John Muir、1838-1914）は、自然を企業活動や開発から守る必要性を強く訴えた。彼の努力により、1890年にカリフォルニア州のヨセミテ渓谷が国立公園に指定されたほか、彼とその仲間たちが1892年に結成したシエラ・クラブ（Sierra Club）は、環境保護団体の草分け的存在となり、その後の国立公園の指定にも貢献した。このようにアメリカは、巨大企業の弊害の是正をきっかけとして、公共の利益を守るという観点

から今日でも続いている、様々な改革運動に着手したといえる。

4 「金ぴか時代」と現代アメリカ

　19世紀後半の産業社会誕生の象徴的存在となった巨大企業は、自由放任主義に対する人々の信頼の大きさとそれを裏切った企業の貪欲さの両方を具現化しており、アメリカン・ドリームの光と影の部分を合わせ持つ存在だったといえる。そして、巨大企業の弊害を是正する様々な改革の登場は、それまで競争原理を容認してきたアメリカ社会が、純然たる自由放任主義の持つ限界への反省から、次第に公共の利益や調和のとれた発展を模索し始めたことを物語っていた。これらの改革の精神が、様々な法令や団体の活動を通じて今日まで引き継がれてきているという事実は、この金ぴか時代が現代アメリカを出現させる上で一つのターニング・ポイントとなったことを示唆している。

　実際、反トラスト法や巨大企業の作った財団、労働組合や農民運動、環境保護運動など、今日のアメリカ社会においても重要な位置を占めているものの多くが、この時代を境に強化されたことは注目に値する。このことは、アメリカ社会が、自由放任主義の限界がもたらした富の偏在というトラウマと格闘しながら、そうした失敗を二度と繰り返さないためのシステムを作り上げようとしてきたのだということに改めて気づかせてくれる。

　日本では、アメリカ型経済システムというと、競争原理一辺倒のシステムを連想する人が多いかもしれない。日本でアメリカ経済を真似るという時、多くの場合それは競争原理を強化することを意味するだろう。だが、金ぴか時代にすでに自由放任主義の限界を経験したアメリカは、その後はむしろ競争原理と公共の利益をどうやって両立させるかという課題に取り組んできたのであり、その意味においてアメリカが作り上げてきた経済システムとは、実は自由競争とその行き過ぎを制御するためのルールがセットになったものなのである。従って、そのうちの競争原理の部分だけを取り出して真似たところで、それは確実に失敗する。それは、金ぴか時代のアメリカがすでに実証済みなのである。アメリカ型経済を真

似るということは、競争原理とそれを機能させるためのルールやシステムの両方を受け入れることなのである。

このように考えれば、アメリカがなぜダンピングや市場開放といった問題にしばしば過敏に反応するようにみえるのかということについても、それなりにアメリカの行動には合理性があることがわかるだろう。日本との貿易摩擦においては、アメリカは日本だけを差別して狙い撃ちにしているという印象を持った人もいるかもしれない。確かに、そのような側面が全くないともいえないし、自国の産業を保護するためにアメリカは自ら自由貿易のルールをねじ曲げているという批判が的を射ている場合もある。だが、アメリカは、日本だけでなく、ヨーロッパとも通商問題を起こしている。また、自国においても、例えば、政府がマイクロソフト社を独占禁止法違反で訴えるなど、市場の独占に対しては、ある意味では相手が誰であってもアメリカは見過ごそうとはしないのである。そして、それは、金ぴか時代のあの市場を独占した巨大企業の記憶と決して無関係ではない。資本主義の先進国であるアメリカは、ある意味では資本主義の限界をも体験した国なのであり、一見非常に神経過敏に思えるようなアメリカの通商上の行動の背後には、こうした過去の過ちの教訓が少なからず活かされている点も忘れてはならない。

さらに理解を深めるための参考文献

後藤昭次訳、本間長世解説『社会進化論（アメリカ古典文庫18）』研究社出版、1975年
本間長世編『現代アメリカの出現』東京大学出版会、1988年
オットー・マイヤー他、小林達也訳『大量生産の社会史』東洋経済新報社、1984年
ハーバート・G・ガットマン、木下尚一他訳『金ぴか時代のアメリカ』平凡社、1986年
秋元英一『アメリカ経済の歴史——1492-1993』東京大学出版会、1995年

第 8 章

正統と異端
──ファンダメンタリズムと100％アメリカニズム

この章のねらい

　実験国家アメリカにおける、統合化と多元化のベクトルの綱引きは、連邦政府の権限の問題と深く関わってきた。統合化の求心的ベクトルが、連邦政府を強化するような、連邦主義や企業活動の規制や公共の利益を優先する発想として表れる一方、多元化の分離的ベクトルは、連邦政府の強化に反対する立場であり、州権論や自由放任主義や私企業の利益を優先する発想と重なる。この対立の調整こそ、この国が直面してきた様々な課題の本質だったのであり、その解決法は、武力（南北戦争）や法律（反トラスト法）など様々であった。

　しかし、その際、社会の多数派であったWASP（白人、アングロ・サクソン、プロテスタント）とは異なる文化的背景の人々の立場は、軽視されてきた。黒人は奴隷解放後も南部の抑圧政策に苦しみ、先住インディアンも保留地に押しこめられた。実はこうした非WASPに対する冷遇は、現代アメリカに通ずる豊かな社会が到来した1920年代に、アメリカ史上一つの頂点に達した。本章では、なぜ経済的に豊かな時代の到来が、マイノリティーに対する人種的・宗教的不寛容（イントレランス）の風潮をかえって助長することになったのか、そのことの持つ意味を考える。

関連事項略年表

1882	中国人移民排斥法
1913	カリフォルニア州で外国人土地法が制定される
1914	第一次世界大戦が勃発
1915	KKKが復活
1920	禁酒法の施行
	サッコ=ヴァンゼッティ事件
1924	移民法の制定
1925	スコープス裁判
	F・スコット・フィッツジェラルド『偉大なギャツビー』
1926	アーネスト・ヘミングウェイ『日はまた昇る』

図8-1 T型フォード車（1926年ごろ）
出典：*History of the United States*, Viking, 1998

1 繁栄と喪失──1920年代の社会風俗

　豊かな時代が到来すると、人々の経済的不満が減り、宗教の影響力も低下するというのが、先進国一般にみられる傾向であろう。そこでは、人種差別や宗教的な差別が以前よりも弱まっていったとしても決して不思議ではない。ところが、このような図式は、先進国中の先進国たるアメリカには、必ずしもうまく当てはまらない。アメリカの場合、経済的繁栄が、差別の緩和や宗教の影響力の低下には必ずしも直結していないのである。そして、そうした構図が最初に鮮明に登場したのが、この1920年代であった。

　なぜ、そのようなことになったのか。そのことを理解するためには、まず、そもそもこの1920年代という時代がどのような特質を持っていたのかに目を向ける必要がある。実は1920年代は、「繁栄」の時代であるとともに「喪失」の時代でもあった。この点こそ、現代アメリカにまで及んできている差別の構図を考える重要な糸口なのである。

（1）繁栄の時代の到来とその要因

　1920年代が、繁栄の時代となった要因としては、およそ以下の四つを挙げることができる。

　まず、金ぴか時代に続く革新主義の時代に行われた、自由放任主義経済の見直しは、極端な富の集中を是正し、社会全体の生活水準の向上にプラスであった。第二に、第一次世界大戦（1914-18）の際に、アメリカは直接戦場とはならず、むしろ物資の供給源として商工業が一段と活性化されたことが繁栄につながったといえる。アメリカには世界の富が蓄積されることになり、国全体が潤い、通貨のドルも強くなった。次に第三に、商工業の一層の発展を支える資源と、移民による労働力が絶えず供給されていたことも、アメリカ経済の発展を支えたといえる。そして、第四に、科学技術の進歩や流れ作業（オートメーション）などの合理化によって、安い品物の大量生産が定着し、それが今度は消費を刺激したことが大

きかった。自動車や、電気掃除機、ラジオ、アイロンなどの電化製品を人々は初めて簡単に安く手に入れることができるようになったのである。

例えば、自動車は19世紀末には一台ずつ生産されていて、価格も3,000ドルくらいした。しかし、ヘンリー・フォード（Henry Ford、1863-1947）は、T型フォード（Model T）という大衆車の大量生産を意欲的に進め、1924年には価格を290ドルまで引き下げることに成功し、その年だけで160万台を販売した。また、この時代には広告業や月賦の制度も発達し、ものの生産・消費・流通が一気に加速した。

こうして人々は物質的には豊かになり、生活様式も大きく変わった。アメリカ史上、初めて都市部の人口が農村部の人口を上回った。そして、多くのことがより少ない時間と労力でできるようになると、倹約とか勤勉といったアメリカ社会に受け継がれてきたピューリタン的な道徳観が次第に薄らぎかねない事態となったのである。

（２）伝統的価値観からの解放とその行方

実際、この時代には伝統的な道徳観に逆らうことが、若者を中心に一種の流行になった。こうした既成の道徳観への抵抗は、ジャズの流行やフラッパー（Flapper）と呼ばれる新しい女性の登場に象徴されていた。

ジャズに合わせたダンスは、社交ダンスに比べて行儀の悪いものとされてきた。ところが、1920年代は「ジャズ・エイジ」（"Jazz Age"）と呼ばれるほど、ジャズやそれに合わせたダンスが流行し、人々の感覚の変化を如実に反映する結果となった。

また、女性たちの間にも、良妻賢母といった既成の女性観を打破し、自由で開放的に振る舞う人々が出現した。フラッパーと呼ばれた彼女たちは、髪形もボーイッシュな感じに短くし、不特定多数の男性との性交渉もいとわず、あえて男を挑発するような大胆なファッションを選んだ。例えば若い女性のスカート丈は、ロング・スカートが主流だった19世紀にはくるぶしくらいまであったのが、膝までになった。19世紀においては、ヴィクトリアニズムと呼ばれる厳格な性道徳が

社会に広がり、女性は性的にナイーヴではなくてはならないとされ、女性が人前で肌を露出するのは、はしたないこととされていた。フラッパーたちの登場は、こうした既成の道徳観に女性自らが反旗を翻したことを意味していた。

とはいえ、既成の道徳観を否定した若い人々が、代わりに何か新しい価値観を手にすることができたかというと決してそうではなく、物質的繁栄とはうらはらに逆に精神的貧困に陥ってしまった。1920年代が、実は喪失の時代でもあるゆえんはここにある。

実際、この時代の作家たちの作品にはそうした若者の喪失感や時代の空虚さが色濃く反映されていたことから、彼らは「ロスト・ジェネレーションの作家たち」と呼ばれている。F・スコット・フィッツジェラルド（F. Scott Fitzgerald、1896-1940）の『偉大なギャツビー』（*The Great Gatsby*、1925）や、アーネスト・ヘミングウェイ（Ernest Hemingway、1899-1961）の『日はまた昇る』（*The Sun Also Rises*、1926）といった作品には、繁栄する世界に逆に裏切られる若者の挫折感や経済的安定を得たものの人生の目的をみつけることができずにいる若者の姿が描かれている。

こうして、第一次大戦後のアメリカ人は、生活はかつてなく豊かにはなったが、新しい時代を生きるための確固たる価値観をみつけられず、モラルの低下も少なからずみられた。それゆえ、一方では逆に新しい時代の風俗を否定し、産業社会の物質主義や快楽主義の風潮を批判する動きも、20年代を通じて次第に強まっていった。この種の反動は、主として二つの形をとって表面化した。

一つは、保守勢力の台頭である。これは、ファンダメンタリズムと呼ばれる立場と関連しており、アメリカ社会の伝統的な価値観に立ち戻って乱れた社会の規律を正そうとする動きとなって現れた。もう一つは、非WASPへの排撃である。これは、「100％アメリカニズム」と呼ばれる考え方と関連しており、アメリカ社会のマイノリティーである非WASPを排撃することにより、逆に国内を浄化し秩序を回復しようとする動きとなって登場した。これら二つの動きは、実は表裏一体となっている場合が少なくなかった。すなわち、「社会がうまくいかないのは伝統的価値観が軽視されているからだ、そして、それは文化的に異なる背景の人

間が多くなったためだ」という具合に、この二つは簡単に結びついてしまうのである。ここでは、その点を考慮しながらも、個々の要素が色濃く出ている事例を取り上げることにする。

2 保守的価値観への傾斜

　第一次大戦後の社会の風潮に反対する動きのうち、保守的な価値観への回帰を最もよく表していたのは、禁酒法とモンキー裁判であった。これらは、ともに巨大な近代国家とは思えないような、時代錯誤的な事件であった。

（1）**禁酒法の制定**
　アメリカでは、禁酒運動自体は植民地時代からあり、快楽主義を戒めるピューリタン的倫理観の影響を受けてきたといえる。19世紀中も、労働者が酒に溺れないようにという、一種の生活改善運動として禁酒運動は続けられてきたが、第一次大戦後、アメリカは憲法を修正して国民の飲酒、及び酒の製造を一切禁止した。俗にいうこの禁酒法とは、憲法修正第18条に基づいて1920年1月から施行されたヴォルステッド法と呼ばれる法律のことをいう。
　禁酒法は、実際には20年代の本格的な繁栄の時代が訪れる前から施行されていたものであり、当初は、保守的な価値観への回帰というよりは、プログレッシヴィズム的な生活改善運動の精神とのつながりが深かった。また、第一次大戦の敵国となったドイツに対する反感から、ドイツ系移民の飲み物であるビールに対する敵意も、禁酒法制定には少なからず関係していたともいわれる。だが、禁酒法は、20年代を通じて実施される間に、むしろ20年代の保守的な価値観への回帰を代表する現象としての性格を強めていった。
　禁酒法は、違反が後を立たず、事実上、ザル法であった。街には潜り酒場が作られ、人々は密造酒を飲んでいた。にもかかわらず、1933年まで何と十年以上も存続することになった。禁酒法は、結果的には密造酒の製造・販売を手がけていたマフィアに巨大な資金が流れてしまったといった点で壮大な失敗といえるが、

これが20年代を通じて廃止されなかったという事実は、20年代の新たな時代の風潮に対する保守派の反動がいかに強かったかを物語っている。

(2) モンキー裁判（スコープス裁判）とファンダメンタリズム

　一方、モンキー裁判は、1925年にテネシー州、デイトンで行われた、高校の生物学の教師、ジョン・スコープス（John Scopes）に対する裁判であった。彼は、州法に違反して聖書の天地創造説と矛盾するダーウィンの進化論を学校で教えたとして起訴された。弁護側は、進化論を教えることを禁じたテネシー州法は言論の自由を奪うもので憲法違反だと主張したが、スコープスは罰金刑の有罪を言い渡された。ちなみに、進化論を教えてはならないというテネシー州の法律は、何とその後1967年まで存続した。

　このような判決が出されたのは、テネシー州を含む南部の風土が密接に関連していた。南部は、南北戦争で大打撃を受け、北部による再建策も中途半端に終わってしまったため、その後も経済的には後進地域で、北部を中心とする産業社会の発展から取り残された農村地帯のままであった．それゆえ、新しいものや近代的なものに対する抵抗感が強い地域であった。また、工業が発達しなかった南部は、労働力の需要が低く、移民の流入が少なかったため、黒人を除けば多くがプロテスタント系の白人という状態が続いた。実際、南部一帯は、バイブル・ベルトと呼ばれるほど、聖書中心主義を唱えるプロテスタントの力が以前から強い地域であった。

　こうした、新しいものや近代化に反対し、聖書の内容に忠実であろうとする立場をファンダメンタリズム（Fundamentalism）と呼んでいる。あえて単純に図式化するなら、ファンダメンタリズム＝反近代主義＋聖書中心主義と考えて、あながち的外れではない。南部一帯には、この保守的なファンダメンタリズムの勢力が強く、判決は十分予想できるものであったといえる。

　しかし、南部の田舎町のこの裁判が全米中の関心を集めたのは、それだけ南部以外の地域においても、産業社会の後ろ盾となっている科学の手から宗教を守ろうとする人々がかなりいたことを物語っている。実際、この裁判で検察側を代表

した人物は、ウィリアム・ジェニングス・ブライアン（William Jennings Bryan）という北部出身の人物だった。ブライアンは、以前民主党の大統領候補になったこともある著名人で、政界を引退してからは宗教活動に熱心だった。また、弁護側についたのは、クラレンス・ダロウ（Clarence Darrow）という大物弁護士で、両者の対決は、全米中の注目を浴びることになった。この裁判は、完全なローカル裁判ではなく、むしろ、科学と宗教、近代的価値観と保守的価値観の対決としてとらえられたのである。

このように、禁酒法の制定とモンキー裁判という、巨大な近代国家で起こった事件としては信じられないような事件は、20年代の物質主義や快楽主義の風潮への反動として、厳格なプロテスタンティズムに基づく保守的な価値観に立ち返ろうとする動きがいかに強まっていたかを示している。そして、ここで見落としてはならない点は、こうしたプロテスタントの価値観を絶対視する立場は、プロテスタント以外の宗派、宗教を否定する方向性を持っており、WASP以外の人々を排除する動きと容易に結びつきえたという点である。

3　非WASPへの排撃
——100％アメリカニズムの人種的・宗教的不寛容

プロテスタント本来の価値観に回帰しようとする保守的な動きが、非WASPへの排斥と一体化していた様子は、KKK（Ku Klux Klan）の足跡に如実にみることができる。ファンダメンタリズムの重要な震源地が南部だったように、非WASPへの排撃を公然と掲げた団体が結成されたのも南部においてだった。

（1）KKK（クー・クラックス・クラン）の台頭

KKKは、黒人の権利の拡大を阻止し、南部の昔ながらの秩序を回復するという目的で、南北戦争直後にテネシー州で結成された白人の秘密結社である。白装束に覆面という出で立ちで、夜間に黒人や黒人に協力的な白人を襲ったりリンチにかけたりという、ゲリラ戦術を得意としていたが、1870年代には取締りが厳しく

なり、一度消滅した。しかし、1915年にジョージア州で復活を果たした新KKKは、19世紀のKKKとは少し様子が違っていた。それは、以下の二点に整理することができる。

まず、新KKKは、ファンダメンタリズムの高まりと連動した形で発展していった。それゆえ、新KKKは、白人は黒人より優れているという以前からの人種差別のみならず、攻撃対象を黒人以外の非WASP全体に拡大し、宗教的不寛容の姿勢を鮮明に打ち出していった。その結果、新たにカトリック教徒とユダヤ人が攻撃のターゲットに加えられた。カトリック教徒は、アメリカよりもローマ教皇に忠誠を誓っているとして非難され、ユダヤ人は、キリストを処刑した民族であり、アメリカよりも祖国の回復を求めるシオニズム運動に献身的であるとして排撃された。

次に、新KKKは、第一次世界大戦へのアメリカの参戦に伴う愛国主義の高まりにも呼応しながら発展していった。第一次大戦当時、ドイツ系移民はスパイではないかと言われたほど、アメリカ以外の地で生まれた人々に対する不信感が、社会のあちこちでみられた。そして、アメリカへの忠誠を移民たちに強制し、アメリカ的価値観を植えつけるべきだとする考え方が「100％アメリカニズム」というスローガンの下に広まっていた。新KKKは、こうした愛国主義の空気をも吸収しながら、アメリカが本当に信頼できるのは所詮やはりアメリカ生まれのWASPだけだとして、それ以外は全て危険人物なのだという、人種的不寛容の宣伝に努めた。つまり、正統派アメリカ人＝WASP、異端＝非WASP全て＝非国民というわけである。

こうして、以前は南部の一地方組織にすぎなかったKKKは、復活後の1920年代には、人種差別にファンダメンタリズムと100％アメリカニズムを融合し、人種的不寛容と宗教的不寛容を合体させた組織へと変身し、アメリカ全土に支部を持つ巨大な組織へと成長した。1920年代半ばに会員数は約450万に達したといわれ、政界にも進出し、16人の上院議員を当選させたともいわれている。

KKK自体は地下組織なので、その影響力が実際にどの程度だったのかは正確には判定しにくい。しかし、1920年代には、KKKの主張に符合するような、非

WASPへの排撃を象徴する事件が実際に起きていた。

（2）サッコ＝ヴァンゼッティ事件

　1920年代における非WASPに対する排撃の高まりを象徴する代表的事件の一つは、サッコ＝ヴァンゼッティ事件である。これは1920年にマサチューセッツ州で起きた強盗殺人事件の容疑者として、ニコラ・サッコとバルトロメオ・ヴァンゼッティという二人のイタリア系移民が逮捕され、十分な証拠調べや審理が尽くされないまま、1927年に二人は死刑に処せられたという事件である。

　この裁判の過程では、二人が第一次大戦中に徴兵逃れをした疑いがあることや、無政府主義に傾倒していたといった、二人の経歴ばかりが取り沙汰された。そして、決定的に彼らを不利にしたのは、彼らが20世紀の初めにアメリカにやってきたばかりのイタリア系移民だったということであった。イタリア系移民は、実は当時かなり目の仇にされていたのである。

　19世紀前半までのアメリカへの移民は、ドイツや北欧などヨーロッパのプロテスタント系の国からが中心であり、WASPとの文化的差異は比較的小さかった。ところが、19世紀後半にアメリカの工業が発達し、低賃金の労働者の需要が高まると、ヨーロッパの中でも比較的開発の遅れていた南と東の地域からの移民が急増した。しかも、そうした地域はプロテスタントではなかった。イタリアを中心とした南ヨーロッパはカトリックであり、東ヨーロッパにはユダヤ教徒が多かった。特に、イタリア系移民には技術を持たない非熟練労働者が多く、スラム街ができたり、イタリアの犯罪組織であるマフィアとつながりのある者が増えることに対して、人々は嫌悪感を抱いていた。

　結局この裁判は、彼ら二人が非WASPであるという先入観に支配され、公正な裁判とは到底いえないものだった。なお、この事件に対しては1977年にマサチューセッツ州知事によって冤罪であったことが宣言され、二人の名誉は現在では回復されている。

（3）移民法の制定

　サッコ゠ヴァンゼッティ事件と並んで、1920年代における非WASPへの排撃の高まりを物語っているもう一つの事例は、1924年の移民法の制定である。サッコ゠ヴァンゼッティ事件が、ヨーロッパからの非WASPの流入と関係していたとすれば、この移民法の制定は、西部におけるアジアからの移民と密接に関連していた。

　アジア系移民がアメリカ西部に流入したのは、1850年代の中国人が最初であった。これは、アヘン戦争後の干ばつといった中国側の事情に加えて、鉱山開発や大陸横断鉄道の建設など、西部で低賃金労働者の需要が高まっていたというアメリカ側の事情が重なったためであった。

　中国からの移民は、当初はいわば出稼ぎであり、鉱山労働や大陸横断鉄道の建設などのきつい肉体労働に就いていたが、ある程度蓄財すると家族を呼び寄せるようになった。しかし、鉱山も鉄道も一時的な雇用であったため、その後中国系移民は、アメリカ社会の中で、より永続的な職を求めた。このとき、多くの中国系移民が参入したのが、洗濯業であった。電気洗濯機が普及するまで、洗濯はきつい仕事であり、敬遠されていた。中国系移民たちは、こうしたアメリカ人がやりたがらないような職種に食い込み、低賃金にもめげずに黙々と働いた。その結果、1870年代に6万人にまで増えた中国系移民は、このままでは次第に白人の職の口を圧迫するのではないかと恐れられ始めた。そこでアメリカは、1882年に中国人移民排斥法を制定し、中国人の入国を禁止した。

　だが、19世紀後半は、アメリカ経済の拡大期であり、それを支える労働力が必要であることは西部においても変わらなかった。しかし、距離的にヨーロッパからの移民を西部に送り込むにはコストがかかりすぎた。そこで、アメリカは、中国に代るアジアからの移民を求めた。その結果、増えていったのが日系移民であった。

　アメリカに移民を送り込むという政策は、実は日本にとっても好都合な面があった。当時の日本は、特に西日本の農村の人口過剰に悩んでいた。アメリカへの移民は、これを解消する方法の一つとして歓迎されたのである。実際、アメリ

の日系移民の中には、広島、山口、熊本、沖縄などの農村の出身者が多かった。

　ところが、今度は日系移民の中には農業を営む人々が多かったため、白人との間での土地の所有の問題を契機に、次第に排日運動が起きるようになった。1913年には、カリフォルニア州で外国人土地法が成立し、外国人の土地の取得が制限されるなど、かつての中国系移民への敵愾心が今度は日系移民に向けられるようになった。こうした西部における文化や習慣の違う黄色人種の増大は、黄禍（Yellow Peril）とさえ呼ばれた。

　こうした黄色人種に対する排撃のいわば集大成として制定されたのが、1924年の移民法であった。この移民法には、二つの柱があった。一つは、割当制による年間の移民の数の制限である。この法律によって、1890年の国勢調査における各国からの移民の数の2％に相当する人数のみ、移民を許可する割当制が実施され、これによって日系移民は年に100人に制限された。これは、事実上アメリカから締め出されたに等しかった。だが、考えてみれば、30年以上前の国勢調査の数字が割当の算定基準となっているのは、何とも時代錯誤的である。これは、1890年の統計では、アジア系、とりわけ日系移民の数がまだ少なかったからで、日系移民を締め出すには好都合だったからであった。つまり、日系移民を締め出すために、都合のいい昔の数字がわざわざ選ばれたのである。

　この移民法のもう一つの柱は、帰化不能外国人条項であった。ここでは、帰化できる外国人として定められているのは、白人と黒人のみで、黄色人種を排除しようとする意図が明白だった。こうした割当制にしろ、帰化不能外国人条項にしても、日系移民の締め出しをこの法律が強く意識していたのは疑う余地がなかった。それゆえ、この移民法は、排日移民法とも呼ばれている。

　これによって、アメリカは建国以来の移民政策を大きく修正したことになる。アメリカで成功する機会は、もはや全ての人に平等に開かれているわけではなくなった。この移民法は、自由と平等というアメリカの理念に反するものであるが、逆にいえば、そこを曲げても非WASPの移民を阻止したいという欲求がそれだけ当時の社会に強かったことを示しているのである。この移民法は、1965年にようやく修正されるのだが、非WASPの人間は信用できないという考えは、両大戦間

期を通して根強くアメリカ社会に生き続けることになったのである。

　現に、排日移民法に込められた日系移民への敵意は、第二次大戦中における日系アメリカ人の強制収容においても再現されたといえる。太平洋戦争の始まりとともに、アメリカは、スパイの恐れがあるとして、西海岸在住の日系人の財産を没収し、10万人以上の日系人を僻地の強制収容所に隔離した。その中には、アメリカで生まれ、アメリカの市民権を持つ日系二世も多数含まれていた。その点、この事件は、政府が自国の市民権を持つ市民を問答無用で強制連行したという、類稀なる人権侵害であった。アメリカの民主主義の未完成さを物語るこの悲劇的事件は、1920年代に顕著にみられた非WASPへの不信感を完全に払拭することが、アメリカ社会にとって決して生やさしい課題ではないことを改めて示していたといえる。

4　1920年代と現代アメリカ

　1920年代のアメリカは、物質的繁栄を背景に既成の価値観を打破しようとしたが、新たな価値観を確立できず、快楽主義や物質文明の閉塞状況を伝統的なプロテスタントの価値観に立ち戻ることで打開しようとする反動の動きが表面化した。こうした保守的価値観によって新時代の無秩序を収拾しようとする動きは、第一次大戦を契機とした愛国主義や、増加した移民に対する不信感や警戒感と一体となって、非WASPに対する排撃をかつてないほど強いものにした。

　1920年代にみられたような、物質的に豊かな時代が同時に偏狭な保守的価値観を呼び覚まし、マイノリティーに対する排撃をかえって強めてしまうという構図は、その後もアメリカで繰り返されてきている。このことは、アメリカが相反するベクトルのせめぎあう実験国家であることと無関係ではない。新しい価値観の追求が、いわば多元化のベクトルであるとすれば、伝統的な価値観に立ち戻って社会を浄化しようとする動きは、特定の文化へと他者を同化させようとする点で、統合化のベクトルとしての方向性を持っている。経済発展に伴う新たな時代状況の到来が、宗教右翼の台頭や非WASPへの排撃をも助長するという構図は、統合

化と多元化の綱引きの狭間で試行錯誤を繰り返す実験国家としてのアメリカにとっては、実は不可避の宿命であるとさえいえるのである。

　このように考えてみると、アメリカという国が前に進むためには、新しい時代状況に対する、ある種時代錯誤めいた反動が避けて通れないことを証明した時代こそ、1920年代だったといえよう。そして、大量生産・大量消費という、現代アメリカの原型がほぼできあがったといわれるこの時代は、実は現代アメリカにおける差別の構造の正体を考える重要なヒントを提供してくれる時代でもある。1920年代に登場してきた、経済的豊かさとマイノリティーへの排撃が並存するという構図が指し示しているのは、差別の問題が政治的権利や経済的豊かさだけでは決して解消されないということである。奴隷制度が廃止され、ドーズ法によって先住インディアンに市民権が与えられても、マイノリティーへの差別は改善されなかったが、1920年代の物質的繁栄も非WASPへの排撃をかえって強めることになってしまった。アメリカ社会における差別の問題は、政治や経済の次元だけではなく、文化的次元の存在を抜きに考えられないのである。そして、マイノリティーへの排撃の持つこうした文化戦争としての側面は、1920年代同様に豊かな社会である現代アメリカにおいて、さらに激しさを増してきているといえる。

さらに理解を深めるための参考文献

F・L・アレン、藤久ミネ訳『オンリー・イエスタデイ――1920年代アメリカ』ちくま文庫、1993年
岡本勝『アメリカ禁酒運動の軌跡――植民地時代から全国禁酒法まで』ミネルヴァ書房、1994年
森孝一『宗教からよむ「アメリカ」』講談社、1996年
明石紀雄他『エスニック・アメリカ（新版）』有斐閣、1997年
村山裕三『アメリカに生きた日本人移民――日系一世の光と影』東洋経済新報社、1989年

第 9 章

恐慌から冷戦へ
——第二次世界大戦と合衆国

---- この章のねらい ----

　1920年代のアメリカ社会をめぐる諸問題は、この国がテクノロジーに支えられた近代社会を志向する一方で、伝統的なプロテスタンティズムに固執する傾向も強いことを示している。こうしたアメリカ社会の「新しさ」と「古臭さ」のせめぎ合いは、あるベクトルが強くなるとそれに対抗する反発力も刺激されやすいという、実験国家としてのアメリカの姿と密接に関係している。しかし、農本社会から産業社会への変化はすでに決定的になっており、プロテスタンティズムの精神をもってしても、歴史を逆戻りさせることは不可能であった。このことは禁酒法の失敗に如実に現れていた。

　ところで、1920年代は今日のアメリカに通ずる豊かな社会を作り上げたが、いわゆる超大国としてのアメリカが出現するまでには、もう一つ別の種類の、いわば第二の変化というべきものをアメリカは体験したといえる。それは、第二次世界大戦によって決定的となった、アメリカの対外政策の変更に伴う変化であった。そこで本章では、この第二の変化とはどのようなものであったのか、また、それが戦後のアメリカ社会にいかなる影響を与えたのか、アメリカ外交の軌跡をたどりながら考えてみたい。

関連事項略年表

1823	モンロー・ドクトリン
1846	アメリカ・メキシコ戦争
1867	アラスカ買収
1898	米西戦争
1900	ハワイ併合
1914	パナマ運河開通
1917	第一次世界大戦にアメリカが参戦
1920	国際連盟の設立（アメリカは不参加）
1929	大恐慌
1933	フランクリン・デラノ・ローズベルトが大統領に就任
	ニューディールの開始
1935	中立法の制定
1939	第二次世界大戦の勃発
1941	真珠湾攻撃
1945	第二次世界大戦の終結
	国際連合の設立
1947	下院非米活動委員会によるハリウッド関係者への尋問が行われる
1949	北大西洋条約機構（NATO）の設立
	中華人民共和国の建国
1950	ローゼンバーグ事件
	朝鮮戦争の勃発
1953	ジョゼフ・R・マッカーシーが上院政府機能審査小委員会の委員長に就任
1957	スプートニク・ショック

1 アメリカ外交の展開

　第二次世界大戦によって決定的となった、アメリカの外交政策の変化の持つ意味を考えるためには、そもそもアメリカが建国以来どのような外交姿勢をとってきたのかにまず目を向ける必要がある。

（1）孤立主義の二面性

　建国以来のアメリカ外交の基本原則は、孤立主義であった。これは、国際政治に必要以上に関与せず、同盟や国際的な政治機構に参加しないという立場をいう。アメリカは、建国当初まだ国力が十分ではなかったので、ヨーロッパの政治問題に巻き込まれると国家の存立が危うくなるのではないかという不安から、こうした立場を取っていた。

　しかし、アメリカは国際政治に全く関心を寄せていなかったわけではなく、アメリカの孤立主義には二つの顔があった。そのことは、第五代大統領ジェイムズ・モンロー（James Monroe）が1823年に打ち出したモンロー・ドクトリン（Monroe Doctrine）で鮮明となった。この中でモンローは、ヨーロッパの政治問題にアメリカは干渉しないという伝統的な孤立主義の立場を前提にしつつも、南北アメリカを含む西半球におけるヨーロッパ勢力の拡大に断固反対する姿勢を示した。こうした方針は、アメリカはヨーロッパの政治に直接干渉しないという建国以来の孤立主義の立場が、実は西半球、特に南北アメリカにおける合衆国の権益を損なわない限りという、いわば条件つきのものであることを鮮明にするものだった。逆にいえば、この方針は、南北アメリカはアメリカ合衆国の縄張りであり、そこへヨーロッパ列強がこれ以上進出することは認めないという意思表示でもあった。つまり、アメリカは、ヨーロッパに対しては基本的に孤立主義の政策をとっていたが、ラテンアメリカに対しては自国の支配権を拡大しようとしていたわけで、アメリカの孤立主義は、100％純粋なものではなかった。むしろ、ラテンアメリカに対しては、自国の権益拡大を目的として諸外国を自国に服従させる

という帝国主義的な立場に立とうとしていたのであり、アメリカの外交姿勢は、孤立主義と帝国主義という二つの顔を持っていたのである。

　実際、こうしたモンロー・ドクトリンに示された帝国主義的な姿勢は、南北アメリカ地域での覇権を握るためには戦争をも辞さないという立場へと発展し、この地域におけるアメリカの軍事行動の正当化にも一役買ったといえる。例えば、領土的野心からアメリカがメキシコに宣戦布告して始まったように思える1846年のアメリカ・メキシコ戦争は、実は西部開拓を正当化するマニフェスト・デスティニーのレトリックと、自らを西半球の支配者と規定しようとするモンロー・ドクトリンの両方によって正当化された戦いだったといえる。

　ラテンアメリカに対する帝国主義的な姿勢は、1898年の米西戦争の際にもみられた。この戦争は、スペインからの独立を求めていたキューバの独立戦争にアメリカが介入し、スペインを破ったという戦争である。キューバにかなり資本投下していたアメリカは、その権益の確保のために介入したわけだが、結果的にキューバはアメリカのおかげで独立できたことになり、以後アメリカの政治的・経済的圧力を半世紀以上にわたって受け続けることになった。また、この戦争でアメリカはプエルトリコを奪取して保護国にし、カリブ海地域への影響力を着実に強めた。

　こうしたラテンアメリカ地域に対するアメリカの帝国主義的な干渉は、20世紀に入っても続いた。1914年に開通したパナマ運河をめぐるアメリカの行動は、その一例である。パナマ地峡の戦略的・経済的重要性に注目したアメリカは、コロンビアからの独立を求めていたパナマ地域の住民の独立闘争を援助する代わりに、パナマ地峡の永久租借権を獲得して運河を建設した。ラテンアメリカの政治に介入し、自国の権益につながるよう軍事力を行使するという図式は、米西戦争の場合と基本的に同じといえる。

　また、アメリカはラテンアメリカのみならず、西半球の太平洋地域でも支配権を拡大していった。1867年には、アラスカをロシアから買収したのをはじめ、1900年にはハワイを併合した。とりわけ、独立王国だったハワイに対して、捕鯨の中継基地として着目していたアメリカは、19世紀半ばから併合の圧力をかけ続

けてきた。そして、宣教師や農園経営者など次々とアメリカ系住民を送り込み、1893年にはハワイ王国の王政を廃止させ、最終的には併合してしまった。

　そして、こうしたアメリカの膨張政策は、ついに西半球をはみ出して日付変更線の向こう側にまで到達した。米西戦争の結果、アメリカは、フィリピンとグアムを傘下におさめることになったのである。

　このように20世紀初頭までの間に、アメリカは西半球からヨーロッパ勢力を次第に駆逐し、この地域の覇権を確立していった。しかし、西半球ではその地域の政治に積極的に介入し、帝国主義的な行動を強めていたアメリカは、ヨーロッパを中心とする国際政治の舞台では、必ずしもこの間リーダーシップを発揮しようとはしていなかった。この時期のアメリカは、いわば縄張り固めに明け暮れていて、国際社会の責任を果たすという感覚は希薄であり、国際政治の舞台では、依然として孤立主義の傾向が強いままであった。ところが、そのアメリカが否応なしに国際社会の舞台に引きずり出される事件が起きた。それは、1914年の第一次大戦の勃発であった。

（2）第一次世界大戦と国際連盟構想

　当初アメリカは、第一次世界大戦をヨーロッパの戦争とみなし、大統領トマス・ウッドロウ・ウィルソン（Thomas Woodrow Wilson）も中立政策をとろうとした。しかし、連合国との経済的結びつきが強かったことや、アメリカの船がドイツに攻撃されたこともあって、1917年にアメリカは参戦し、ヨーロッパに軍隊を派遣して、連合国を勝利に導いた。

　アメリカの参戦は、モンロー・ドクトリンに示された、国際政治に距離を置く孤立政策を軌道修正する大事件であった。ところがアメリカ国民は、戦争が終わると、また元の孤立主義に戻ることを選択した。そのことは、国際連盟への不参加に如実に表れていた。

　国際連盟は、世界大戦の再発の防止という観点からアメリカの大統領ウィルソンが自ら提案したものだった。彼は、ヨーロッパへ赴いてベルサイユ条約の調印にこぎつけ、アメリカが国際社会のリーダーへと脱皮できることを示したが、ア

メリカ議会の上院は、国際連盟に関する条項を含むベルサイユ条約を批准しなかったのである。

こうした経緯は、一度修正したとはいえ、孤立主義の風土がまだそれだけアメリカには強かったことを意味している。アメリカ側には、元来この戦争はアメリカには無関係のものだったはずだという感覚があった。本来ならヨーロッパ自身が自ら解決すべきところを、アメリカは、軍隊を派遣し、自国の国民の血をわざわざ犠牲にしてまで、ヨーロッパの混乱を収拾してやったのだから、それは破格のことであって、これ以上尽くす必要などないというわけである。実際、この国内優先というべき考え方は、1929年の大恐慌によってさらに加速されることとなり、アメリカさえ安泰ならそれでいい、国際政治に首を突っ込む必要などないという空気は、1930年代になっても揺らぐことはなかった。

2　国内再建から世界秩序の再建へ

第一次世界大戦への参戦は、アメリカが伝統的な孤立主義を修正した大事件だったが、戦後再び元の孤立主義に戻ったアメリカは、1920年代の繁栄を謳歌していた。ところが、1929年に大恐慌に直面すると、繁栄の時代は終焉を迎えた。そして、国内経済の立て直しという重要課題を背負ったアメリカは、国内最優先という立場から、より一層孤立主義へと傾斜していったのである。

(1) 大恐慌の後遺症とニューディール政策

1929年の大恐慌の原因は、1920年代の経済の拡大期に、消費できないほどに物を作りすぎてしまった結果、物がだぶつき、投資家たちが企業経営への不安を抱いたことにあった。そして、投資家たちが一斉に株を売りに出すと、株価が暴落し、大量の失業者が生まれた。それゆえ、1930年代のアメリカにとっては、国内の経済の建て直しが最優先課題となった。そこで、1933年に大統領に就任したフランクリン・デラノ・ローズベルト（Franklin Delano Roosevelt, 1882-1945）は、ニューディール政策と呼ばれる改革を断行した。ニューディール政策には、二

つの柱があった。一つは、経済政策であり、政府が経済活動に積極的に介入することによって人為的に景気を回復しようとした。そのため、公共事業の発注や補助金の整備などが進められた。もう一つの柱は、社会福祉の充実である。これは、失業者を救済し、貧富の差を是正することで、社会全体の底上げをはかろうとするものであり、金ぴか時代の自由放任主義への反動として表れた20世紀初頭にかけての改革路線を蘇らせ、強化しようとするものであった。これによって、社会保障や労働時間の短縮などに一定の成果がみられた。

このように1930年代のアメリカは、国内の経済再建に明け暮れていたため、ドイツ、イタリア及び日本におけるファシズムの台頭を阻止する余裕はなく、世界の政治状況の悪化に再び巻き込まれて、経済再建が頓挫するのを懸念する声が国内にも高まっていた。そうした状況をよく反映していたのが、1935年の中立法であった。これは、イタリアのエチオピア侵攻の際に制定された、交戦国への武器輸出を禁止する法律であり、他国の戦争に絶対に巻き込まれまいとする姿勢がにじみ出ていた。

（2）第二次世界大戦への参戦と孤立主義の終焉

このように、第二次世界大戦直前のアメリカは、国際政治の舞台に積極的に介入していく現在のアメリカとはおよそ正反対の姿をしていた。もっとも、アメリカは、軍縮や中国の門戸解放などの国際情勢に全く無関心だったわけではないが、軍事的圧力を強めて他国に干渉するといった、今日しばしばみられるような行動を繰り広げていたわけではなかった。

しかし、ヨーロッパでの緊張が高まり、1939年にヨーロッパが第二次世界大戦に突入すると、アメリカは次第に関係の深かった連合国への援助を拡大し、武器輸出を緩和するなど、連合国との協調路線へと政策を転換していった。とはいえ、このことは、世界大戦にアメリカが再び巻き込まれることに対する国民の戸惑いをも生む結果となった。第一次大戦の時にすでにあれだけのことをヨーロッパにはしてやったのだから、もう今度はアメリカは中立を維持して経済再建をさらに進めるべきだという意見と、かつてヨーロッパが非常事態に直面した時にはアメ

リカは手を貸したのだから、今回の非常事態の場合も、アメリカは参戦すべきだという意見とに、世論は二分されることになった。しかし、こうした世論の分裂を一気に払拭し、アメリカの孤立主義の再度の修正を決定的にする事件が起きた。それは、1941年の日本による真珠湾攻撃であった。

そもそもハワイはアメリカが強引に併合した経緯があったとはいえ、アメリカは、自国の領土、及び西半球におけるアメリカの権益が脅かされた初めての出来事としてこの事件をとらえた。これにより、アメリカはもはや自国だけが戦禍を免れることはできないとの確信を強め、それなら参戦して徹底的に戦うべきだという立場へと一気に世論はまとまった。孤立主義は、再度放棄されたのである。

この教訓から、第二次世界大戦に勝利したアメリカは、戦後の新秩序の構築に当たって孤立主義を完全に捨て、アメリカ及び自由主義陣営の安全が脅かされないよう、国際社会に積極的に介入していく方向へと軌道修正し、アメリカにとって望ましい世界秩序の再建を目指すようになった。しかも、アメリカはハワイを除けば直接の戦場にはならなかったため、ヨーロッパと違って戦後の世界をリードしていく経済的余裕があった。そこで、アメリカは、ヨーロッパや日本の戦後復興に積極的に関与することで、自由主義陣営のてこ入れをはかるとともに、国際連合の設立を推進し、戦勝国を中心とした世界秩序の再構築に乗り出した。

こうしたアメリカの姿には、第一次世界大戦後に国際連盟への参加を拒否した時の姿の面影はかけらもみられない。1930年代には国内経済の再建に没頭していたアメリカは、こうして1940年代後半には、今度は世界秩序の再建に取り組むという風に、大きくその姿を変えた。そして、その姿は、基本的に今日まで続いているのである。

しかし、世界の秩序を再建しようとしたアメリカは、経済面では戦後の国際社会の主導権を握ることができたが、政治面ではソビエトを中心とする共産圏がアメリカを含む自由主義陣営の安全を脅かすのではないかという危惧を抱いていた。それゆえ、建国以来の孤立主義をここで完全に放棄したアメリカは、次に共産圏との世界を股に掛けた覇権争いに突入していくことになる。農業社会から産業社会へという変化がアメリカにとって第一の変化であったとすれば、孤立主義から

共産圏との冷戦時代へという外交政策の転換に伴う変化は、いわばアメリカが体験した第二の変化というべきものであった。では、この「第二の変化」は、アメリカ社会にどのような影響を与えたのだろうか。

3　アメリカの軍事大国化と思想的不寛容

　戦後、共産圏に対抗していくためには、アメリカには次の二つのことが必要だった。まず、対外的には、共産主義の拡大の阻止である。そして、このことはアメリカの軍事大国化へと発展した。次に、内政的には、国内の引き締めを強化し、共産主義との対決に万全を期す必要があった。このことは、思想的不寛容というべき傾向を生むことになった。こうした軍事大国化現象と思想的不寛容が結びついた結果、1950年代のアメリカでは、順応主義（コンフォーミズム）と呼ばれる風潮が蔓延することになった。

（1）共産主義拡大への警戒感と軍拡競争

　戦後のアメリカ外交の基本的枠組みは、「封じ込め政策」（Containment Policy）と呼ばれた。これは、国務省のジョージ・ケナンが1947年に発表した論文で用いた用語で、諸外国との軍事的同盟関係の強化により包囲網を整備し、ソ連を牽制するというものだった。1949年に創設された北大西洋条約機構（NATO）は、こうした封じ込め政策を如実に反映していた。

　しかし、中国の共産化や朝鮮戦争など、アメリカは、特にアジア地域での共産主義勢力の台頭に苦慮した。そこで、1953年にアイゼンハワー政権の国務長官に就任したジョン・フォスター・ダレス（John Foster Dulles）は、「封じ込め」では生ぬるいとして、「巻き返し政策」（Rollback Policy）への転換を主張した。こうした立場は、いわゆるドミノ理論と密接に関係していた。すなわち、ある国が共産化されると、まるでドミノ倒しのようにその隣国が次々と共産化されていきかねないという考え方である。ベトナムを含めてその後のアメリカの第三世界の政治への介入は、こうした巻き返し政策とドミノ理論の延長上に位置していた。

加えてダレスは、自由世界と共産圏との対決を善と悪との戦いになぞらえるレトリックを盛んに用いて、国内の世論を巧みに誘導し、力の対決を正当化した。この結果、1950年代のアメリカは、この善悪闘争論を背景に着実に軍事大国化していった。しかも、1957年にソ連が世界初の人工衛星スプートニクの打ち上げに成功したことは、「スプートニク・ショック」と呼ばれたほどアメリカ社会に大きな衝撃を与え、軍拡のみならず、宇宙開発や兵器の開発の分野での米ソの競争をも刺激することになった。

　だが、軍事技術の開発や宇宙開発は、とても一民間企業でできることではない。ソ連に引き離されないようにするためには、政府の支援が不可欠であった。そこで、ここに至って、政府の組織の一部である軍と経済界の一部である軍需産業とは、軍産複合体と呼ばれるほどの密接な関係を築くようになった。そして、巨大化した軍需産業は、雇用や景気の面でアメリカ社会に対して大きな影響力を与えるようになっていった。現に、1950年代を通じて国防支出は連邦政府の支出の約半分を占め、国民総生産の約10％にも達した。軍需産業の発展は、共産圏との覇権争いという対外的な事情に起因していたとはいえ、それはアメリカ国内の経済の牽引車ともなっていったのである。

（２）アメリカ国内における思想的引き締め
　アメリカにとっては、外交面では共産圏との力の対決に凌ぎを削る一方、内政面では共産主義の信奉者やスパイを一掃することが国の安全には不可欠であった。こうした赤狩りは、ロシア革命以後の1920年代から行われていたが、第二次世界大戦後、アメリカはそれをさらに徹底した。1945年には、非米活動委員会が下院に常設され、1947年には共産主義者ではないかとの嫌疑をかけられたハリウッドの映画関係者への尋問が行われた。同じ年には、連邦公務員の忠誠審査を命ずる大統領行政命令も出された。

　こうした赤狩りは、1950年代に入るとさらにエスカレートした。1950年には、共和党の上院議員ジョゼフ・R・マッカーシー（Joseph R. McCarthy）が、国務省内に共産主義者のスパイ網が存在するという爆弾発言を次々に行い、いわゆる

マッカーシズムの赤狩りの嵐が吹き荒れることになった。

　実際には、マッカーシーの言動は、ほとんど中傷に近いもので、根拠が薄弱であった。彼は、上院議員に再選されたいという野心から、世間の注目をひくために爆弾発言をしていたらしい。だが、当時は彼の発言が真実と受け取られる可能性は十分あった。当時、実際にスパイ事件の容疑者がアメリカ国内で逮捕されるという事件が発生したためであった。それは、1950年に起こったローゼンバーグ事件と呼ばれるもので、原爆の製造方法に関する情報をソ連に流したとして、イギリスで原子物理学者が逮捕されたのに続き、アメリカでもその共犯者としてジュリアス・ローゼンバーグ（Julius Rosenberg）とその妻がスパイ容疑で逮捕されたのである。ローゼンバーグ夫妻は1953年に死刑となったが、不当な量刑だった可能性も指摘されている。

　しかし、この事件を機にマッカーシーによる赤狩り旋風は一気に加速し、社会全体がスパイ摘発に神経を尖らせるようになった。そして、彼が1953年に上院の政府機能審査小委員会の委員長に就任すると、彼の権力はさらに強まった。だが、翌年になると、彼が自分の野心から個人攻撃を仕掛けているらしいとの見方が次第に広まり、上院はマッカーシーを譴責処分とし、彼の影響力は急速に衰えた。

　こうして、一種の集団ヒステリーのような赤狩り旋風は一段落したとはいえ、善悪闘争論の影響もあって、共産主義は異端の思想であるというイメージは完全に社会に定着してしまった。そして、これがさらに発展して、「善」であるアメリカの現状を変えようとする思想に全て共産主義の烙印を押そうとする傾向が出てきた。アメリカが善なのだとすれば、それは変える必要などないし、逆にいえば、アメリカを変えようとする動きは、悪である共産主義の手先に違いないというわけである。こうして反共の嵐は、1920年代に一つの頂点に達した宗教的・人種的不寛容に加えて、新たに思想的不寛容というべき傾向をアメリカ社会に定着させることになった。

（3）順応主義（コンフォーミズム）の蔓延──1950年代のアメリカ

　こうしたアメリカの軍事大国化による経済効果と思想的不寛容という二つの傾

向が結びついた結果、1950年代のアメリカ人には順応主義と呼ばれる、現状維持的風潮が蔓延することになった。

軍事大国化による軍需産業の成長は、雇用を促進し、国民の経済力も向上した。1940年からの20年間に、アメリカの国民総生産は5倍になり、国民所得は4倍にも跳ね上がった。実際、1950年代には国民の約60％が中産階級の生活水準に到達したといわれている。

そして、こうした経済的繁栄を手にしたアメリカ社会には、共産圏との冷戦時代への突入に伴って、思想的不寛容が同時に広まってきた。それゆえ、こうした状況への下では、豊かな社会の現状をあえて批判して危険人物とか異端思想のレッテルを貼られるくらいなら、いっそ社会問題には背を向け、現状維持を決め込んで、豊かな生活を楽しんだ方がいいという利己主義的な風潮が支配的になった。このように、経済的繁栄の中であえて社会の動向に意義を唱えない態度を、順応主義（コンフォーミズム）という。

1950年代には、このコンフォーミズムが蔓延する中で、人々は次第に自分たちの社会に対する問題意識や批判能力を失い、自分が他の人と同じくらいの中流程度の経済力さえあれば、世の中の他のことなどどうでも良いという風潮が広まっていった。その結果、自由と平等の国といいながら未だに差別されている人々がいるという事実や、宗教や思想の自由を保障していながらそれを認めようとしない風潮が存在するという事実に対して、人々は次第に無関心になりつつあった。こうした傾向への反発は、画一的な順応主義へのアンチテーゼとしての価値観の多様化や国内の分裂という形で、次の1960年代に一気に爆発することになる。

4　1950年代と現代アメリカ

第二次世界大戦は、アメリカが孤立主義を完全に放棄する転換点となり、戦後の東西冷戦の中で積極的に国際政治に関与しようとしたアメリカは、軍事大国化し、共産主義に対する不寛容の姿勢を以前にも増して鮮明にした。その結果、1950年代のアメリカは、今日の姿に通ずる超大国としての地位を築き、経済的な

繁栄も加速されたものの、国内には順応主義の風潮が広まっていった。そして、その反動が次の1960年代に現れることになったという経緯は、孤立主義の放棄という外交政策の変更が、結局は国内の文化・社会のあり方に大きな影響を与えることになったことを物語っている。1960年代に生じた反動に対しては、さらにその揺り戻しが1980年代に起こったという点も考えあわせるならば、第二次世界大戦によって生じた変化は、アメリカが超大国への道を辿る決定的な分岐点となっただけでなく、その後のアメリカ社会の動向に大きな波紋を投げかけるきっかけともなったといえる。

　確かに、長い目でみるならば、第二次世界大戦後から1950年代にアメリカ社会に登場してきた新たな傾向は、現代のアメリカにも影響を与え続けてきていると解すことができる。例えば1950年代における軍需産業の発展は、当時の景気を下支えしたとはいえ、逆にいえば、軍需産業に頼った経済構造ができあがってしまったことを意味していた。また、有能な人材を軍需産業が吸い取ってしまい、民間企業の競争力を低下させることにもなった。その意味からすれば、1970年代以降のアメリカ経済の不振の一因は、こうした経済構造のツケが回ってきた結果であるといえよう。だが、こうした軍事技術の開発は、一方では、アメリカ経済がその後再生する糸口になったという事実も見逃せない。1990年代以降の情報・通信産業のめざましい発展を支えることになった、インターネットや携帯電話は、ともに元来は軍事技術として開発されたものを民間に技術移転したものだった。このように1950年代の軍事大国化路線の波紋は、様々な形でその後のアメリカ経済に顔を覗かせているのである。

　一方、思想的不寛容という面も、その後のアメリカで消え去ったわけではない。とりわけ、ここで注目されるのは、赤狩りの矛先がハリウッド映画という大衆文化の領域に向けられていたことである。こうした一種の思想統制の影響が大衆文化のレベルにまで浸透し、文化表現媒体の側が自主規制せざるをえないような雰囲気が漂ってしまったことは、アメリカの大衆文化が「アメリカ＝正義」という図式の宣伝のための単なる装置へとすり替えられかねない危機に直面したことを意味していた。実際、大衆文化の担い手が自らこうしたイデオロギーの再生産に

加担していた形跡もないわけではない。アリエル・ドルフマンによれば、ディズニーのアニメーション漫画『ドナルド・ダック』には、帝国主義と反共思想が露骨に現れていると解釈できるという。実際、子供から大人までが思想的不寛容を無批判に受け入れ、「アメリカ＝正義」という図式を素朴に信じ切ってしまうという状況を、果たして今日のアメリカは本当に脱したといえるだろうか。この面においても、1950年代の遺産は、あたかも亡霊のように現代のアメリカにつきまとっているのである。

さらに理解を深めるための参考文献

林敏彦『大恐慌のアメリカ』岩波新書、1988年
斎藤眞『アメリカ政治外交史』東京大学出版会、1975年
陸井三郎『ハリウッドとマッカーシズム』筑摩書房、1990年
アリエル・ドルフマン、アルマン・マトゥラール、山崎カヲル訳『ドナルド・ダックを読む』晶文社、1984年
ディヴィッド・ハルバースタム、金子宣子訳『ザ・フィフティーズ』（上・下）新潮文庫、1997年

第 ❿ 章

分裂する超大国
——1960年代の精神風土とベトナム戦争

── この章のねらい ──

　伝統的な外交政策であった孤立主義を第二次世界大戦を境に完全に放棄したアメリカは、超大国への脱皮といういわば第二の変化を経験した。だが、戦後の共産圏との冷戦時代の到来は、アメリカを軍事大国化させ、経済的繁栄を加速した一方で、国内に思想的不寛容というべき傾向を生み出し、1950年代のアメリカには順応主義が蔓延することになった。とはいえ、順応主義が体現していた利己主義や画一的価値観に反発を覚えた人々もいた。それは、体制に迎合し社会問題に無関心な親の姿を見て育った、理想に燃える若者たちや、豊かな社会の中で未だに差別されていた黒人や女性たちであった。これらの人々は、利己主義と画一的価値観に支配されたアメリカ社会を変革しようとする動きを1950年代後半から強めていく。その結果、経済的繁栄と思想的引き締めによって保たれていた見かけ上の国のまとまりは、1960年代に入ると根底から揺さぶられ、利己主義は他者との共存へ、画一的価値観は多様な価値観へと次第に塗り替えられていく。

　本章では、こうした1960年代に生じた劇的な変化の持つ意味とその影響を、まず、学生運動とベトナム反戦運動に焦点を当てて探っていく。

関 連 事 項 略 年 表

1954	ベトナムの南北分割
1960	民主党のジョン・F・ケネディーが大統領に当選
1961	南ベトナム駐留の軍事顧問団をアメリカが増強し、南ベトナムの内戦にアメリカが本格的に介入
1962	SDSの結成
	キューバ危機
1963	ケネディー大統領の暗殺、副大統領のリンドン・B・ジョンソンが大統領に昇格、翌年再選される
1964	トンキン湾事件
	フリー・スピーチ運動
1965	北爆の開始
	SDSの主催でワシントンで2万人規模の反戦集会が開かれる
1968	テト攻勢
	ソンミ村虐殺事件
	共和党のリチャード・ニクソンが大統領に当選
1971	ドルと金との兌換の停止
1973	ウォーターゲート事件
	第一次石油ショック
	アメリカ軍がベトナムから撤退
1974	ニクソン大統領辞任、副大統領のジェラルド・フォードが大統領に昇格
1975	南ベトナムの崩壊とベトナムの統一
1976	アメリカ独立200周年
1979	第二次石油ショック

1　変革を求めて——1960年代の始動

　社会の変革を求める声が1950年代後半から高まってきていたことを象徴的に物語っていたのは、1960年の大統領選挙におけるジョン・フィッツジェラルド・ケネディー（John Fitzgerald Kennedy、1917-63）の当選であった。ケネディー家はアイルランド系のカトリックであり、いわば非WASPの候補であった。こうした経歴は選挙では本来不利だったはずだが、対立候補のニクソンを僅差で破って彼は当選を果たしたのである。

(1)　ケネディー政権の発足

　ケネディーの勝因は、いくつかの要素が重なった結果だった。ケネディー家が資産家で選挙資金が豊富だったことに加え、この選挙で導入されたテレビ討論の際の好印象が若きケネディーに有利に作用した。加えて、時代の変革を求める若者やマイノリティー、女性たちの票が、若き非WASPの候補である彼に対する期待を込めて投じられたことが大きかった。

　1950年代のアメリカ社会は、順応主義の広まりの中で、現状を改革しようとする動きに全て共産主義の烙印を押すなど、保守的で偏狭な価値観が支配的だった。従って、ケネディーの当選は、こうした思想的不寛容がもたらした閉塞状態から脱して、アメリカをよりリベラルな社会に作り変えたいという欲求が強まってきたことを示している。このように、過去の伝統や保守的な価値観に縛られずに、様々な思想や価値観に対して寛容な立場をリベラリズムという。ケネディー政権の発足は、60年代リベラリズムの幕開けを意味していた。

　実際、ケネディーの政策は、特に黒人の地位向上に関して従来の政権よりも積極的であり、変革を求める機運に応えようとする部分を含んでいた。しかし、十分な成果を上げる前に1963年にケネディーは暗殺されてしまったため、もう少し彼が大統領にとどまっていればアメリカの運命も変わったのではないかという思いは、現在でもアメリカ人の中に強い。もっとも、こうしたいわゆるケネディー

神話とはうらはらに、彼の実生活は破天荒だったとする説も現在ではかなり有力となっている。

しかし、いずれにせよ、1960年代前半に社会の変革を求めていた人たちにとってケネディーは期待の星であり、その彼が暗殺されたことは、そうした人々の危機意識をさらに高める結果となった。実際、リベラリズムはさらに大きなうねりとなってアメリカ社会を包み込んでいったのである。

（2） 学生運動の広まり

1960年代の始動とともに社会に顕在化してきた変革の機運を盛り上げる牽引車となった勢力の一つは、学生たちであった。学生運動に参加した学生の多くは、裕福な白人の家庭の出身で、しかも、概して名門大学ほど運動は激しかった。

当初、学生たちの不満の中心は、大人たちの順応主義や彼らの利己主義にあった。学生たちの目には、大人たちは社会の歪みを正すことに無関心で、中産階級化した労働者たちも体制に迎合していると映った。そこで、これらの人々がもはや社会を改革する勢力にはなれないのならば、自分たちの力で世の中を変えようと学生たちは考えたのである。

学生たちは、大学の外に積極的に出かけて行って、特に黒人の公民権運動に参加し、社会正義の実現に向けて行動を起こした。しかし、次第に学生たちは、大学の外だけに問題が存在するのではなく、大学の中でも、教育内容や人種差別など様々な問題が放置されていることに気づき始めた。そして学生たちは、このことは、そもそも大学の先生たちに社会を変革するという意識が欠如していることを示すものだと考えるようになった。また、大学が兵器の開発等で軍需産業に協力し、軍事大国の片棒を担いでいたことも、世の中の現状を変えるという姿勢が大学に欠如していることの証拠だと学生たちはみなした。それゆえ、学生たちは、世の中を変革する手始めとして、自分たちにとって最も身近な存在である大学そのものを標的にしていくようになる。1962年には、闘争心の強い学生を中心にSDS（Students for Democratic Society）という団体が作られ、最盛期には全米400大学に7万人の規模を誇る組織に成長するなど、その後の学生運動をリードして

いった。

　学生運動が全米へと広がっていく重要なきっかけとなった事件としては、1964年、カリフォルニア大学バークレー校でのフリー・スピーチ運動が挙げられる。学生の集会用の場所を大学側が一方的に使用禁止にしたことをきっかけに、そこを占拠した学生側と大学当局とのにらみ合いとなり、大学側の要請で警察官が動員され、学生を強制排除するとともに、800人以上が逮捕される事態となった。このように学生たちの抗議行動が頻発するようになると、大学当局は態度を硬化させていったが、こうした大学の対応に憤りを覚えた学生たちは、大学を現代の管理社会・官僚社会の縮図ととらえ、その非人間性や大学と軍需産業との研究交流などに対する批判を一段と強めていった。

（3）　対抗文化（カウンター・カルチャー）の登場

　大学が社会に必要な人材を育てる場所である以上、このように大学に対して反抗することは必然的に社会の既存の価値体系の否定につながる方向性を持つ。その結果、既存の社会的価値観を突き崩すような新しい文化である対抗文化（カウンター・カルチャー）が学生たちの間から登場してきた。後に大衆にも受け入れられていくことになる、いわゆるヒッピー（Hippie）たちの新しいライフスタイルはその代表的存在であった。

　ヒッピーという言葉の語源は、50年代に順応主義への疎外感を持った若者が自らをヒップスター（Hipster）と呼んだことに由来する。50年代の一部の若者の間でみられた反抗は、ビートと呼ばれる一つのライフスタイルをすでに産み出していた。ビート運動は、50年代へのアンチテーゼを模索する立場から、西洋的な思考に見切りをつけて東洋思想に関心を寄せたり、社会的抑圧から自らを解放するためにあえて放浪することをもいとわないといった傾向をもっていた。60年代に登場してくるヒッピーたちの対抗文化は、こうしたビート運動の精神を引き継ぐとともに、社会との対決姿勢をより先鋭化させたものとみることができる。

　実際、ヒッピーたちのライフスタイルは、既存の価値体系の破壊や価値観の多様化を実践するという傾向を強く帯びていた。彼らが長髪でラフなスタイルを好

んだのは、既成の権威を否定しそれに反抗しようとする意思表示のためであり、ドラッグやフリー・セックスに身を委ねようとしたのは、ピューリタン的価値観の下で抑圧されていた人間性を回復するためであった。また、彼らが黒人音楽を重要なルーツとするロックンロール・ミュージックを支持したのは、社会的に差別されていた黒人の文化に可能性を見い出したからであり、自然食品を好んだのは、物質主義と技術の進歩によって破壊された自然への回帰を実践するためであった。さらに、ヒッピーたちは、50年代的利己主義に代わって他者との共存を実践するためにコミューンを作り、米ソ対決の下で思想的不寛容の犠牲となってきた共産主義を見直すべく、左翼的な思想への接近も試みた。つまり、ヒッピーたちからみれば、伝統的な道徳観は精神的貧困をもたらし、WASP中心主義は非WASPの人々を差別し、物質主義や技術の進歩は自然を破壊し、資本主義の競争原理は利己主義の蔓延や落伍者を作り出す結果になったのであり、これらの既成の価値観の犠牲となったものを復権させることこそ、社会の変革に通ずるとヒッピーたちは考えたのである。こうした反抗と解放という二つの概念こそ、対抗文化の核心であったといえる。

　こうしたヒッピーたちの対抗文化は、価値観の多様化を実践するものであり、50年代の精神風土にみられた画一的な順応主義や思想的不寛容とは正反対のものだった。その意味からすれば、ヒッピーたちが、50年代において顕著になったもう一つの傾向、すなわち、アメリカの軍事大国化という現実にも激しく抵抗しようとしたのも当然であった。彼らは軍事力の増強に反対し、非暴力を唱え、戦争よりも愛と共存の重要性を掲げた。

　そして、50年代的順応主義の風潮を批判してきたヒッピーたちの前に恰好の攻撃目標が出現した。それは、ベトナム戦争であった。この戦争は、軍事大国としてのアメリカを象徴していただけでなく、反共思想という思想的不寛容をも体現していた。つまり、50年代的閉塞状況から脱出したいと願っていた若者たちは、ベトナム戦争に反対することによって、50年代の一連の産物を一気に叩くことができたのである。

　学生運動が若者の政治闘争の局面を体現していたとすれば、ヒッピーたちの対

抗文化は若者の文化的闘争の局面を体現していた。そして、こうした若者の政治闘争と文化闘争は、ベトナム反戦運動へと統合されていった。従って、この戦争は、アメリカと南ベトナム解放勢力の闘いであったと同時に、アメリカ国内における戦争支持派と反対派の闘いという、いわば「内なる闘い」としての側面をも持つようになっていった。そして、それは、50年代においては画一的な順応主義によって見かけ上まとまっていたかにみえた超大国アメリカの国内を分裂させていく重要な契機となったのである。

2　「内なる闘い」としてのベトナム戦争

　第二次大戦に参戦した際、アメリカの世論は一致して参戦を支持した。だが、ベトナム戦争の場合は、国内で反戦運動が盛り上がる結果となった。なぜ、そのような事態となったのか、そして、そのことは何を意味しているのかを理解するためには、そもそもなぜアメリカは遠く離れたベトナムで戦争をすることになったのかという、ベトナム戦争の経緯にまず目を向ける必要がある。

（１）　ベトナム戦争の発端

　第二次大戦中、ベトナムはフランス領から日本の支配下となったが、日本の敗戦で再びフランス領となり、独立を求める人々とフランス軍との間で戦後直後から対立が続いていた。1954年にフランスはついに植民地支配を断念し、ベトナムは南北に分割され、北側には共産主義政権が誕生した。アメリカは、いわゆるドミノ理論的な発想から、東南アジアにおける共産主義勢力の台頭を防ぐため、南ベトナムに軍事顧問団を派遣し、北ベトナムの動きを牽制しようとした。

　だが、アメリカが支援しようとした南ベトナムは、到底民主的な政府とはいえない独裁政権であった。そのため、南ベトナム国内では反政府運動が高まり、北の共産主義勢力の支援を受けた南ベトナム民族解放戦線（通称ベトコン＝Vietcong）という反政府ゲリラ組織が勢力を拡大していった。南ベトナムを共産主義から守ろうとしたアメリカは、1961年に南ベトナム駐留の軍事顧問団を増強

し、南ベトナムの内戦に本格的に介入し始めた。アメリカは、南ベトナム領内の共産ゲリラに睨みをきかせるとともに、ベトコンを背後で支援している北ベトナムとの対立を深めていった。

こうした中、1964年8月にトンキン湾事件と呼ばれる事件が起きた。これは、ベトナム沿岸の公海上でアメリカの軍艦が北ベトナムの攻撃を受けたとされる事件で、これを機に連邦議会は、ジョンソン大統領に対して、北ベトナムに対する本格的な攻撃を始める権限を与えた。後にこの事件は、アメリカ側がでっち上げたものであることが明らかとなったが、当時この事件は、北ベトナムに対する報復を正当化する材料となったのである。この事件をきっかけに、アメリカが直接北ベトナムを爆撃する、いわゆる北爆が開始され、本格的な戦争に突入することになった。南ベトナムの内戦にすでに介入していたアメリカは、南ベトナムの共産主義勢力を支援していた北ベトナムとも直接戦うことになったのである。

ベトナム戦争中、南ベトナムに駐留したアメリカ軍の兵員数は、最も多い時期には54万人にも達した。しかし、ベトコンのテロ攻撃にアメリカは苦戦を強いられた。1968年1月のベトナムの旧正月（テト）には、北ベトナムの支援を受けた南ベトナム民族解放戦線のいわゆるテト攻勢によって、アメリカ軍側にも大きな被害が出た。アメリカ人の犠牲者を最小限にとどめるためにも、軍隊の駐留費用の増大を抑えるためにも、いかに早期にこの戦争から身を引くかということをアメリカは考えざるをえなくなりつつあった。

こうした状況は、戦争終結を求める世論の盛り上がりに拍車をかけることになった。しかも、それまでの戦争とは異なり、ベトナム戦争では、実際の戦場からの生々しい映像が瞬時にテレビを通して一般家庭に伝えられるようになっていた。こうして60年代後半には、学生から一般の人々までを巻き込んだ巨大な反戦運動が出現することになったのである。

（2）　反戦運動の波紋

それまでアメリカは、50年代の朝鮮戦争にしても、1962年のキューバ危機にしても対共産圏との局地的な紛争を一応乗り切ってきた。中でも、キューバ危機は、

米西戦争以来アメリカの政治的・経済的圧力に反発を抱いていたキューバに1959年に革命政権が誕生し、ソ連がアメリカの目と鼻の先のキューバにミサイル基地を建設しようとしたという、核戦争に発展しかねない緊急事態であったが、海上封鎖という実力行使によってアメリカはソ連にミサイル基地建設を思いとどまらせることに成功した。だが、ベトナム戦争の長期化は、戦場がベトナムだったにもかかわらず、結果的にはアメリカ国内に反戦運動の台頭という大きな混乱を招くことになった。

　ベトナム反戦運動が勢いを増していったのは、アメリカが北爆を開始した頃からであった。1965年4月には、SDSの主催でワシントンで2万人規模の反戦集会が開かれた。そして、戦争継続のための増税を政府が打ち出すと、反戦感情は一般の市民にも拡大していった。その様子は、世論調査の数字にも如実に表れていた。ベトナムへの介入は間違っているとする意見は、1965年8月には24％にすぎなかったが、1967年10月には46％に達し、1968年10月には58％と、ついに過半数にも達した。戦争支持派と反戦派は次第に街頭でも衝突事件を起こすようになり、特に大統領選挙をひかえた1968年の夏には全米各地で暴動が発生し、アメリカ国内はベトナム戦争の是非をめぐって明らかに分裂してしまった。

　しかも、ここで注目すべきは、反戦派の中も反戦以外の点では必ずしもまとまっていたわけではなかったということであった。実際、反戦運動は政府に対する様々な種類の不満を一気に噴出させる触媒のような効果を発揮する結果となり、60年代後半には多様な種類の要求を掲げた改革運動が吹き出してきた。それらは、公民権運動と袂を分かった黒人たちのブラック・パワーや、レッド・パワーと呼ばれた先住インディアンたちの抵抗運動、女性解放運動や消費者運動など、異なる権利要求を掲げていた。　こうしてベトナム反戦運動が一種の反政府運動化することにより、政府に不満を持っていた様々なグループが自分たちの権利の拡大を求めて反戦運動と連携しながら闘争を強化した結果、アメリカ国内の分裂状態はさらに助長され、アメリカは多様な自己主張が交錯する闘争の場と化していった。

　50年代のアメリカにおいては、良くも悪くも順応主義という統合のベクトルが

支配的だったとすれば、60年代においては、ベトナム反戦運動と結びついた様々な多元化のベクトルが出現した結果、アメリカは様々な主張を掲げたグループに分裂し、多元化のベクトルが一気に盛り返したといえる。まだ戦争終結の見通しが立たない中、国内の混乱も混迷の度を深めていったのである。

(3) ベトナム戦争の終結

　1968年の大統領選挙で勝利した共和党のリチャード・ニクソン（Richard Nixon）は、名誉ある撤退を実現することでベトナムから手を引こうと考えていた。しかし、前のジョンソン政権が反戦運動の盛り上がりに屈し、北爆の部分的停止や駐留米軍の削減を実施せざるをえず、戦局を大きく打開することが期待できない中で、ニクソン政権は、よりよい条件で戦争を終結させるタイミングをつかむことができずにいた。ニクソン政権は、北ベトナムから譲歩を引き出そうとするあまり、インドシナ半島各地に点在していた北ベトナムの拠点を攻撃するなど、かえって戦線をインドシナ半島のほかの地域にまで拡大させてしまった。

　北ベトナムとの間で交渉がまとまり、アメリカがベトナムから撤退したのは、南ベトナムの内戦への軍事介入が本格化してから10年以上が経過した1973年であった。そして、アメリカという支えを失った南ベトナムは、急速に崩壊のスピードを早め、1975年4月には南ベトナムの首都サイゴン（現在のホーチミン市）が陥落し、北ベトナムが南ベトナムを併合する形でベトナム戦争は終結した。こうして5万人以上のアメリカ兵が死亡し、1200億ドルが消えた戦争がついに終わったのであった。

3　アメリカの陰り——ベトナム戦争の後遺症と1970年代

　ベトナム戦争とベトナム反戦運動は、その後のアメリカにどのような爪跡を残したのだろうか。ここでは、それらを政治・経済的な側面と、文化・社会的な側面に分けて整理してみたい。

（１）　揺らぎ始めた超大国の政治・経済的基盤

　ベトナム反戦運動は、世論を二分し、アメリカ国内に「内なる闘い」の場を作り上げたのみならず、アメリカを様々な自己主張を掲げた集団へと分裂させるという結果を招いた。従って、ベトナム戦争終結後の70年代のアメリカに引き継がれた課題は、国内の無秩序を収拾し、どのようにして国の求心力を回復していくかということであった。ところが、こうした目標を達成する上ではマイナスとなる事件が、70年代のアメリカでは政治・経済両面で相次いだ。

　政治面でいえば、ベトナム戦争で失墜していたアメリカの政治的威信にさらに追い討ちをかける事件が起きた。それは、1973年のウォーターゲート事件である。これは、1972年の大統領選挙において、共和党のニクソンが再選されたが、その選挙戦の最中に、対立候補の民主党の選挙対策本部に何者かが盗聴器を仕掛けようとして未遂に終わっていたことが、翌年になって発覚したという事件であった。ニクソンは、当初関与を否定したが、彼が証拠として提出したホワイトハウスの執務室での録音テープの一部が修正され、証拠隠滅がなされた形跡があることがその後の調べで明らかとなり、1974年にニクソンは責任を取って大統領を辞任した。この現職大統領の選挙違反疑惑という不祥事によって、政治不信は極限状態に達した。ベトナム戦争中の枯れ葉剤の使用や、1968年のソンミ村虐殺事件のような民間人の無差別殺戮の事実が発覚するなど、すでに失墜していた対外的威信は正に地に落ちてしまった。

　一方、経済面でも、70年代に入って、それまで世界をリードしてきたアメリカ経済の衰退が顕著になってきた。これは、50万人規模の軍隊を駐留させるための多額の軍事支出に伴う経済的負担が、貿易収支の赤字となって政府の財政を圧迫していたことや、社会福祉への支出の増大、ヨーロッパや日本の経済の追い上げといった要素が重なったためであった。実際70年代には、アメリカ経済の凋落を物語る象徴的事件が起きた。一つは、1971年のドルと金との兌換の停止が示していた、ドルの価値の下落であった。アメリカの通貨ドルの価値はもはや絶対的なものではなくなり、現在に至る変動相場制へと移行せざるをえなくなったのである。また、1973年と1979年の２回起きた石油ショックも、アメリカ経済に大きな

打撃を与え、アメリカの対外的影響力の低下と同時に、もはやアメリカ経済がかつてのように他国を凌駕する存在ではないことを証明する結果となった。

（2）自信喪失と虚無感

　こうした政治・経済上の一連の事件は、ベトナム戦争を転機としてアメリカの繁栄に陰りが出始めたことをいわば再確認する結果となった。そして、これらの現象は、アメリカ人の心のうちにも次第にのしかかっていく。事実、ベトナム戦争はアメリカ人の精神生活にも大きな傷痕を残していた。

　ベトナム戦争に派遣されたアメリカ兵士の平均年齢は、わずか19才であった。戦場で兵士たちは、いつ襲ってくるかわからない敵のゲリラ攻撃に神経をすり減らせ、地面に埋め込まれた地雷と絶えず格闘せざるをえなかった。また、ゲリラが民間人の中に紛れ込んでいたために、民間人の村を焼き討ちするような作戦も実施され、何の罪もない人の家や財産を平然と焼き払わなくてはならないこともあった。こうした非人間的な体験は、若者にとっては過酷であったに違いない。しかも、ベトナム帰還兵たちは、アメリカ社会で必ずしも歓迎されなかった。反戦運動の盛り上がりに伴い、兵士たちを英雄視するような空気はもはやなかった。狂気じみた戦場で必死に生き延びてきた若者たちにとって、こうした社会の反応は、自分の人生はいったい何だったのかという自信喪失や虚無感をあおるものだった。

　このように、ベトナム戦争の失敗によって自信を失いつつあったアメリカ人は、その後遺症から十分立ち直れないまま、アメリカの陰りをかみしめざるをえなかった。こうしたアメリカ人の心情が、その後やすやすと消え去ることはなかった様子は、いわゆるベトナムものと呼ばれる映画が70年代以降数多く作られていることからもわかる。そうした作品からは、苦悩するアメリカ人自身の自問自答が聞こえてくる。そうした苦悩は主に二つの種類に大別できるだろう。一つは、戦争の意味づけに関わるものであり、自分たちはなぜベトナムに行き、何のために戦って負けたのか、なぜ、結果として自分の国の繁栄が犠牲になるという羽目になってしまったのかという問いである。もう一つは、他者との相互理解に関わる

もので、ベトナム人を共産主義から救いに行ったはずなのに、なぜ自分たちは決して感謝されず、世界中の非難を浴びてしまったのかという疑問である。

70年代のアメリカは、1976年に建国200年を迎えたものの、政治・経済のみならず、こうした精神的なレベルのジレンマを解決することはできなかった。そして、これらの問題を解決し、国を統合する求心力を回復するという目標は、1980年代へと先送りされたのである。

4　1960年代と現代アメリカ

1960年代のアメリカにおいて、50年代の順応主義を打破する上で大きな役割を果たした勢力の一つは学生たちであり、いわゆるヒッピーたちの対抗文化は、既成の道徳観にとらわれずに価値観を多様化していく、リベラリズムの推進力となった。学生たちの政治的・文化的闘争はベトナム反戦運動へと発展したが、政府に対する様々な不満の噴出は、結果的にアメリカ国内の分裂と無秩序を助長した。そして、続く70年代のアメリカにおいては、ベトナム戦争を契機にアメリカの繁栄に陰りがさし始めたことを示す事件が、政治・経済の両面でみられただけでなく、ベトナム戦争はアメリカ人の精神生活にも大きな爪跡を残したといえる。

1960年代のアメリカが体験した歴史は、いまだに現在のアメリカにまで大きな影響を与えている。ある意味では、その後のアメリカは、60年代に生じた、50年代的順応主義へのアンチテーゼとしてのリベラルな価値観をどこまで許容するのかという問題と格闘し続けている。また、ベトナムでの敗戦という記憶は、超大国となったアメリカにとっての初めての大きな挫折であり、あの時の失敗を繰り返してはならないという、一種のトラウマとなってアメリカ社会に漂っているといえる。さらに、ベトナム戦争は、敵との力の対決という戦後のアメリカの基本政策への疑問だけでなく、アメリカ側の論理を一方的に他者に押しつけることへの疑問をも提起していたという点で、その後のアメリカが自らの行動を顧みようとする時、常に立ち返らなくてはならない、いわば原体験のような存在となっている。

このように、1960年代は、現代アメリカを考える上でいわば分水嶺ともなった重要な時代であった。しかし、同時にそこには、以前からのこの国の伝統というべきものも顔を覗かせている点にも留意すべきであろう。例えば、60年代の変革の重要な担い手が若者たちであり、彼らが大人を50年代的順応主義に染まった堕落した存在としてとらえていたという事実は、19世紀におけるアメリカの文化的独立の過程で浮かび上がってきた、子供のイノセンスを礼賛する思考の再現といえなくもない。19世紀のアメリカン・ルネサンス期の作家たちの脳裏にあった、アメリカが大人の国へと堕落することへの恐れと、60年代の若者たちの大人に対する視線との間には、類似の発想をみることができる。結果的に60年代という時代は、アメリカ社会に大きな混乱ももたらしたが、それは、大人の国へと堕落することを恐れ、イノセンスを保とうとする、アメリカの文化的伝統から発せられた警告としての意味をも有していた。国内の分裂という事態は、同時に変革への希求に基づいていたことを忘れてはなるまい。

さらに理解を深めるための参考文献

トッド・ギトリン、疋田三良・向井俊二訳『60年代アメリカ——希望と怒りの日々』彩流社、1993年
古田元夫『歴史としてのベトナム戦争』大月書店、1991年
生井英考『ジャングル・クルーズにうってつけの日——ヴェトナム戦争の文化とイメージ』ちくま学芸文庫、1993年
マイラ・マクファーソン、松尾弌之訳『ロングタイム・パッシング——ベトナムを越えて生きる人々』地湧社、1990年

第 ⑪ 章

世界一豊かな国の「他者」
——公民権運動と女性解放運動

───── この章のねらい ─────

　学生たちと並んで1950年代から1960年代への劇的な変化を可能にした重要な勢力は、黒人と女性たちであった。1950年代の経済的繁栄の恩恵を受けることもなく、未だにアメリカ社会の中で差別を受け続けていた人々の活動が、いったいなぜこの時期に開花することになったのだろうか。ここでは、60年代以前の黒人や女性たちの解放運動を概観するとともに、こうした運動を成功へと導いた要因がどこにあったのかを探る。そして、これら黒人や女性たちの運動が、50年代的順応主義の時代から60年代的価値観の多様化と国内の分裂の時代へという流れの中でどのような役割を果たし、その後のアメリカにいかなる影響を与えることになったのか考えてみたい。

関 連 事 項 略 年 表

1848	セネカ・フォールズの意見書
1872	スーザン・B・アンソニーによる婦人参政権をめぐる抗議行動
1881	ブッカー・T・ワシントンがタスキーギー・インスティテュートを創設
1896	プレッシー対ファーガソン判決
1903	W・E・B・デュボイスが『黒人のたましい』を著す
1909	全米黒人地位向上協会（National Association for the Advancement of Colored People、略称 NAACP）の創設
1920	憲法修正第19条により女性参政権が認められる
1954	ブラウン対教育委員会判決
1955	マーティン・ルーサー・キング Jr. の指導の下、アラバマ州モントゴメリーでバス乗車ボイコット運動が行われる
1957	リトル・ロック事件
1960	ノースカロライナ州グリーンズボロでのシット・イン運動
1961	フリーダム・ライダース
1962	ミシシッピー大学事件
1963	ワシントン大行進 ベティー・フリーダンが『フェミニン・ミスティーク』を著す
1964	公民権法の制定
1965	マルコム X の暗殺
1966	NOW（National Organization for Women）設立 ブラック・パンサーの結成
1968	キング牧師暗殺
1972	ERA が議会を通過（ただし後に廃案となる）
1973	ロー対ウェイド判決

1 黒人運動の歴史的展開

　公民権運動が1950年代後半から1960年代にかけて開花することができたのは、それに先立つ黒人解放運動の歴史があってこそのことであった。こうした経緯を理解するためには、南北戦争後の黒人をめぐる状況へと時計の針を戻さなくてはならない。

(1) 南北戦争の終結と黒人解放運動の始動
　南北戦争によって、南部の黒人奴隷は解放されたが、北部による南部再建策は中途半端に終わり、次第に戦後の南部は、黒人を政治的、経済的、社会的に抑圧する制度を再整備していった。こうした状況をどう打開するかをめぐっては、黒人の間に二つの考え方があった。

　一つは、ブッカー・T・ワシントン（Booker T. Washington、1856-1915）に代表される、経済的自立を優先する考え方であった。ワシントンは、黒人の苦境の原因は、十分な職業訓練の場がないことにあるとし、黒人の職能教育を整備して経済的地位を少しでも向上させることが何よりも先決だと考えていた。実際、彼は、1881年に南部のアラバマ州にタスキーギー・インスティテュート（Tuskegee Institute）という黒人のための職業訓練大学を創設した。彼のこうした姿勢は、黒人側の自己改革を目指す動きとして白人からは温かく迎えられ、ワシントンに対しては白人から寄付も寄せられたが、黒人の間では彼に対する反対者も少なくなかった。

　ワシントンに異議を唱えた人々は、黒人の地位向上を阻んでいるのは、むしろ白人によって黒人の基本的権利が踏みにじられている点にあり、これが改善されなければ意味がないと考えていた。このような、平等な権利と人種差別の撤廃をあくまで求める姿勢をもっと前面に押し出すべきだという立場は、いわば法的権利の確立を優先しようとするものであり、これこそ、黒人たちの間にみられたもう一つの主要な立場であった。そして、このような考え方の代表者が、W・E・

B・デュボイス（W. E. B. Dubois、1868-1963）であった。ハーヴァード大学から黒人初の博士号を授与された彼は、当時の黒人としては例外的なエリートだった。彼は、1903年に『黒人のたましい』（*The Souls of Black Folk*）という本を著し、「20世紀の問題はカラー・ライン（color-line）の問題である」として、人種の壁を超えて白人と同等の権利が黒人に対して保障されるよう公然と要求した。彼は、彼を支持する少数の白人たちとともに黒人解放運動を開始し、その母体となる組織として全米黒人地位向上協会（National Association for the Advancement of Colored People、略称NAACP）を設立した。後の公民権運動へと連なっていったのは、このNAACPを母体とした法的権利の獲得に向けた闘争であった。

（2）NAACPの法廷闘争

　NAACPの活動は二つの柱から成っていた。一つは黒人の人権の保護であり、これは具体的にはリンチ撲滅運動として展開された。もう一つは、法廷闘争を通じての黒人の権利の獲得であり、この法廷闘争こそ、公民権運動の重要な呼び水となったといえる。

　NAACPが法廷闘争においてターゲットにしたのは、公共の場での白人と黒人の分離を定めたジム・クロウであった。ジム・クロウは、1896年のプレッシー対ファーガソン判決で合憲とされ、「分離すれども平等」という南部の言い分に対しては連邦最高裁からお墨付きが与えられていた。この最高裁判決を何とか覆し、ジム・クロウを廃止に追い込めないかと黒人たちは考えたのである。

　ジム・クロウを合憲としたプレッシー対ファーガソン判決は、列車の客車が白人用と黒人用に分離されていても、車両の作りや設備が同じである限り憲法違反ではないとするものだった。つまり、客車が分離されていても、その作りが同じで、しかも同じ目的地に着くのであれば、いわば手段と結果の両方において不平等はないというわけである。だが、ということは、もし仮に分離された設備の質が同じでも、結果において著しい不平等が生じるという事例を示すことができれば、この最高裁の判断を覆せる可能性が出てくることになる。そこで、NAACPでは、有能な黒人弁護士サーグッド・マーシャル（Thurgood Marshall）と協力しな

がら、次第に争点を教育問題へと絞り込んでいった。

　NAACPが、教育問題での法廷闘争を進めたのは、教育効果という観点に着目すれば、結果の不平等を最も証明しやすいと考えたからであった。仮に白人と黒人に分離された学校の設備が同じであったとしても、白人の生徒から分離されているという事実によって黒人の生徒たちに劣等感が植えつけられてしまうとすれば、同じ目的地に着く客車の場合と違って、施設は平等でも教育効果という結果において著しい不平等が生じることになり、それはもはや「分離すれども平等」とはいえないはずである。そこで、黒人たちは、白人と黒人の通う学校の分離が黒人の児童に劣等感を植えつけている証拠を数々の実験を通して集めた。例えば、黒人の生徒に、白い人形と黒い人形を見せ、どちらが優れていると思うかとか、自分はどちらになりたいかという問いに答えさせるといった実験である。黒人たちはこうした実験を通じて、黒人が白人より劣っているというコンプレックスを黒人の生徒が植えつけられていることをデータとして示したのである。

　こうして黒人たちは、ジム・クロウ廃絶に向けた突破口を見出した。しかも、黒人たちの巧みな戦術には、思いがけない追い風が吹くことになった。それは、20世紀前半に起こった二つの世界大戦であった。

（3）二つの世界大戦と黒人問題の前進

　二つの世界大戦は、主として三つの点で黒人たちにとっての追い風となった。

　まず、第一に、黒人問題を全国的規模に拡大させたということである。第一次大戦後の1920年代の経済の拡大により、北部の工業都市で労働力が必要になり、南部から多くの黒人が北部の大都市へと移住した。この結果、黒人をめぐる問題は、もはや南部という地域のローカルな問題ではなく、人種隔離の是非についての新たな判断が必要になるのは時間の問題だった。

　第二に、二つの世界大戦は、黒人の社会進出に弾みをつけた。黒人たちは、アメリカ兵として立派に任務をはたせることを証明した。これに勢いを得て、文学・音楽・スポーツなどの分野を中心に、世間で活躍する黒人も登場するようになった。こうした人々の活躍は、黒人に対する偏見を和らげる役割を果たした。

第三に、第二次大戦の結果出現した冷戦構造は、アメリカの体面の問題を浮上させることになった。ソ連の共産主義を批判しようとする「自由と平等の国」アメリカにとって、国内の人種差別の問題は、共産圏側に恰好の攻撃材料を与えることになりかねなかった。それゆえ、西側自由世界の盟主としての体面を保つためにも、連邦政府は人種差別の撤廃に向けて腰を上げざるをえなくなったのである。

　こうした追い風の中、黒人たちの法廷闘争がついに実を結ぶ時がやってきた。それは、1954年の連邦最高裁判所におけるブラウン対教育委員会判決である。NAACPが支援したこの裁判は、カンザス州トピーカに住むリンダ・ブラウンという黒人少女の父親が、白人の学校への入学希望を拒否されたとして、トピーカ市教育委員会を告訴したものであった。この判決で連邦最高裁判所は、プレッシー対ファーガソン裁判のジム・クロウを合憲とする判例を覆し、公立学校における人種の分離を違憲と認定した。教育という分野でのジム・クロウを違憲と認定したこの判決は、50年代後半以降のいわゆる公民権運動に大きな弾みをつけ、「分離すれども平等」の原則を他の分野でも一気に撤廃させようとする動きを加速させることになる。

　南北戦争以後の時代から1950年代に至るまで、黒人に対する差別は厳然として残っており、アメリカ社会は黒人の地位向上に真剣に取り組んではいなかった。しかし、黒人たちは、そうした状況を打開すべく自ら行動を起こし、巧みに法廷闘争を展開する一方、二つの世界大戦によって出現した状況を味方につけながら、ジム・クロウを廃止に追い込むきっかけをようやく掴むに至ったのである。

2　公民権運動の軌跡

　ブラウン対教育委員会判決を楯に黒人たちは、教育問題を突破口にして白人と同等の権利の確立を要求する姿勢を強めた。これを公民権運動と呼ぶ。この運動には、50年代の順応主義に対する不満を抱いていた白人の学生たちも共感を示すようになり、60年代前半にかけて公民権運動は次第に大衆運動化していった。一

方、連邦政府も、共産圏に対する体面ゆえ、平等の実現に取り組む姿勢を示す必要に迫られていたことから、公民権運動を擁護せざるをえない立場にあった。こうして、いわば上下両方向から人種差別撤廃の圧力が高まると、南部の白人社会は孤立感を深めていった。そして、ジム・クロウの違憲判決を南部地方主義の存亡の危機ととらえ、敵意むき出しで南部の伝統的な反連邦主義をエスカレートさせていった。公民権運動の軌跡は、ある意味ではこの南部の反連邦主義との戦いの歴史であった。

（1）公民権運動の盛り上がりと南部保守勢力の抵抗

　公民権運動の高まりの中で、南部の保守勢力がいかに執拗な抵抗を続けたかを象徴する事件として、1957年のリトル・ロック事件と1962年のミシシッピー大学事件を挙げることができる。ともにこれら二つの事件は、教育分野でのジム・クロウの廃絶に対する南部社会の強烈な危機感を物語っていた。

　リトル・ロック事件とは、ブラウン対教育委員会判決の趣旨を受けて、アーカンソー州、リトル・ロックのセントラル・ハイスクールに9人の黒人が初めて入学を許可された際、登校初日に学校を取り巻いていた白人の群衆によって入学が力ずくで阻止されたという事件である。この時、州知事のフォーバスは、事態の混乱に備えて州兵を学校の周囲に配置していたが、州兵は黒人の生徒たちが袋叩きに合うのを傍観するだけで、むしろ追い返すのに手を貸し、連邦最高裁判決の精神を公然と無視する姿勢をみせつける結果となった。これに対し大統領アイゼンハワーは、合衆国憲法に対する重大な挑戦であるとして、アーカンソー州兵を連邦軍の指揮下に編入し、連邦軍1,000人を派遣して黒人学生9人の通学の警護に当たらせるという強硬措置を取った。この事件は、全米にテレビ中継され、自由と平等の国の現実を内外にさらすことになった。

　一方、ミシシッピー大学事件は、ジェイムズ・メレディスという黒人のミシシッピー大学への入学を州が却下したものの、連邦最高裁判所がその決定を覆して入学許可の裁定を出したため、ミシシッピー州知事のバーネットが反発し、入学を絶対に阻止すると言明したことに端を発した事件であった。当時の大統領ジョ

ン・F・ケネディーと弟で司法長官のロバート・ケネディーは、アイゼンハワーを遥かに上回る強硬な態度でこれに応酬した。司法省は、ミシシッピー大学の総長らを法廷侮辱罪で起訴するとともに、前代未聞の州知事の逮捕をもちらつかせた。このため大学周辺では暴動が発生したが、ケネディーは連邦軍を派遣して、市街戦の末暴動を鎮圧した。

　これらの事件は連邦と州の対決という、いわば現代の南北戦争というべきものであった。なぜ南部諸州は、教育分野でのジム・クロウの廃絶にここまで抵抗したのだろうか。それは、これをきっかけとして他の分野でもジム・クロウが切り崩されるのではないかという不安に加え、黒人に教育の道が開かれることで、南部の秩序が崩壊しかねないという危機感があったためだった。南部社会の執拗な抵抗は、実は南部社会の構造と深く関わっていたのである。

　南部は、南北戦争を経ても、一握りの白人の富裕階級の他は貧しい白人と黒人が大半を占めるというピラミッド構造は基本的に戦争前と変わらなかった。そのため、黒人に教育の道が開かれると、貧しい白人にとっては手ごわい競争相手になる可能性があった。それまでは、かろうじて人種の壁によって保たれてきた社会のピラミッド構造が、崩れかねなかったのである。

（2）前進する公民権運動

　しかし、こうした抵抗にもかかわらず、黒人の公民権運動は前進することができた。それは、連邦政府の手助けがあったこともあるが、公民権運動自体が良識ある人々の心に訴える精神的な深さを備えていたからであった。それは、ガンジー流の非暴力主義であり、その指導者がマーティン・ルーサー・キング Jr.（Martin Luther King, Jr.、1929–68）であった。

　彼を一躍有名にしたのは、1955年のアラバマ州モントゴメリーでのバス乗車ボイコット運動であった。当時の南部では、公共輸送機関であるバスの座席は人種ごとに分けられていた。モントゴメリーでも、バスの前側が白人席、後部座席が黒人用だった。そのため、黒人は、バスに乗る時、運転手の脇の料金箱に小銭を入れた後、一旦外に下り、地面を歩いて後部ドアから乗車しなくてはならなかっ

図11-1 アメリカ国立歴史博物館に展示された、1960年に「シット・イン」の舞台となったカウンター

撮影：鈴木透

た。白人席の間にある車内前方の通路は、白人の空間であり、そこを黒人が通ることは許されなかったのである。

　こうした屈辱的な待遇に対して、ローザ・パークスという黒人女性が、故意にバスの白人専用の席に座って逮捕されるという事件が起きた。モントゴメリーの教会で牧師をしていたキングは、直ちに非暴力に基づく抵抗運動としてバス乗車ボイコットを提唱し、バスの利用者の六割を占めていた黒人たちは、徒歩か車を相乗りするなどして、NAACPの援助の下、一年に渡り整然とボイコットを敢行した。これに対して白人側は、有効な対抗策が打てず、一年後にバス側が屈服し、座席の区分が撤廃された。そして、連邦最高裁判所も、1956年に公共輸送機関内での座席の区分を違憲と認定した。

　この事件によって、黒人が団結して非暴力主義に徹するならば、教育問題以外でもジム・クロウを廃止に追い込めることが証明された。実際、公民権運動においては、このように非暴力の立場から黒人が問題提起をし、それを連邦最高裁判所が追認するという形で黒人が勝利を手にしたケースが少なくない。その種の事例としてもう一つ挙げられるのは、1960年ノースカロライナ州、グリーンズボロでのいわゆる「シット・イン」("Sit-In")運動である。これは、白人専用の食堂のカウンターを廃止させるために黒人たちが起こした非暴力の抗議行動であった。白人用のカウンターに座った黒人学生たちは、白人たちの暴力に耐え、検挙されると次の黒人学生がまた座るという具合に、この抗議運動は行われた。その結果、

逮捕者があふれ、収拾がつかなくなり、連邦最高裁判所も逮捕を不当と認定し、ここでもジム・クロウの一角が崩れることになったのである。
　こうした非暴力の抗議行動は次第に白人学生たちの共感を呼んだ。1961年には、長距離バスの施設でのジム・クロウの撤廃を求めて白人と黒人の学生が一緒になって南部一帯をバス旅行するという、フリーダム・ライダースと呼ばれる抗議行動も行われた。こうして公民権運動は、次第に黒人運動の枠を越えて大衆運動としての性格を備えてきた。その公民権運動のクライマックスこそ、1963年のワシントン大行進と64年の公民権法の制定であった。
　ワシントン大行進は、リンカンの奴隷解放宣言からちょうど100年に当たるのを記念し、20万人が参加して首都ワシントンで行われたデモ行進のことである。この途上でキング牧師は、有名な「私には夢がある」（"I have a dream."）という演説を行った。現実の社会にまだ差別がはびこっていることを嘆きつつも、いつの日かアメリカは建国の理想を完全に実現するだろうという夢を私は抱いているというキングの言い回しは、現実に対する嘆きと約束された未来を両立させる、あのピューリタンのジェレマイアッド的レトリックを彷彿させる。また、演説中にキングは、独立宣言の語句や、ホイットマン的なカタログ趣味のレトリックをも駆使した。こうした技法は、いわば白人たちの価値観や文化的伝統の拠りどころとなっているものを、それまでアメリカ社会から排除されてきた黒人の側が逆手に取ったものであり、社会から疎外されてきた人間が、社会の中心に位置する人々のお株を奪うというこの演説の持つ構造は、黒人のデモ行進がワシントンというアメリカの政治の中枢を埋め尽くすというセッテイングとも見事に一致するものであった。
　こうした公民権運動の成果を集大成する形で立法化されたのが、1964年の公民権法である。これは、黒人の投票権の保障、公共施設での人種隔離の禁止、人種差別的な州に対する連邦からの補助金カットまでをも含む画期的な内容であった。憲法で保障されているはずの黒人の投票権は、それまで南部では公然と無視されることがあったが、公民権法は、そうした人権侵害がもはや認められないことを明確にしたものであり、ここにようやく人種差別を禁止する法の網が全米レベル

にかけられることになったのである。

　また、公民権法の精神を受ける形で、アファーマティヴ・アクションと呼ばれる政策も導入されることになった。これは、黒人をはじめとする、これまで社会的に弱い立場に置かれてきたマイノリティーの人々の社会進出をうながすため、大学入学や雇用の面でマイノリティーを優遇する措置のことで、具体的には、大学の定員や公務員の採用枠の一定枠をマイノリティーのために確保したり、公共事業の入札でマイノリティー関係の企業を優遇したりすることを指す。後にアファーマティヴ・アクションに対しては、白人の側から逆差別だとの批判が出てくることになるものの、公民権運動を経てもたらされたこれらの制度改革は、アメリカに変革の時代が本格的に訪れたことを如実に物語っていた。

（3）公民権運動の衰退と黒人運動の分裂

　ところが、この時期をピークに非暴力に基づく公民権運動はその後下降線をたどり始める。それには、主として三つの要因が関係していたといえる。

　一つは、指導者の暗殺である。1968年にはキング牧師が暗殺されたのをはじめ、公民権運動に理解のあったケネディー兄弟も相次いで暗殺され、公民権運動の後ろ盾になってきた連邦政府の勢いにも陰りがでてきたのである。

　次に、非暴力主義の限界が挙げられる。公民権法によって、黒人の法的権利は一応保障されることになったが、それは黒人の経済的地位の向上には必ずしも直結しなかった。このため、公民権法の勝利をもってしても一向に黒人の貧困が改善されないことへの不満が次第に広まり、60年代後半には都市のスラム街で黒人暴動が頻発するようになった。非暴力主義が黒人の不満を吸収しきれず、逆に暴力にとって代られるようになったのは、何とも皮肉である。

　第三に挙げられるのは、こうした黒人たちの不満が、公民権運動とは異なるタイプの黒人運動の登場をうながしたという点である。公民権運動は、アメリカの建国の理想である自由と平等を黒人に対しても着実に保障するよう求めていた点で、いわば体制内改革であった。実際、冷戦最中の善悪闘争論の影響下においては、アメリカ社会を変えようとする動きが共産主義の悪の思想のレッテルを貼ら

第11章　世界一豊かな国の「他者」　163

れやすかったことを想起するなら、このように公民権運動が反愛国的ではないことを強調したことは賢明であったといえる。これに対し60年代後半に登場してきたのは、ブラックパワーと呼ばれるより戦闘的な運動で、一向に生活が改善されないなら、いっそ黒人の方から白人社会に見切りをつけ、公民権運動が前提としていた白人との共存自体をもう諦めるべきだという立場を取ろうとしていた。

　実際、ブラックパワーの運動の中からは、革命をも視野に入れるような急進的で排他的なグループが登場してきた。例えば、マルコムX（Malcolm X、1925-65）に代表されるブラック・ムスリム（黒人だけのイスラム教団）は、白人社会のキリスト教の偽善性を批判し、イスラム教への改宗を通じての黒人社会の分離独立を志向していたし、1966年に結成された黒人の武装自衛組織であるブラック・パンサー（Black Panther）は、黒人自らが地域の支配権を握ることを目指していた。だが、このようにブラックパワーの内部は様々な路線が交錯しており、決して一つにまとまっていたわけではなかった。

　こうして、60年代後半の黒人たちの運動は求心力を失い、分裂していった。しかも、黒人運動の分裂の背後では、もう一つの大きな運動が台頭し、アメリカ国内の分裂、価値観の多様化にますます拍車をかける結果となった。それは、女性解放運動の台頭であった。

3　女性解放運動のインパクト

　アメリカにおける女性の地位向上運動は、独立革命の頃からすでに存在していた。しかし、それが本格化してくるのは19世紀半ばであり、しかもそれは、黒人の地位をめぐる問題と接点を持っていた。北部における奴隷制廃止運動の盛り上がりの中で、白人の女性たちの間に、自分たちもある意味では基本的権利を踏みにじられているのではないかという問題意識が広まってきたのである。かつて奴隷制廃止運動と連動する形で活性化された女性解放運動は、今度は黒人たちの公民権運動同様に1960年代に飛躍を遂げるという、ここでも偶然の一致をみせることになったのである。

（1）アメリカにおける女性解放運動の展開

　19世紀半ばに本格化してくる女性解放運動の重要な出発点になったのは、1848年のセネカ・フォールズ（Seneca Falls）の意見書の採択であった。これは、女性解放を求めてニューヨーク州のセネカ・フォールズに集まった人々が、女性の財産権や参政権の確立を求めたアピールであった。実際、その後、女性解放運動は、この中に盛り込まれた、参政権の確立を重要な軸として展開されていった。中でも、スーザン・B・アンソニー（Susan B. Anthony、1820-1906）は、1872年の大統領選挙の際、まだ女性には参政権が与えられていなかったにもかかわらず、勝手に投票するという抗議行動に出、以後の女性参政権運動の中心人物となっていった。そして、20世紀初頭の様々な改革運動とも連動する形で女性参政権運動は発展し、ついに1920年に憲法修正第19条により女性参政権が認められた。

　この時点で女性に参政権が与えられた背景には、第一次大戦で女性が工場労働などで貢献したという事情があった。つまり、黒人の場合と同じく第一次大戦は、女性たちの運動には追い風となったのである。ところが、第二次大戦は、黒人たちの場合と異なり、女性解放運動には必ずしもプラスにならなかった。それは、大量の兵士が帰還した結果、戦時中には女性が占めていた職場を男性が次第に圧迫するようになったことに加え、平和が戻ったことによる結婚ラッシュとベビーブームのために、特に若い女性の社会進出に陰りがみえ始めたからであった。

　こうして、第二次大戦後、女性の社会進出は一旦鈍ったかにみえた。しかし、平均寿命が延びたことから、逆に既婚女性の社会進出は50年代後半にかけて勢いを増していった。その結果、1959年には14歳以上の女性の三分の一は労働人口に含まれることになった。とはいえ、50年代の社会の変革を嫌う風潮のために、女性は家庭の主婦たるべきだという伝統的な女性観が当時はまだ支配的で、男女の賃金の格差も50年代を通じて放置されたまま一向に改善されなかった。1956年の時点でも、男女の賃金格差は三倍近い差があった。

（2）ベティー・フリーダンとNOWの設立

　既婚女性の社会進出と男社会の女性差別の現実は、既婚女性たちが自らの人生

の意味を問い直す重要な契機となった。社会進出を断念し、主婦を理想像とする伝統的な女性観につき従うことは、このまま単調な家庭生活に自分は埋没してしまうのではないかという不安を彼女たちに与えた。

1963年に出版されたベティー・フリーダン（Betty Friedan）の『フェミニン・ミスティーク』（The Feminine Mystique）は、こうした既婚女性たちのジレンマを代弁する著作となった。そして、良妻賢母という男から押しつけられた伝統的な女性観の束縛から解放されなければ、女性の持つ本当の可能性はみえてこないのであり、伝統的な性の役割分担を見直そうという彼女の主張は、家庭の中に埋没していく自分の人生に疑問を感じ始めていた既婚女性たちの心をとらえた。こうして女性解放運動は、単なる男女同権のみならず、女性の新しい生き方や新しい家族関係の模索という、運動としての厚みを持ち始めた。

そこへ、幸運なハプニングが起こった。1964年の公民権法の審議の際に、反対していた南部の議員の一人が、人種による差別の他に、性による差別を禁止するという条項をわざわざ付け加えて、法案成立を困難にしようとした。ところが、その議員の意に反して法案は議会で可決されてしまった。これによってあらゆる性差別は違法とされることになり、女性解放運動は勢いを増すことになったのである。公民権運動が実際には公民権法制定以後下り坂になったことを考えると、これはある意味では皮肉な結果といえよう。そして、1966年には、NOW（National Organization for Women）という女性解放運動の母体となる組織が結成されることになったのである。

（3）女性解放運動の成果

NOWは、女性を社会的制約から解放するため、二つの大きな目標を設定した。これらの目標に対しては、比較的短期間に重要な前進がみられた。しかし、すぐにそれらに対抗する動きも強まることになる。

一つは、憲法に男女平等を定めた修正条項、ERA（Equal Rights Amendment）を盛り込むことであった。男女同権をより確かなものにするため、1920年代からERAは議会で断続的に審議されてきてはいた。そこで、女性解放運動のかつてな

い盛り上がりという好機をとらえて、これを是非実現しようとしたのである。しかし、ERAは1972年に議会を通過したものの、批准した州の数が足りず、後に再び廃案となってしまう。

　女性解放運動のもう一つの大きな目標は、妊娠中絶の合法化であった。望まない妊娠から女性を解放するという大義名分は、1973年の連邦最高裁判所におけるロー対ウェイド判決において認められることになった。これは、妊娠中絶を禁止しているテキサス州法を違憲と認定したもので、一定期間内における妊娠中絶は殺人に当たらないとしたものである。この判決を受ける形で、70年代後半にかけては、アボーション・クリニックと呼ばれる、比較的低料金で中絶手術を受けられる施設が全米に整備されていった。しかし、このように中絶が合法化された後、妊娠中絶反対運動がかえって盛り上がることになる。

　このように女性解放運動は、非常に短い期間に躍進を遂げたものの、その後は批判の矢面に立たされる局面が増えていった。また、女性解放運動は、確かに性に関するタブーを打ち破ったとはいえ、それはかえって女性に対する性的な搾取の強化につながってしまう場合もあった。実際、60年代になると、こうした性に関するタブーが社会の表舞台に浮上してきたことに加え、ピューリタン的な禁欲主義に反旗を翻したヒッピーたちの対抗文化の登場を背景に、性革命と呼ばれる現象が表面化してきた。性革命は、法律や性道徳の束縛から人々を解き放とうとするものであったが、それは時としてポルノの氾濫に象徴されるような大胆な性表現の登場をも招き、性をめぐる変革と搾取の両面が錯綜する形で進行していった。このように、女性解放運動は、必ずしも女性たちの思惑通りに社会を方向づけることにはならなかったとはいえ、アメリカ社会の価値観の多様化を加速したことは確かであった。

4　公民権運動・女性解放運動と現代アメリカ

　1950年代後半から60年代前半にかけて、公民権運動が成功を収めることができた背景には、黒人たちの戦術が巧みだった上に、第二次世界大戦後の共産圏との

冷戦構造の出現によって連邦政府が人種問題に積極的に取り組むことを余儀なくされた事情が関係していた。しかし、公民権運動は黒人の法的地位の向上をある程度達成できたが、それは必ずしも黒人全体の経済的地位の向上にはすぐには結びつかず、60年代後半には急速に求心力を失った。60年代後半に吹き荒れた都市暴動は、ベトナム反戦運動による社会の分裂のみならず、黒人陣営の分裂をも意味していたといえる。

そして、おりしもそうした価値観の多様化と社会の分裂に追い討ちをかけるかのように、60年代後半には女性解放運動が躍進した。女性解放運動の中心的担い手となったのは、既婚女性であり、彼女たちの問題意識は、性差別の撤廃のみならず、性の役割分担をはじめとする、女性をめぐる社会的制約の見直しをも求めていた点で、既存の価値観を大きく揺さぶるものだった。だが、こうした女性側からの問題提起に対しては、次第に反対の声も高まり、分裂した黒人運動同様、女性解放運動も、一本調子で発展できたわけではなかった。

このように、公民権運動にしても、女性解放運動にしても、その成果がすぐにアメリカ社会の完全な変革を達成できたわけではない。また、これらの運動が起点となって、アメリカ社会の分裂や価値観の多様化が助長された面も否めない。しかし、これらの運動は、50年代的な順応主義のもとで休眠状態にあった現実の社会問題に対する人々の関心を呼び覚まし、自由と平等の国が積み残してきた課題と人々が向き合わざるをえない状況を作り出すことには成功した。南北戦争を経ても根本的に解決されなかった、建国以来の課題である非白人の人権の保障を、マイノリティーの人々はここにようやく勝ち取ったのである。その意味において、これらの運動は、差別にあえぐ側がもはや泣き寝入りはしないという強い意志を社会にみせつけ、マイノリティーの側を大いに勇気づけることとなったといえる。

その上、公民権運動や女性解放運動が標的にしていたのは、人為的に構築された差別であった点を忘れてはならないだろう。公民権運動へと連なる法廷闘争のターゲットとなったジム・クロウは、奴隷制度廃止後に南部社会が再び黒人を抑圧するために新たに作り上げた制度であった。また、女性解放運動が唱えた、理想の女性像は主婦として夫を支えることだという固定観念からの脱却も、男の側

が勝手に作り上げて女性に押しつけてきた、男にとっての理想の女性像の神話を根底から揺さぶるものであった。男は外で仕事をし、女は主婦として家庭を守るべきだという男女の役割分担をよしとする考え方は、実際には家庭の外での工場労働が広まってきた近代社会の産物であり、近代以前の農業社会や家内制工業の時代にあっては、労働と家事を男女間で明確に役割分担することよりも、ともに働きともに家事をこなすという生活の方がはるかに自然なことであった。つまり、男女の役割分担を徹底しようとする発想は、人類という種に最初から備わっていた習性というよりも、近代社会の状況下でいわば人為的に構築された制度というべきなのである。このように、人為的に作られた文化的性概念をジェンダー（gender）といい、生物学的な性概念としての性（sex）と区別するが、ジム・クロウにしてもジェンダーにしても、それらは、人間自らが作り上げた差別と抑圧の網の目としての性格を有している。こうした人為的に構築された抑圧的な制度が広まってしまうと、人は、あたかも従属的地位こそが黒人や女性の本質であるかのように錯覚しやすい。だが、本来黒人は白人に奉仕するために存在しているのでもなければ、女性の本質が男にとっての神話化された女性像を甘受し続けることにあるのでもない。公民権運動や女性解放運動やフェミニズムの重要な功績は、長らくアメリカ社会にしみついてきた黒人や女性といった白人男性にとっての他者に対する見方が、実は人為的に作られたものにすぎず、その意味において、むしろ、さらなる人為的な修正へと開かれていることを改めて示した点にあるといえるだろう。

　一方、差別が公然とまかり通るような社会はもはや認められなくなったという意味では、社会の側も多少なりとも変わらざるをえない状況に追い込まれた。とりわけ、公民権運動が、南部の反連邦主義との戦いという側面を有していた以上、公民権運動の成果が制度化されていくという時代の流れは、南部社会に自己変革を迫ることになった。実際、1970年代以降、こうした変化は次第に南部社会にみられるようになり、その姿はニュー・サウスと呼ばれるようになった。例えば経済面では、かつてのプランターを頂点とするようなピラミッド構造を持つ、後進的な農業地域からの脱却を目指して、南部はハイテク産業を積極的に誘致するよ

うになった。事実、現在、アメリカ航空宇宙局（NASA）の主要な施設は南部に多いし、こうした南部の雇用の拡大は、石油ショックによる暖房代の高騰も重なって、サン・ベルトと呼ばれる温暖な気候の南部へと移り住む人の流れを作り出し、かつての閉鎖的な南部社会は変貌を余儀なくされた。また、政治面でも、1971年にジョージア州知事に就任したジミー・カーター（正式な本名はJames Earl Carter, Jr.）は、黒人差別の根強かった同州で、人種差別解消に向けて意欲的な改革に取り組み、1976年にはその実績を背景に大統領選挙に当選した。1996年のアトランタ五輪へと至るニュー・サウスの発展は、かつての南部が自ら少しずつ変わろうとしていったことを示す軌跡となっていくのである。

さらに理解を深めるための参考文献

猿谷要『アメリカ黒人解放史』二玄社、2009年
上坂昇『キング牧師とマルコムX』講談社現代新書、1994年
有賀夏紀『アメリカ・フェミニズムの社会史』勁草書房、1988年
ベス・ミルステイン・カバ、ジーン・ボーディン他、宮城正枝・石田美栄訳『われらアメリカの女たち――ドキュメント・アメリカ女性史』花伝社、1992年

第 12 章

過去との対話
——建築からみたアメリカ

この章のねらい

　50年代的順応主義から60年代的価値観の多様化へという劇的な時代の変化にみられるように、アメリカでは、ある時代の風潮に対する揺り戻しが次の時代に出てくることが少なくない。こうした傾向は、この国の実験性という特質と無関係ではない。二つの相反するベクトルのせめぎあいは、空間軸上の統合化と多元化のベクトルの対決だけではなく、「過去に戻ろうとするベクトル」と「過去から離れようとするベクトル」による時間軸上の戦いとしても現れてきているのであり、それは、この国が「新しい物」と「古い物」との間のバランス感覚にこだわってきたことを示している。つまり、伝統のない所に新たな伝統を打ち立てようとしてきたアメリカは、もっぱら古い物を否定して新しい物の構築に専念してきたのではないのである。そして、こうしたいわば「過去と現在との間に一種の対話を試みること」自体がアメリカの重要な伝統となっている様子は、実はアメリカの建築によく表れている。そこで本章では、アメリカの建築様式の変遷を辿るとともに、今日のアメリカの建築における過去との対話からは、逆に現代アメリカ社会のどのような側面が読み取れるのかを考えてみたい。

図12-1

図12-2

図12-3 ▲

図12-4 ▼

(左上より)
図12-1　コロニアル様式建築
（マサチューセッツ州プリマス）
図12-2　ジョージ朝様式建築
（ニューハンプシャー州ポーツマス）
図12-3　フェデラル様式建築
（ヴァージニア州トマス・ジェファソン自邸）
図12-4　ヴィクトリア様式建築
（ニュージャージー州ケープメイ）

出典：『アメリカン・ハウス
　　　その風土と伝統』講談社
Ⓒ和田久士

1　アメリカ建築の変遷

　新大陸には確固たる建築の伝統はなかったため、アメリカの建築は、ヨーロッパ建築の伝統という過去の遺産をその時々の自国の新たな時代状況・社会状況に合わせてアレンジする形で発展した。そこには、古い物を新しい時代にどう調和させるかという実験性が強く感じられる。しかも、建築様式の変遷は、その時々のアメリカが過去とどのように向き合おうとしていたか、そして、それはその時代の精神をどう反映していたのかを探る貴重な資料となる。ここでは、まず、アメリカの建築様式の変遷を概観する。

（1）植民地時代の様式

　植民地時代の建築様式は、大きく二つに分けられる。そして、そのいずれもが、当初からアメリカでは、ヨーロッパの遺産と新大陸の状況との間で対話が繰り広げられ、ヨーロッパの遺産に新たな意味づけがなされていった様子を物語っている。

　17世紀を代表するのは、コロニアル様式と呼ばれるものである。この様式の建物の多くは、イギリスの農家を模したものであり、形式としては借り物であって新しくはない（図12-1）。ところが、イギリスの農家の多くは石造りなのに対し、17世紀のアメリカの植民地、とりわけ、ニューイングランド地方では木材が豊富だったため、手近な材料である木材が建材として使用された。形式は旧世界に負いながらも、新世界の材料を用いたという意味では、これはアメリカ建築におけるヨーロッパ的伝統と新世界との対話の第一歩であったといえる。

　一方18世紀を代表するのが、ジョージ朝様式（ジョージアン）である（図12-2）。これは、イギリス経由でルネサンスの影響を受けた形式が入ってきたもので、古典的な左右対称の幾何学的設計が大流行した。本来ルネサンスとは無関係なはずのアメリカで、このような様式が流行したのは、新大陸の広大な空間に秩序を与えようとする人々にとって、古典建築の持つ幾何学的な秩序が非常に魅力的に映

第12章　過去との対話　｜　173

ったためと考えられる。つまり、新大陸という空間を秩序づける方策の一環としてヨーロッパの様式が転用されたのであり、ヨーロッパの様式に新たな意味づけがなされたという点は、ここでも伝統と新世界との間の対話が行われていた形跡を物語っている。

（2）独立革命期から19世紀前半の様式

　18世紀後半の独立革命の頃になると、18世紀の主流である幾何学的な左右対称のジョージ朝様式を基本としつつも、より大胆にギリシア・ローマの建築の要素を取り入れたスタイルが登場してくる。これは、当時のヨーロッパでポンペイの発掘が進み、古典建築の実態がより詳細にわかってきたことが関係しているが、アメリカでは、ギリシア・ローマの古典的な様式を、新興国アメリカというコンテクストの中で新たに意味づけようとする動きがみられた。それは、こうしたギリシア・ローマの要素がどういう建物で特に好まれたかをみれば明らかである。

　一つは、首都ワシントンの公共建築物である。ホワイトハウスにはギリシア・ローマの建築の要素が取り入れられているし、ギリシア風の円柱とローマ風のドームを併せ持つ国会議事堂も同様である。これらの建築は、古代ギリシアやローマ帝国のような強大な国に対する新興国アメリカの人々のあこがれを反映していたといえる。こうした、独立革命期の愛国的な精神をギリシア・ローマの要素を用いて表現した様式は、フェデラル様式と呼ばれている（図12-3）。

　19世紀前半にかけて古典建築の要素が強く表れたもう一つの例は、南部のプランテーションであった。当時南部は、奴隷制度をめぐって北部と対立し、何とか奴隷制度を正当化するすべを模索していた。その時、南部にとって好都合だったのは、古代ギリシアが民主的な政体でありながら奴隷制度も採用していたという事実だった。そこで、南部の奴隷主たちは、古代ギリシアにならって民主主義と奴隷制度が両立することを訴えるべく、自らの住いにギリシア建築の要素を取り入れた（図12-5）。奴隷制南部は、自らのアイデンティティを古代ギリシアに重ねようとしたのである。実際、南部のプランテーションの建物には、神殿を思わせるような、ギリシア風の円柱が用いられているものが多い。本来なら、南部と

図12-5　南部のプランテーション
出典：*Louisiana's Plantation Homes*, Voyageur Press, 1991

図12-6　金ぴか時代の豪邸
出典：*Biltmore Estate*, Biltmore Company, 1991

ギリシアとは直接は特につながりはないわけだが、南部には何のゆかりもない過去の建築様式がある種時代錯誤的に流行したのも、実はそれなりの理由があってのことだったのである。

（3）ヴィクトリア様式

　19世紀半ばになると、ヨーロッパでは今度は中世建築のリヴァイヴァルが起こった。ルネサンス以降、中世カトリックの世界は暗黒時代として、否定的にみられてきた。ところが、19世紀半ばに至って、産業革命のもたらした社会の歪みが、環境汚染や貧富の格差の増大、労働者の搾取といった様々な形で登場してくると、近代以前のむしろ中世の方が優れていたのではないかという、中世を再評価する動きが起こってきた。その結果、イギリスの建築においても、中世のゴシック様式の諸要素を取り入れた様式が現れ、時の女王の名にちなんでヴィクトリア様式と呼ばれるようになった。こうして、古典建築のリヴァイヴァルの後には、中世建築のブームが沸き起こったのである。

　アメリカは中世を経験しなかった国であり、しかも、プロテスタントの伝統の強い風土を考えれば、中世カトリックの世界は本来あまり縁がないはずである。ところが、ヴィクトリア様式は、アメリカでも大流行する結果となった。左右対称や均整のとれた幾何学的な古典建築の要素に代って、アーチや尖塔といった、

中世建築の装飾的な部分を脈絡を無視して取り入れることがアメリカでも流行したのである（図12-4）。

だが、考えてみれば、こうした自由奔放で無秩序な様式は、金ぴか時代の自由放任主義の風土と符合していたといえる。実際、金ぴか時代の大企業の経営者たちの中には、まるで中世の城を思わせるような豪邸を建てた者が少なくなかった（図12-6）。新興国アメリカに中世建築の要素を取り入れた建物が登場したことは、南部のプランテーションがギリシア建築の要素を取り入れていたのと同様に、確かに時代錯誤的に思える。しかし、これらは、いずれも、過去のヨーロッパの遺産をアメリカ独自の時代状況の中で新たに意味づけようとする試みだったといえる。

（4）コロニアル・リヴァイヴァル

アメリカ建築における、こうした過去と現在との対話の伝統には、19世紀末から20世紀初頭にかけて新たな傾向がみえ始めた。アメリカの建築様式は、ヨーロッパの様々な遺産をその時々の新大陸の文脈に合わせて取り入れてきたものであるが、今度は、アメリカが過去に作り上げたそうした建築様式を、アメリカ自らがさらに新たな時代状況の中で再利用しようとする動きが出てきたのである。

1876年に建国100年を記念してフィラデルフィアで博覧会が開催された際、パヴィリオンとして植民地時代の建造物が再現されたことがきっかけとなって、18世紀の植民地時代から独立革命期にかけての様式のリヴァイヴァルがみられるようになった。これをコロニアル・リヴァイヴァルと呼ぶが、こうした流行は、建築のみならず、食器や家具のデザインなどでもみられた。

中世建築への接近の後、なぜ古典建築を基調としていた自らの過去の様式への再接近が試みられたのかを考えてみると、実は、これも時代状況と密接に関わっていた様子がみえてくる。19世紀末から20世紀初頭にかけては、「金ぴか時代」の自由放任主義への反省から規制と改革の時代が訪れていたわけだが、建築でも、無秩序への反動として秩序ある建築が好まれるようになったと考えることができるのである。また、第一次大戦による愛国主義の高まりも、こうしたアメリカの

過去の伝統に対する関心を増幅する効果を発揮したといえよう。

（5）国際様式

20世紀半ばになると、産業社会の発展に伴う建設ラッシュが起こった。そこで新たに求められたのは、低コストで機能的な建築であった。その結果、近代都市には、装飾性を可能な限り排除した、何の変哲もない直方体のビルが次第に林立するようになった。こうした現象は、アメリカに限らず、先進工業国では世界各地でみられた現象であったことから、この種の近代建築を国際様式という。

現在の我々を取り囲んでいる建物のほとんどは、このような装飾性や歴史性を感じさせない国際様式の近代建築である。こうした様式は、近代の繁栄する工業社会は過去の時代を越えたのだという近代人の自信ゆえに、過去とのつながりを断って非歴史的であり、経済的で合理的な建築こそ近代社会にふさわしいと近代人が考えるがゆえに非装飾的であるといえる。しかし、建築の歴史の中では、このような歴史性や装飾性を拒否する様式はむしろ稀であるといえる。我々にとって最も身近な建築様式は、実は建築の歴史の中では非常に特異な存在なのである。

国際様式以前のアメリカの建築は、過去の時代の様式をその時々の時代に合わせてアレンジしたものだった。しかし、アメリカをはじめとする先進工業国が20世紀に作り上げた建築様式においては、過去の建築の伝統との対話の断絶が起こったといえる。

（6）ポストモダニズム

国際様式に代表される近代建築は、確かに機能性や合理性を備えているが、一方では無味乾燥で殺風景でもある。実際、1980年代頃から、こうした近代建築のあり方を否定して、建築に歴史性・装飾性を復活させる動きが世界各地で吹き出し、特にアメリカの都市部で顕著にみられるようになった。こうした様式を総称してポストモダニズムと呼ぶ。

国際様式以前のアメリカ建築においては、「過去と現在との対話」がかなり有効に機能していて、ヨーロッパの建築の伝統を基礎にしつつも、それをその時々の

図12-7
ポートランド公共ビル

図12-8
PPG プレイス

図12-9
サン・ファン・カピステラーノ公共図書館

出典：*American Architecture of the 1980s*, American Iustitute of Architecture Press, 1990

　アメリカの状況に合わせてアレンジすることにアメリカ人たちは成功してきたといえる。実際、そうした建築物は、ある種のアナクロニズム（時代錯誤）を含みつつも、その時代のアメリカの時代精神を反映し、社会と有機的なつながりを保持していた。ところが、昨今のアメリカのポストモダニズム建築において再開された「過去と現在との対話＝ヨーロッパの伝統的な様式の再借用」は、無味乾燥だった国際様式を改め、建築物に歴史性や装飾性を復活させたとはいえ、一見すると単なる遊び感覚や一種のニヒリズムの産物にすぎないのではないかとも思える。

　例えば、ポストモダニズム建築の先駆けとなったマイケル・グレイブスのポートランド公共ビルは、パステル・カラーを用いて殺風景な国際様式を打破しているとはいえ、リボンをイメージしたというデザインは、なぜ役所の建物にリボンをかけなくてはならないのか、果たしてそこに何の意味があるのかと思えなくもない（図12-7）。また、ペンシルヴェニア州、ピッツバーグの中心地に作られたPPGプレイスも、ゴシック建築を真似ているが実は現代のオフィスとなっているし、カリフォルニア州、サン・ファン・カピステラーノの公共図書館も修道院に似せて作られているが、オフィス・ビルや図書館になぜこうした教会や修道院の様式を用いる必要があるのか、首をかしげたくなる向きもあるだろう（図12-8、9）。

　しかし、これまでみてきたように建築にはその時代の精神風土が色濃く反映されている場合が多い点を踏まえるならば、こうしたポストモダニズム建築の特徴

には、やはり現代アメリカ社会の姿が何らかの形で反映されていると考えるのが自然である。とすれば、昨今のアメリカのポストモダニズム建築は、現代アメリカ社会のいかなる側面を表しているのだろうか。

2 ポストモダニズム建築への視角

　一見すると何の意味もないかのように思えるポストモダニズム建築には、果たして現代アメリカ社会のどのような特質が反映されているのだろうか。このことを考える重要な鍵は、消費社会・記号化社会という高度資本主義社会に特徴的な概念にある。

(1) 消費社会の特質とポストモダニズム建築

　高度資本主義社会の重要な特徴の一つは、消費行動の変化にある。すなわち、生活が豊かになると、人々の関心は物の生産よりも物の消費へと移る傾向にあり、そうした消費社会としての高度資本主義社会においては、経済的・生存上の必要性からではなく、むしろ非実利的な動機からなされる消費行動が増えてくる。それゆえ、こうした消費社会においては、商品そのものの中身よりも、ブランド名とかネーミングといった、商品にかぶせられた記号の方が消費者の関心をひき、販売戦略上も重要になってくる。その結果、消費社会においては、物それ自体の絶対的な意味内容が空洞化する一方、中身を伴わない記号の氾濫が助長されるようになってくる。

　このように、消費社会が成熟してくると、商品の中身自体の新しさの追求が次第に困難になり、もっぱら名前を新しくして消費を刺激しようとする傾向が強まる。そのため、物の中身自体の持つ意味は次第に空虚になり、むしろ記号化された物を我々は消費するようになる。そして、それは、絶対的な意味内容の空洞化と、中身を伴わない記号の氾濫という現象を招く。こうした、「意味の空洞化」と「記号の氾濫」という消費社会の傾向と、アメリカのポストモダニズム建築との間には相通ずるものがあるのではないだろうか。

（２）都市の再生とポストモダニズム建築

　ポストモダニズムの建築においては、ヨーロッパの過去の建築様式が再び取り入れられてはいるが、ゴシック建築が教会ではなくオフィスに、修道院の建築様式が図書館にという具合に、実は建築様式と実際の建物との間の本来の有機的なつながりは断ち切られており、様式と建物、形と意味はもはや一致していない。つまり、ポストモダニズム建築においては、ヨーロッパの過去の建築様式が持っていた意味内容は空洞化されているとみなすことができる。ポストモダニズムの建築においては、ヨーロッパの過去の建築様式は中身を空虚にされ、いわば上辺だけの実体の欠落した記号として建築物にかぶせられているにすぎないといえる。このように「意味の空洞化」と「空虚な記号の氾濫」を体現している点で、ポストモダニズム建築は、成熟した消費社会の商品の特性と一致する。

　アメリカのポストモダニズム建築における、過去のヨーロッパの建築様式の時代錯誤的なアレンジの方法は、アメリカが成熟した消費社会に突入したことを暗示している。しかし、伝統のない所に伝統を打ち立てようとしてきたアメリカが繰り返し行ってきた、過去と現在との対話というもの自体が、現代に至ってもはや完全に空虚なものと化してしまったと結論するのは早計だと思われる。というのは、確かに建物だけを取り上げれば、これらはナンセンスなアナクロニズムの固まりとしか思えないかもしれないが、これらの建物がどういう場所に多く作られているかという点に着目してみると、一見空虚にみえるこれらの建物も、それなりの意味を持っている様子がみえてくる。

　実は、これらのポストモダニズム建築の多くは、都市の再生を目指したダウンタウンの再開発事業の一環として建設されている。アメリカの大都市の多くは、19世紀末の東・南ヨーロッパからの非熟練労働者の移民の流入、あるいは第一次大戦以降の黒人の北部大都市への移動などによって、20世紀半ばにかけて貧しい人々の流入を繰り返し体験してきた。また、1960年代には都市で暴動が頻発し、裕福な人々は危険を避けて郊外に移り住んでしまった。その結果、アメリカの大都市の多くは、中心部のスラム化や空洞化を経験してきている。こうした都市の中心部の空洞部分を埋めて、人々を都市に呼び戻そうとする再開発計画が1970年

代頃から盛んになるにつれて、そこに次第にお目見えしたのがこれらのポストモダニズム建築であった。

　アメリカの大都市は、これらの人目を引く奇抜なポストモダニズムの建物を配置することで、都市の中心部に人の流れを呼び戻そうとした。これらの建物は、意味の空洞化や空虚な記号の氾濫といった消費社会の特徴を体現しているとはいえ、過去の遺産を時代状況に合わせて再利用するという、アメリカ建築の伝統は実はここでも維持されているとみることができる。実際、これらの建物は、魅力的な都市空間作りに貢献しており、そうした所では、都市の中心部に人の流れが戻ってきているケースが少なくない。過去との対話は、実は一定の成功をおさめているのである。

　従って、これらの建築物が今後ともアメリカの都市の再生に貢献できるかどうかを見極めることは、意味内容の空虚な建築物によって都市の空洞部分を埋めるという消費社会の綱渡りがどこまで通用するのか、消費社会と都市の動向を占う意味で注目されるだけでなく、過去の遺産と新しい時代状況との対話から生まれてくる、アメリカ的な実験の精神やアナクロニズムまがいの創造力が、どこまで可能性を秘めているのかを占う意味でも注目に値するといえる。現代アメリカのポストモダニズム建築は、過去と現在との対話の伝統が果たして未だに意味を失っていないのかどうかを見極める、重要なバロメーターといえるのである。

3　アメリカ建築とアメリカのプラグマティズム

　アメリカの建築様式の変遷は、この国が単に過去の物を否定しもっぱら新しい物を追い求めてきたのではなく、古い物と新しい物、過去の遺産と新しい時代状況との対話自体がこの国にとって重要な伝統となってきたことを示す一例といえる。アメリカは過去と現在を行きつ戻りつしながら、そのバランスを取ろうと実験を繰り返している国なのである。その過程では、確かに時代錯誤的な現象が露呈することもしばしばであるが、利用できるものは積極的に何でも利用して事態を打開しようとする発想には、歴史は短いとはいえ、実験国家のしたたかささえ

感じられる。現に、意味の空洞化や記号の氾濫といった特徴を持つ昨今のアメリカのポストモダニズム建築は、アメリカが成熟した消費社会に達したことを映し出す一方、過去と現在との対話の伝統が現代の都市問題にも応用されようとしていることを示しているのである。

こうしたアメリカ建築の変遷を辿ってみると、そこに浮かび上がってくる特徴とアメリカという国の特質との間に類似の要素をみることができるだろう。実際、アメリカ建築が体現している、過去の遺産を新たな時代状況に合わせて活用していくという実験性は、アメリカという国そのものの実験性と重なるものがある。現に、アメリカの歩みの中でも、ある意味では建築様式にみられたのと似たような時代錯誤的な手法で局面を打開しようとする傾向がみられたことがあった。例えば、1920年代の禁酒法やモンキー裁判は、巨大な近代国家で起きた出来事とは思えないような時代錯誤的事件であったが、実はこれと類似のことをアメリカの建築は繰り返してきたのである。

実験というものは、必ずしも新しいことを試みることだけを指すわけではない。古いものであっても、それを活用してみるのも実験である。このように、結果を出すために有効と思われるものは何でも試してみるという精神をプラグマティズムと呼ぶが、アメリカの建築様式の変遷は、このプラグマティズムの精神がアメリカという実験国家には根深く刻み込まれていることに改めて気づかせてくれる。現代アメリカの大都市に登場してきたポストモダニズム建築も、こうしたアメリカ的プラグマティズムの伝統の上に位置しているのである。

さらに理解を深めるための参考文献

和田久士写真、清家清監修『アメリカン・ハウス——その風土と伝統』講談社、1987年
レスター・ウォーカー、小野木重勝訳『図説アメリカの住宅——丸太小屋からポストモダンまで』三省堂、1988年
星野克美他『記号化社会の消費』ホルト・サウンダース・ジャパン、1985年
バーナード・J・フリーデン他、北原理雄監訳『よみがえるダウンタウン——アメリカ都市再生の歩み』鹿島出版会、1992年

第 ⓭ 章

ベトナム後遺症を超えて
──1980年代のアメリカ再生への処方箋

―― この章のねらい ――

　ベトナム戦争後のアメリカは、1976年に独立200周年を迎えたものの、ウォーターゲート事件やオイルショックに代表されるように、政治や経済の分野での凋落傾向に十分歯止めをかけることができなかった。1960年代に生じた価値観の多様化に伴う超大国内部の分裂状態をどう収拾して、対外的な威信を回復し、国家の求心力をいかに高めていくかという課題は、80年代へと先送りされたのである。

　本章では、80年代のアメリカがベトナム戦争の後遺症を克服して再生に向けてどのようなシナリオを描こうとしたのかを取り上げる。そして、その過程でどのような問題が新たに生じたのかに着目しながら、アメリカ再生の取り組みがどの程度の成果をあげることができたのかを整理し、60年代に対する反動が現代アメリカ社会をどのように方向づけることになったのかを考えていく。

関 連 事 項 略 年 表

1976	アメリカ独立200周年
1977	民主党のカーター政権の発足
1979	イスラエルとエジプトの歴史的和解が成立
	アメリカ大使館人質事件（イラン）
	ソ連のアフガニスタン侵攻
1980	モスクワ五輪ボイコット
	イラン・イラク戦争
1981	共和党のレーガン政権の発足
	エイズの世界的な流行が始まる
1982	ERAの廃案
1983	グレナダ侵攻
1985	アメリカは1914年以来はじめて債務国に転落
	クラック（麻薬の一種）がアメリカに流入し始める
1986	リビアをミサイル攻撃
	イラン・コントラ事件
1987	アラン・ブルームが『アメリカン・マインドの終焉』を著す
	E・D・ハーシュが『教養が、国をつくる。』を著す
	10月19日にニューヨーク株式市場で株価の大暴落が起こる（ブラック・マンデー）
1989	共和党のブッシュ政権の発足
	パナマ侵攻

1 レーガン政権のアメリカ再生へのシナリオ

1980年代の幕開けとともに、アメリカの再生を掲げて登場してきたのは、1980年に大統領に当選した共和党のロナルド・レーガン（Ronald Reagan,1991-2004）であった。二期8年にわたったレーガン政権は、対外的威信と国家の求心力の回復のための新たな方策を打ち出した。

（1）対ソ強硬路線の復活とイラン・コントラ事件

まずレーガン政権は、対外的にはソビエトとの対決姿勢を鮮明にした。後に二期目に入ると、レーガンはゴルバチョフとの対話路線に転換するが、当初レーガンはソ連を「悪の帝国」と非難した。

こうした共産圏との対決姿勢は、その前の民主党のカーター政権とは対照的だった。ベトナム戦争による対外的な威信の低下が続く中で発足したカーター政権は、ベトナム戦争中の武力を前面に出した対外政策への反省から、共産圏との力の対決よりも外交的努力によって世界の緊張緩和をはかろうとした。民主主義の理念を外交を通じて世界に広げていこうとしたカーター政権のこうした姿勢は、人権外交と呼ばれた。実際、カーターは、長年対立していたエジプトとイスラエルの歴史的和解を実現させるなどの成果をあげた。

カーター政権の外交方針は、南部のジョージア州知事時代に人種対立の解消に向けて新機軸を打ち出したカーターの実績の延長上にあった。しかし、武力行使を控えようとするカーター政権の弱腰な姿勢は、1979年のイランでのイスラム革命の際のアメリカ大使館人質事件や、ソ連のアフガニスタン侵攻に対するアメリカ政府の対応を後手に回してしまう結果となり、かえって対外的威信のさらなる低下を内外に印象づけることになってしまった。そこで、レーガン政権は、1980年のモスクワ五輪ボイコットで西側が示した結束を背景にソ連との力の対決へと方針転換し、SDI（Strategic Defense Initiative、戦略防衛構想）を掲げて再軍備に着手したのである。

実際、レーガン政権とそれに続くブッシュ政権へと三期12年続くことになる共和党政権は、ベトナム戦争に象徴される、第三世界の紛争地域へのアメリカのかつての政治的・軍事的介入を彷彿させる行動をしばしば取った。とりわけ共和党政権が強い関心を示したのは、中東地域と、自らの裏庭というべき中米地域の政情であった。中東では、長年イスラエルを擁護してきたアメリカは、イスラエルと対立するパレスチナ・ゲリラを支援する国々に対し強硬姿勢を強め、1986年にはテロ支援国家だとしてリビアにミサイル攻撃を行った。また、中米では、1983年にカリブ海に浮かぶ小国グレナダで左翼軍事クーデターが起こった際、アメリカは軍事介入し、この地域での共産主義の伸張を断固阻止する姿勢を鮮明にしたほか、1989年には、パナマの最高指導者であったノリエガ将軍が麻薬の密貿易に関与しているとして、ノリエガ将軍を逮捕すべく、パナマに軍事侵攻した。こうした一連の武力行使は、カーター政権下で共産圏との間の緊張緩和を目的に武力行使が手控えられていたのとは際立った対照をなすことになった。

　しかし、こうした強いアメリカの姿を武力を通じて前面に押し出そうとするレーガン政権の方針は、共産主義と戦い、アメリカの国益を守る姿勢を鮮明にしようとするものであったとはいえ、時として一貫性を欠き、かえって国民からの不信感を招いた。そのことが如実に表れていたのが、いわゆるイラン・コントラ事件である。この事件の概要を理解するためには、中東と中米をめぐる当時の状況にもう少し目を向けなければならない。

　中東では、ソ連のアフガニスタン侵攻を機に、それに抵抗しようとするイスラム勢力が武装闘争を強化していた。そうしたイスラム勢力の重要な後ろ盾となっていた国の一つは、イランであった。そのイランでは1979年にイスラム革命が起こり、親米的な政権が崩壊に追い込まれていた。そのため、イスラム革命後は、アメリカはイランと鋭く対立し、イランが翌年に隣国イラクとの戦争に突入すると、アメリカはイラクを支援した。しかし、中東情勢の複雑化に伴い、アメリカは対立関係にあったはずのイランと裏取引をすることになってしまったのである。それが、いわゆるイラン・コントラ事件である。

　この事件の経過は次のようなものであった。内戦が続いていた中東のレバノン

にはアメリカの平和維持部隊が派遣されていたが、1982年にイスラエルがパレスチナ・ゲリラの拠点と目されていたレバノンの南部を攻撃したことを機に、イスラエル寄りの立場をとり続けるアメリカへの反発から、レバノンではイスラム教シーア派によるアメリカ人を標的にした誘拐事件が多発した。そこで人質解放のための交換条件としてアメリカは、シーア派に強い影響力を持つイランへの武器援助に密かに同意し、実際は敵対関係にあるイランに武器を秘密裏に売却した。このことだけでも、政治的なスキャンダルであったが、この一件は、それだけでは片づかなかった。というのは、イランへの武器売却の代金が、中米ニカラグアの反政府勢力コントラへと密かに流れていたことが1986年に発覚したからである。

ニカラグアでは、1979年にダニエル・オルテガを指導者とする左翼ゲリラ組織サンディニスタが政権の実権を握り、近隣のエルサルバドルの革命勢力を支援するなど、キューバと並んで中米地域の共産主義陣営の拠点となりつつあった。そこで、アメリカは、ニカラグアの左翼政権を打倒するための反政府勢力コントラを密かに組織した。しかし、連邦議会は、ニカラグアの左翼政権を転覆させることを目的とするような、露骨な予算の執行を認めていなかった。そこでレーガン政権は、秘密裏に行われたイランへの武器売却で得た資金を密かにコントラの資金源に充てていたのである。

このイラン・コントラ事件は、80年代のアメリカが、共産圏との対決姿勢を再び強く意識し始め、かつてのベトナムへの軍事介入に象徴されるような、武力を通じてのアメリカの影響力の行使に再び奔走し始めたことを示すとともに、そうした強いアメリカの再構築を目指した対外戦略が、時として一貫性を欠き、議会を無視して暴走しかねなかったことを暗示している。確かに、外交姿勢の転換というレーガン政権の計算は、ある程度は当たった。ソ連をはじめとする敵を再び強烈に意識することでレーガン政権に対する求心力は高まり、俗にレーガン・デモクラットと呼ばれる、本来は民主党支持者でありながら共和党の大統領であるレーガンを支持する人々も登場するようになった。とはいえ、イラン・コントラ事件の発覚は、同時に政府への不信感をもかきたてることになった。敵対国イランへの秘密の軍事援助が露呈したのみならず、イラン・イラク戦争でアメリカが

支援したイラクと後にアメリカが湾岸戦争で対決することになったという経緯は、敵を意識することで国家の求心力を高めようとした80年代のアメリカ外交の計算が必ずしも思惑通りにはいかなかったことを示すことになった。

（２）レーガノミクスと双子の赤字

　一方、レーガンは、内政的にはレーガノミクスと呼ばれた経済政策を導入した。1933年のローズベルトによるニューディール政策の導入以来、1981年までの48年間のうち、32年間に及んだ民主党政権は、基本的にニューディールの精神を引き継いできた。この路線は、インフレによる物価上昇を多少犠牲にしても失業者を減らすことを主眼とし、アメリカ社会全体の底上げを目指していた。それゆえ、こうした政策の下では、雇用や生活を安定させるために政府が経済活動や社会福祉に積極的に介入することになり、連邦政府の予算規模や支出は増大していった。だが、こうした「大きな政府」の下では、当然のことながら税金も高くなってしまう。そこで、レーガンはこれを大きく軌道修正し、経済活動や社会福祉に対する連邦政府の支出や介入を減らして、「小さな政府」を作ろうとした。この発想の転換は、減税による投資促進効果や、規制緩和による企業間の競争の活性化をもたらす可能性があり、アメリカ経済のカンフル剤になると考えられたのである。このような、減税をしても企業の収益の向上によって税収が伸びれば政府の赤字も相殺され、経済全体が好循環を始めるという考え方は、サプライサイド経済学と呼ばれた。

　レーガン政権のこうした計算は、次第に効果をみせ始め、アメリカの景気も回復に向かい始めた。70年代後半の時点では10％程度で推移していた失業率も、1988年には5％程度まで半減した。また、GNPも堅調となり、1984年には7％という高い経済成長を記録した。

　ところが、減税によって人々の手元に残ったお金の中には、投資よりも消費に回ってしまったものが少なくなかった。減税をした上に再軍備による軍事支出が増えるわけであるから、政府の財政はただでさえ赤字に転落する危険があった。そこへ消費が旺盛になるということは、それだけ輸入が増えるわけで、貿易も赤

字に転落することを意味する。この結果、アメリカは、財政赤字と貿易赤字という、いわゆる双子の赤字を抱え込むことになり、レーガン政権の胸算用とはやや違った事態を招くことになった。現に1985年にアメリカは、世界最大の債務国へと一気に転落した。アメリカは、為替レートをドル安に誘導し、諸外国からの輸出を鈍らせるとともに、日本などに内需拡大とアメリカ製品のための市場開放の圧力を強めることで、貿易赤字を減らそうとしたが、うまくいかなかった。レーガン政権の末期には、連邦政府の赤字は2兆6000億ドルにも達し、レーガン政権発足当時の約9000億ドルの3倍近くに膨れ上がってしまっていた。

しかも、増大したままの輸入がなかなか減少する傾向をみせなかったことは、政府の経済政策の矛盾をも浮き彫りにすることになった。「小さな政府」を目指したレーガン政権は、連邦政府の経済活動への介入を減らし、規制緩和によって企業活動の活性化をはかろうとしたが、これは同時に外国企業がアメリカでビジネスを展開する上での制約を軽減することにもなった。そこへ押し寄せた消費ブームに伴い、海外からの安い製品がアメリカ市場に流入したのである。その結果、アメリカ企業の競争力も期待したほどには回復しなかったばかりでなく、鉄鋼や自動車といった基幹産業を保護するために、しばしばアメリカは自由貿易本来の理念に反するような輸入規制や報復的な経済措置を発動せざるをえなくなっていった。

レーガノミクスが、自由な企業活動を奨励しながらも、一方では保護主義的な措置にも頼らざるをえなくなったという経緯は、80年代の経済政策の転換が思い通りには必ずしも進まなかったことを物語っていた。実際、ブラック・マンデーと呼ばれた、かつての大恐慌以来となる1987年のニューヨーク株式市場での株価の暴落は、まだ出口のみえないアメリカ経済の姿を象徴していた。

(3) 保守派によるリベラリズム批判

こうして、敵を再び強烈に意識する外交政策への転換によって国家の求心力を回復しようとしたものの、それが思うようにははかどらず、また、当初の期待ほどアメリカ経済の回復が軌道に乗らなかったことから、アメリカの再生がうまく

いかない原因は、政治・経済の政策を越えたもっと社会の根深い所、すなわち、国民の価値観とか道徳意識にあるのではないかという考えが、次第に保守派を中心に広まってきた。実際、レーガンの重要な支持母体の一つは、モラル・マジョリティー（Moral Majority）というキリスト教右翼の宗教団体だった。ファンダメンタリズムの流れを汲むこの団体は、反共思想や愛国主義を掲げて俗世間の動向にも敏感に反応し、リベラル派議員の当選を阻止するために影響力を行使することにも重大な関心を寄せていた。この他にも80年代には、白人至上主義を掲げる団体やネオナチのような組織の活動も活発になっただけでなく、テレビを通じた布教活動を巧みに利用しながら、宗教勢力が再び息を吹き返したのであった。こうした宗教右翼を中心とした80年代の保守派の台頭や非WASPへの排撃の高まりは、同様に保守的で不寛容な傾向の強かったかつての1920年代や50年代の状況を彷彿させるところがあった。

　1920年代のアメリカ社会にできあがったのは、豊かな社会が実現されたにもかかわらず、新たな時代状況の中で伝統的価値観が危機に瀕すると、それを死守しようとする反動が起こり、それが非WASPへの排撃を助長してしまうという構図であった。そして、ある意味では、それと同じ図式がここで繰り返されることになったのである。つまり、80年代の保守派は、60年代リベラリズムによる価値観の多様化によって、伝統的な宗教観・道徳観が脅かされたためにアメリカの再生が思うように進まなくなってしまったのだと考え、プロテスタントの伝統的価値観への回帰と非WASPへの不寛容の姿勢を強めるようになったのである。20年代の保守派が、ジャズやフラッパーに代表された新たな社会風俗を敵視し、社会を浄化するために非WASPの排撃を強めたとすれば、80年代の保守派は、60年代リベラリズムの遺産を攻撃することで、その恩恵を受けてきたマイノリティーに対する排撃を強めようとしたといえる。

　また、レーガンが目指す「強いアメリカ」のイメージには、60年代を通り越して、その前の50年代のアメリカへの郷愁が顔を覗かせていた。レーガン政権が描いた理想のアメリカは、軍事大国であり、経済大国であり、共産主義と戦う西側の政治的リーダーというべきものであって、それは正しく50年代のアメリカの姿

と重なる。当初レーガンがソ連のことを「悪の帝国」と呼んでいた点も、50年代の善悪闘争論を連想させる。従って、このように50年代に戻ろうとしたアメリカが、その途中に立ちはだかる60年代の遺産を目の敵にしようとしたのは決して不思議ではなかったといえる。

　こうして80年代の保守派の台頭は、20年代的状況と50年代への郷愁という、ともにかつての保守的で不寛容な時代の傾向を再現するものとなった。80年代の保守派が敵視した、反抗と解放の時代としての60年代の遺産を一言でいえば、それは、差別への反省から、多様な価値観や、多様な人々の権利を認めるリベラルな思考をアメリカ社会に定着させたことであった。そして、このリベラリズムの影響を最も強く受けてきたのが、教育と性道徳を含む家族形態の問題であった。これら二つの問題こそ、80年代の保守派がアメリカ衰退の元凶とみなしたものであった。

2　アメリカ衰退論の標的とアメリカの分裂への危機感

　実際、80年代後半になると、教育と家族の問題をめぐって保守派はリベラリズムへの攻勢を強めていった。そこには、60年代的リベラリズムの遺産によって、アメリカ社会の基盤が蝕まれているという保守派の危機感をみることができる。

（1）教育問題――文化相対主義批判

　1954年のブラウン対教育委員会判決に象徴されるように、教育という分野は公民権運動の重要な突破口となった。それゆえ、公民権運動の成果が制度化されていった60年代以降、アメリカの教育をめぐる環境が変化していったのは当然の成り行きであった。多様な価値観を認めるリベラリズムは、カリキュラムの多様化を促し、アファーマティヴ・アクションによってマイノリティーの大学進学者が増えるにつれ、大学でも非WASPに関する講座や非WASPの研究者が増えるなど、大学の教育内容や人員構成も大きく様変わりした。しかし、80年代後半になると、これらのアメリカの教育におけるリベラルな変化こそ、アメリカの衰退の重要な

原因であるという主張が保守派から声高になされるようになったのである。

　こうした保守派の危機感が社会に広がりをみせていった経緯は、保守派が展開した教育論がベストセラーとなったという事実に如実に表れている。その一つは、アラン・ブルーム（Allan Bloom）の『アメリカン・マインドの終焉』（*The Closing of the American Mind*、1987）である。ブルームによれば、価値観の多様化は絶対的価値基準の崩壊を招き、その種の文化相対主義は、あらゆるものに存在価値を認める一方で、他人に対する無関心を助長する傾向があるという。自分の価値観を一旦保障された人間は、自分さえ安泰なら他の人の価値観はどうでもよくなるというのである。それゆえ、ブルームは、このままではアメリカ社会がばらばらになってしまうとして、どの文化もそれなりに価値があるという、寛容なリベラリズムのもたらした文化相対主義と決別し、西洋の古典に回帰して、再び絶対的な価値基準を構築することを提唱した。

　また、E・D・ハーシュ（E. D. Hirsch, Jr.）の『教養が、国をつくる。』（*Cultural Literacy: What Every American Needs to Know*、1987）も多くの読者を獲得した。ハーシュは、教育内容の多様化の弊害として、アメリカ人が持つべき共通の基礎知識がきちんと学校で教えられなくなってしまった結果、字は書けても文化的に文盲な学生が増えていると指摘した。そして、このままでは、アメリカという国を統合する文化的基盤そのものが崩壊し、アメリカ人同士のコミュニケーションに支障が出ると警告した。

　リベラルな思考を批判するこれら二冊が広く読まれたことは、強いアメリカを再建する上で価値観の多様化が大きな障害となっているという苛立ちがWASPの側にかなり強まっていたことをうかがわせる。そして、こうした保守派の教育論は、アファーマティヴ・アクションによる教育分野でのマイノリティーの優遇そのものを見直すべきだとの空気をも助長することになった。

（2）　家族問題——個人主義批判

　教育と並んで保守派からの激しい批判にさらされたのが、家族の問題であった。公民権運動とともに60年代の変革の一翼を担っていた女性解放運動は、単なる男

女同権だけでなく、女性の新しい生き方を追求するものであり、実際、70年代には、女性解放運動に弾みをつける二つの大きな事件が起きた。一つは1972年に男女同権を定めた憲法修正条項（ERA）が議会を通過し、1982年6月末までに38の州で批准されれば発効するところまでこぎつけたことである。もう一つは、1973年のロー対ウェイド判決において、連邦最高裁判所が一定の範囲内で妊娠中絶を合憲としたことである。だが、こうした女性解放運動の進展や性革命の影響は、女性の生き方を多様化するにとどまらず、世の中の結婚観や家族観、さらには性道徳に対する意識までをも大きく変えることになった。

現に、70年代以降、女性が従来の結婚観に必ずしも縛られなくなるにつれ、性と家族をめぐる状況は一気に多様化の度合いを深めた。十代の妊娠や未婚の母親が増加し、結婚のためにキャリアを犠牲にすることを好まない女性が増えるにつれ、離婚率も2件に1件の割合まで跳ね上がった。また、離婚と再婚が繰り返されるにつれて、家族形態も多様化され、片親家族や再婚した親がそれぞれの子供と住む拡大家族もみられるようになった。さらに、同性愛のカップルが子供を育てるケースも増えている。かつて、アメリカの理想の家族像といえば、中産階級の両親の下に郊外の一戸建てに暮らす一家のことだった。1950年代に生まれた子供たちの場合、白人の8割、黒人の半数が18才まで両親と暮らすことができた。ところが現代アメリカでは、離婚経験のない両親と暮らしている子供は、全体の約3割程度にすぎないともいわれている。

そこで、こうした現象と、犯罪や麻薬といった社会問題とを結びつけて、伝統的な家族の概念が崩壊しつつあることこそ、アメリカの衰退の根源だという主張が、保守派からなされるようになった。現にアメリカには、1985年以来クラックと呼ばれる安価で中毒性の高い麻薬が出回るようになり、若年層の麻薬使用が増えただけでなく、麻薬を服用した妊婦からは、クラック・ベイビーと呼ばれる、先天的な障害を持つ子供が多数生まれるようになっていった。そして、こうした家庭の崩壊や子供をめぐる危機は、家庭よりも自分を優先しようとしてきた女性解放運動によって個人主義が強まったためだとして、次第に女性解放運動に対する風当たりが強くなっていった。あと少しのところで発効に必要な数の州の批准

を得られずにERAが1982年に廃案に追い込まれたことや、80年代以降の妊娠中絶反対運動の盛り上がりは、このことを如実に示している。80年代以降、人工妊娠中絶を施すアボーション・クリニックと呼ばれる施設の焼き討ちも相次ぎ、レーガン自身も、妊娠中絶反対の姿勢を鮮明にした。

　また、80年代半ばに全米を震撼させたエイズの恐怖は、同性愛者に対する排撃をも加速させた。エイズ患者が当初同性愛者に多かったことから、エイズは同性愛に対する天罰だという見解まで登場し、1986年には同性愛を禁止したジョージア州法を合憲とする連邦最高裁判決も出された。これによって、60年代以降の性革命の流れの中で、自己の存在をアピールし、着実に権利を拡大してきた同性愛者たちも一転して窮地に立たされることになった。

　こうした女性解放運動や同性愛者に対する保守派からの攻撃は、厳格な男女の役割分担に立脚した家族こそが理想の家族であり、それから外れた形の家族が増えすぎたことが国力の衰退と社会の混乱につながったとするものであった。しかし、こうした家族形態の多様化と社会の混乱との間に一定の因果関係があるにしても、その責任を女性や同性愛者に押しつけようとする保守派の姿勢は必ずしも妥当とはいえない。女性や同性愛者の側の意識の変化に対して、男性や社会の側の意識改革が遅れている点も、少なからず関係しているはずであり、そのことを棚に上げて、一方的に女性や同性愛者を糾弾するのは筋違いであろう。とはいえ、伝統的な家族像の崩壊がアメリカ社会の歯車を狂わせたという保守派の主張には、結局のところ、多くの人が共感を示したのだった。

　こうした、教育や家族をめぐるリベラルな思考への批判は、多様な要求に対しアメリカ社会が譲歩しすぎた結果、文化相対主義や個人主義が広まり、このままではアメリカ自体がばらばらになってしまうのではないかという保守派の危機感を反映していた。アメリカが再生を目指した80年代は、60年代的なリベラルな価値観を擁護する多元化のベクトルに対して、伝統的な価値観への回帰を通してアメリカ社会を建て直そうとする保守的な統合のベクトルの巻き返しが起こった時代であったといえる。60年代の変革の時代の到来以来、リベラリズムの恩恵の下に着実に権利を拡大してきたマイノリティーや女性たちの運動は、強い逆風にさ

らされた。そして、両者の溝は、アメリカの分裂の危機の輪郭をその後いっそう鮮明にしていくことになる。

3　80年代アメリカの歴史的位置

　80年代のアメリカは、ベトナム戦争の後遺症を払拭して国家の求心力を回復すべく、新たな外交・経済政策に乗り出した。そして、それは一定の成果をあげたものの、レーガン政権が思い描いた通りには必ずしもならなかった。そのため、アメリカ再生への障害となっているのは何かといういわば犯人探しが始まり、60年代リベラリズムの遺産に対する攻撃が激化していった。こうした一連の80年代の経緯は、現代アメリカを考える上で以下の二つの重要な意味を持っているといえる。

　まず、第一に、現代アメリカ社会内部の対立の機軸が、60年代的リベラリズムの多元化のベクトルと80年代的保守主義の統合化のベクトルの対決という形で鮮明になってきたということである。こうした構図の出現は、保守的な価値観に回帰することで60年代に生じた国内の分裂と価値観の多様化に歯止めをかけようとする動きが80年代に至って本格的に登場してきた結果であるといえる。そして、それは、アメリカの分裂を食い止め、秩序を再構築しようとする動きと60年代リベラリズムの遺産を守ろうとする勢力との戦いこそが、現代アメリカ社会を形作る基本的な対立軸となったことを意味する。

　第二に、80年代における60年代の遺産に対する反動は、実験国家として試行錯誤を繰り返すプラグマティックなアメリカの姿が決して現代においても途絶えてはいないことを如実に示しているといえる。レーガン政権の一連の政策は、必ずしも期待通りにはいかなかったとはいえ、良い結果を出すためには思い切った実験を行なうという冒険精神が未だに廃れていないことを物語っている。その意味からすれば、80年代の保守派の主張には十分な論拠を欠く部分もあったものの、前の時代に対する反動が現れるという構図は、実験国家としての健全な姿をも示しているのである。

80年代のアメリカは、ベトナム戦争以来のアメリカの凋落傾向に一定の歯止めをかけたとはいえ、病める超大国というイメージを完全に払拭することはできなかった。実際、アメリカの再生が思うように進まない中、犯罪や麻薬などの問題がクローズアップされるたびに、こうしたイメージは増幅されてきた。しかも、日本では、折からの対米輸出の増大をめぐるアメリカとの対立から、嫌米派と呼ばれる人々も増えていった。確かに、80年代の一時期、日本の経済成長ぶりはアメリカを超えたと思われたような局面もあったことを考えれば、アメリカこそ日本を見習うべきだとか、日本はアメリカのいいなりではないといった趣旨の発言が、日本の政財界から聞こえたのも決して不思議ではない。

　しかし、いわゆるバブル崩壊以降、日本経済が低迷し、80年代にはよく聞かれた「ジャパン・アズ・ナンバー・ワン」という掛け声が全く影をひそめた一方、様々な問題をはらみながらも90年代にアメリカが高い経済成長を遂げて日本を再逆転したという経緯を改めて踏まえるならば、アメリカの底力というものに我々は留意すべきであろう。そして、そうしたアメリカの底力の一端は、失敗を恐れずに様々な試行錯誤にチャレンジするという実験国家ならではのプラグマティズムと深く関係しているのであり、80年代のアメリカは、十分な結果を残せなかったとはいえ、そうした実験精神が決してアメリカでは枯渇してはいなかったことを如実に示していたとみることができるのである。

さらに理解を深めるための参考文献

マイケル・J・ボスキン、野間敏克監訳、河合宣孝他訳『経済学の壮大な実験——レーガノミックスと現代アメリカの経済』HBJ出版局、1991年
アラン・ブルーム、菅野盾樹訳『アメリカン・マインドの終焉』みすず書房、1988年
E・D・ハーシュ、中村保男訳『教養が、国をつくる。——アメリカ建て直し教育論』TBSブリタニカ、1989年
アーサー・シュレージンガーJr.、都留重人監訳『アメリカの分裂』岩波書店、1992年

第 ⑭ 章

統合化と多元化の行方
——1990年代におけるアメリカの細分裂

---- この章のねらい ----

　1980年代は、アメリカの再生が思うように軌道に乗らない中、60年代リベラリズムの遺産に対する保守派からの批判が高まり、アメリカの分裂を危惧する保守主義の統合化のベクトルと、価値観の多様化を擁護する60年代的リベラリズムの多元化のベクトルとの対立の構図が鮮明になってきた時代であった。そこで本章では、こうした統合化と多元化の綱引きがその後の1990年代にはどうなっていったのかを取り上げる。

　80年代のレーガン政権が打ち出したアメリカ再生の処方箋は、必ずしも期待通りの成果をあげることができなかったわけだが、こうした保守派のシナリオは、90年代に入ると、いっそう空回りし始める。そして、分裂の危機の収拾がはかどらない中、アメリカは、内政的にも、対外的にも大きな転機にさしかかろうとしていたのである。

関 連 事 項 略 年 表

1989	ベルリンの壁の崩壊
1991	湾岸戦争
	ソビエト連邦の崩壊
1992	ロス暴動
1993	民主党のクリントン政権の発足
	ニューヨークのワールド・トレード・センターの地下駐車場で爆弾が爆発し6人が死亡
	北米自由貿易協定（NAFTA）の締結
1994	O・J・シンプソン裁判
	カリフォルニア州でプロポジション187が成立
1995	スミソニアン航空宇宙博物館での原爆展の企画が中止に追い込まれる
1996	カリフォルニア州でプロポジション209が成立
1998	ケニアとタンザニアのアメリカ大使館がイスラム過激派によるテロ攻撃を受ける
1999	クリントン大統領が不倫スキャンダルをめぐって弾劾の危機に立たされる
2000	大統領選挙の最終得票の確定をめぐって混乱

1　狂い始めた保守派のシナリオ

　80年代に保守派は、レーガン政権の一連の政策が期待したほどの効果をあげない中、60年代のリベラリズムの遺産を叩き潰して50年代へと回帰するという道筋を描くことで、アメリカ再生への処方箋を示そうとした。ところが、90年代に入ると、そうした保守派のシナリオにほころびが出始めただけでなく、保守派からの攻撃にさらされたマイノリティーの側が60年代リベラリズムの遺産を失うまいとして闘争を強化した結果、60年代的多元化のベクトルと80年代的統合化のベクトルのせめぎあいは膠着状態に陥った。それどころか、保守派が危惧していたアメリカの分裂の危機は、ますます混迷の度合いを深めていったのである。

（1）冷戦の終結

　80年代の保守派によるリベラリズム批判は、60年代の変革の際に差別の傷痕を消し去ろうと意識過剰になるあまり、アメリカはあまりに多様な権利や価値観を認めすぎたのだという観点に立っていたわけだが、再建の処方箋としては50年代に戻せば良いという比較的単純な発想に終始した感があった。ところが、90年代にはそうした単純な発想がもはや通用しなくなったことを示す兆候が、政治・経済・社会のそれぞれの面で出てきたのである。

　政治面についていえば、それは冷戦の終結である。1989年のベルリンの壁の崩壊に象徴される東欧の民主化とそれに続く1991年のソ連の崩壊によって、アメリカの当面の脅威は取り除かれた。だが、共産圏という敵がいなくなったということは、同時に国家の求心力の危機でもある。その上、このことは、60年代の遺産を叩き潰して50年代へと回帰するという発想そのものに待ったをかけることになった。米ソ対決の構図が崩れた90年代にとって、冷戦真っ只中の50年代をモデルにすることはもはやできなくなってしまい、ソ連という敵を介して自国の求心力を高めるという80年代の保守派のシナリオそのものが時代遅れとなってしまったのである。冷戦の終結は、60年代を否定して50年代に戻せばよいという単純な発

想がもはや通用しなくなったことを意味していたといえる。

（２）広がる経済格差と政治不信

　保守派にとってのもう一つの誤算は、80年代の経済政策の転換の歪みが貧富の差の拡大を招き、国民の過半数が中産階級にまで上昇していた50年代的状況がかえって遠のいてしまったことであった。事実、レーガノミクスの結果、減税による恩恵を受けたのは結果的に一部の高額所得者に限られ、収入が伸び悩むなかで物価が上昇したために、中産階級の多くが生活の質を落とさざるをえない状況に追い込まれてしまった。一方、減税と抱き合わせで行われた福祉の削減は、貧困層に自立をうながす措置だったとはいえ、生活費を福祉に頼っていた人々には大打撃を与えた。こうして、90年代に入ってアメリカは、80年代よりもかえって貧富の差が増大し始めた。

　もっとも、アメリカ経済全体としては、90年代は好景気が続いた。これは、情報通信産業の発展による雇用の創出や経営の合理化が進み、株価が大幅に上昇したことに大きく起因していた。しかし、新たな産業の登場を契機とした好景気がもたらした富は、必ずしも社会全体に公正に再分配されたわけではなかった。アメリカでは、好景気に沸いた業種の重役たちが巨額の報酬を手にし、金持ちはますます所得を伸ばす一方、中産階級の没落が続き、ごく一握りの富裕層の他は大多数の人々が生活水準を下げざるをえないという二極化傾向がさらに顕著になっていった。90年代に入ってアメリカの郊外住宅地に多く登場するようになったゲイテッド・コミュニティー（住人以外の立ち入りを禁止するための検問所を持ち、周囲を砦のような城壁で囲まれた住宅地）は、安全と快適な暮らしのために巨額の費用を捻出できる階層とそうでない階層とにアメリカ社会が分断されていることを強く印象づける存在となった。

　こうしたアメリカ社会の貧富の差の拡大に対しては、93年以来二期8年続いた民主党のクリントン政権も決して放置しようとしたわけではない。90年代の好景気を背景に、クリントン政権は80年代に膨らんだ財政赤字の削減に道筋をつけた。しかし、共和党政権の政策の結果生じた経済格差を是正する試みはあまり功を奏

さなかった。医療保険制度の改革によって貧困層を楽にするという目論見が外れただけでなく、北米自由貿易協定（NAFTA）の締結は、企業の収益率の改善にはなったものの、逆にアメリカ国内から工場が生産コストの安い国外に移転してしまい、かえって産業の空洞化と雇用不安を招いてしまった。

　アメリカ社会で働き盛りの世代は、第二次大戦後のベビーブーム世代になっていたが、この世代の人々にとっては、自分の親の世代の生活水準を超えることが次第に容易ではなくなってきた。年金を負担する世代が、年金を受け取る世代よりも豊かになれないのではないかという不安は、世代間の緊張を助長した。分裂の危機を未然に防いでアメリカを再生させるという保守派のシナリオは、皮肉にも世代間の反目という新たな分裂の火種をまくことにもなってしまったのである。

　こうして、かつての50年代のように、国民の中産階級化によって国のみかけ上の統合を維持するということは困難となり、国民の経済的不満は根強い政治不信・社会不信へとつながっていった。イラクのクウェート侵攻に端を発した1991年の湾岸戦争で圧倒的勝利をおさめたにもかかわらず、共和党のブッシュ大統領が再選されなかったのは、それだけ国内経済への不満が国民の間に広まっていたことを示していた。そして、続くクリントン政権での大統領の不倫スキャンダルは、大統領としての資質に対する疑問の声の高まりから、現職大統領が弾劾の危機に立たされるという異例の事態にまで発展し、結果的にクリントンは弾劾を免れたものの、国民の政治不信をいっそうかき立てた。さらに、その後大企業で相次いで発覚した不正経理や、2000年の大統領選挙での最終得票の確定をめぐる混乱は、アメリカの政治・経済に対する国民の信頼をますます失わせることになった。

（3）人種問題の泥沼化

　保守派にとっての第三の誤算は、60年代以降のリベラリズムをもってしても、実は人種間の溝は埋まっていなかったことを歴然とさせるような社会的事件が90年代に入って相次ぎ、60年代リベラリズムの行き過ぎがアメリカを衰退させたという保守派の論拠そのものが説得力を失う羽目になってしまったことだった。中

でも1992年のロス暴動と1994年から95年にかけて行われたO・J・シンプソン裁判は、人種問題がむしろ泥沼化してきている様子を映し出すことになった。

　60年代以来の大規模な都市暴動となったロス暴動のきっかけは、交通違反で捕まった黒人男性ロドニー・キング氏が、捕まった際に白人警官から暴行を受けたにもかかわらず、警官全員が刑事責任を免れたことであった。裁判がロサンジェルス郊外の黒人の比較的少ない地域の裁判所で進められていたため、陪審員の構成から考えてこうした判決は予想できたとはいえ、黒人たちの目にはこの判決は到底公正なものとは映らなかった。それゆえ、この判決は、経済的に苦境に立たされていたロサンジェルスの貧しい黒人たちの怒りを爆発させることとなった。暴動によって浮き彫りとなった、失業や貧困や暴力の渦巻くロサンジェルスのサウスセントラル地区の黒人スラム街の実態は、アメリカ社会の二極化の現実をまざまざと見せつける結果となった。

　と同時に、未だに多くの黒人が差別と貧困にあえいでいることを暴露したこの事件は、アメリカ社会は非WASPを優遇しすぎてきたとか、アメリカ社会は多様な要求に譲歩しすぎてきたといった保守派のリベラリズム批判の根拠自体を揺るがしたといえる。ロドニー・キング氏が白人警官に殴打される場面を映したヴィデオの映像は、90年代に入ってもかつてと同じように黒人に対するリンチが起こりうることを証明していた。黒人たちの絶望感をあおることになったこの事件は、60年代のリベラリズムをもってしても黒人をめぐる状況は根本的には是正されていないことをアメリカ国民に改めて突きつけたのである。

　白人と黒人の間の人種の溝が埋まっていないという現実は、同じくロサンジェルスを舞台に繰り広げられたO・J・シンプソン裁判でも再現されることになった。黒人の元プロフットボールのスター選手O・J・シンプソンに白人の妻殺しの容疑がかけられたこの裁判では、殺人現場に乗り込んだ白人刑事の人種差別発言を録音したテープが被告の弁護団から提出された。これは、状況証拠で圧倒的に不利な立場にあった被告側が、警察に対する悪いイメージをかき立てて、陪審の評決を有利に進めようとしたためであった。いわば弁護側は、人種カードを切り札に使ったのである。しかし、差別があればその差別を逆手に取るという弁護側の戦

術は、シンプソンの無罪評決と引き換えに、アメリカ社会の人種問題がかえって泥沼化してきている様子を国民に強く印象づけた。

　冷戦の終結、貧富の差の拡大に伴う政治不信や社会不信、人種問題の泥沼化といった90年代のアメリカに訪れた一連の政治、経済、社会の出来事は、60年代リベラリズムを通り越して50年代的状況へ回帰するという80年代の保守派のシナリオがもはや有効に機能しなくなってしまったことを如実に物語っていた。これとほぼ時を同じくして、80年代に保守派からの攻撃にさらされた側も、リベラリズムの遺産を失うまいとして闘争を強化し、巻き返しに出てきた。しかも、そうしたマイノリティーの側からの反撃ののろしは、人口構成の変化という数の力をも背景としていたのである。

2　非WASP多数派社会の接近と多元化のベクトルの再活性化

　90年代以降、アメリカでは、この国にとっての第三の変化というべき現象が進行しつつある。アメリカが体験した第一の変化が農業社会から産業社会へという変化であり、第二の変化が孤立主義の放棄による超大国への脱皮にあったとすれば、この第三の変化とは、アメリカの非WASP化というべき人口構成の変化なのである。こうした変化の兆しは、マイノリティーの権利意識を先鋭化し、多元化のベクトルを再活性化させてきている。

（1）人口構成の変化と多文化主義の台頭

　1965年にアメリカは、かつてのいわゆる排日移民法を改正したが、その後アメリカに移民した人々のほとんどは、第三世界を中心とする非WASPの人々であった。これには、冷戦期のアメリカが第三世界における共産圏との覇権争いを有利に進めようとした思惑も絡んでいた。これに加えて、とりわけ80年代以降、メキシコからの不法移民を含む、ヒスパニックと呼ばれる中南米からの移住者が爆発的に増えていった。これには、ラテンアメリカの政情不安や経済不振が大きく関係していたが、ヒスパニックの人々が、低賃金でアメリカ人のあまりやりたがら

ない職種に入り込んで、アメリカ経済の歯車の一部として重宝されるようになったという事情も絡んでいた。スペイン語を母語とするラテンアメリカ系のヒスパニックは、すでに総人口の約20％に達し、黒人を抜いて最大のマイノリティーとなっている。しかも、アメリカ全体の人口の伸び自体は鈍化している中、ヒスパニックやアジア系の間では、WASPに比べて出生率が高く、マイノリティーの人口の増加が突出しやすい状況は簡単には覆りそうにない。現在でもアメリカ人の4人に1人以上が非西欧系の非WASPだが、出生率の推移から判断すると、21世紀の半ばには、これまでアメリカ社会の圧倒的多数派であったWASPが数の上で過半数を割る可能性が極めて大きい。こうした非WASPの人口増加に合わせるかのように、80年代の保守化傾向に対する巻き返しが非WASPの側から起こってきたのである。

　こうした動きの一つは、多文化主義（Multiculturalism）の台頭である。多文化主義とは、アメリカに存在する多様な人種や民族集団の文化を尊重し、WASPの価値観をマイノリティーに押しつけることに異議を唱える立場のことをいう。これは、アメリカ社会のWASP中心主義を改めて、多様なエスニック・グループの文化や価値観をアメリカ社会は認めるべきだという考えであり、教育や文化表現媒体のあり方などにすでに様々な影響を与えてきている。こうしたマイノリティーの立場を擁護する多文化主義の台頭は、80年代の保守派の統合化に対する反動としての多元化のベクトルが息を吹き返してきたことを物語っている。

（２）PC運動
　マイノリティーの側からの反撃を示すもう一つの動きは、PC運動である。PCとはPolitical Correctnessのことで、これは、偏見や差別を含んだ言語表現を是正しようとする一種の言語浄化運動のことをいい、そこから発展してマイノリティーや社会的弱者に対する差別的発想そのものを根絶することを目指した社会改革運動としての側面を持っている。

　例えば、黒人のことを「ブラック」と呼ぶのは、PC運動の立場からすると政治的に正しくないということになる。それは、英語の「ブラック」という単語に

はいくつもの否定的意味があり、それを黒人の呼称として用いることは、黒人に対する否定的なイメージを連想させることにつながるからである。それゆえ PC 運動は、黒人を "African-American"（アフリカ系アメリカ人）と表記することを提唱する。もう一つ例を挙げれば、議長を意味する "chairman" も PC 運動の側から言わせれば差別表現となる。なぜなら、この言葉は、議長とは一般に男性が司るものだという、女性に対する暗黙の偏見を含んでいるからである。

　こうした多文化主義や PC 運動の盛り上がりは、非 WASP 人口の増大という数の力を背景にしながら、60年代リベラリズムの流れを汲む、マイノリティーの立場を擁護する多元化のベクトルが90年代に入って活性化されてきていることを示している。現に、多文化主義や PC 運動に対して配慮を欠いた発言を公の場でしたりすれば、たちまち差別主義者のレッテルをはられ、マイノリティーの側から格好の標的にされかねない状況となっている。保守派のシナリオが空回りし始めた中、統合化と多元化のベクトルの綱引きはこうして膠着状態に陥り、80年代の保守派が危惧した分裂の危機は、経済的格差の二極化と相まった形でさらに深刻なものとなっていったのである。

3　差別と対立の構造の複雑化と先鋭化

　多文化主義や PC 運動の高まりは、80年代には窮地に立たされていた、60年代リベラリズムの恩恵を受けてきた側の勢いが、90年代に入って着実に巻き返してきていることを物語っている。しかし、ここで注目されるのは、90年代に息を吹き返してきたマイノリティーの立場を擁護する多元化のベクトルの中身自体が必ずしも一枚岩ではないという点である。そして、このことは、分裂の危機をよりいっそう厄介なものにしてきている。かつては、アメリカの人種対立といえば、それは事実上白人と黒人の対立という図式であった。ところが、90年代以降、非 WASP 人口の増大と歩調を合わせるように、人種対立の構図は複雑になってきた。実際、ロス暴動でも、暴徒と化した黒人たちは、白人のみならず韓国系の商店をも標的にしていた。人種対立は、マイノリティー同士の間にも顕著にみられるよ

うになってきているのである。

（1）言語戦争

　こうしたマイノリティー間の対立の火種となってきている重要な争点の一つは、アメリカの公用語をめぐる問題である。PC 運動は一種の言語浄化運動であるが、アメリカ人の使う言語は英語だという大前提に立っている。ところが、マイノリティーの意識の先鋭化の中で、アメリカでは今やこうした前提そのものが脅かされつつあるのである。

　アメリカの公用語が英語でなければならないという規定は、憲法にはない。従って、アメリカは慣習的に英語を公用語に用いてきたにすぎない。ところが、近年のヒスパニックの増大は、これに一石を投じることになった。スペイン語を母語とし、宗教もカトリックであるヒスパニックの人々は、WASP とはかなり文化的背景を異にする集団であり、アメリカに同化するよりはむしろ自分たちの文化的伝統を守ろうとする姿勢が強い。事実、ヒスパニックが多く流入したマイアミやロサンジェルスなどの都市では、スペイン語の放送が流れ、通りでもスペイン語が氾濫する状態となっている。特にマイアミなどは、事実上のバイリンガル状態になっている。公共のサービスを英語のみにすると仕事がはかどらないし、緊急時にも即応できないのが現状である。こうしたスペイン語の流通という既成事実を背景に、ヒスパニックの多い地域では、スペイン語の公用語化を求める圧力が強まっている。

　こうした主張は、多文化主義の立場からすれば、必ずしも全く筋違いの主張とはいえない。マイノリティー個々の文化を尊重するのだとすれば、アメリカの公用語を複数化するというのも一案であろう。だが、スペイン語の公用語化は、ただでさえ教育内容の多様化によって共通の価値観の土台が蝕まれているのをさらに助長するとして、保守派からの批判が強いだけでなく、他のマイノリティーの理解を得るに至っていない。スペイン語の公用語化は、マイノリティーの中でヒスパニックだけを特別扱いするという面をも持っており、他のマイノリティーにとってはあまりメリットはないからである。

このように、ヒスパニックの増大に端を発した言語戦争は、保守派とマイノリティーの間の対立のみならず、マイノリティー内部にも亀裂を生じさせかねない争点となっている。しかも、そこには、多文化主義の精神が自民族中心主義へとねじ曲げられてしまう危険性も潜んでいる。現に、個々の具体的な争点が問題になると、大局的な見地からの議論よりも、自分たちの集団にとって得かどうかが賛否の判断基準になりやすい。自分たちの文化の市民権に固執する傾向がエスカレートすれば、多文化主義は排他的な自民族中心主義にすり替えられてしまう危険性と背中合わせなのである。

（２）非合法移民への風当たりとアファーマティヴ・アクションの危機

　その上、このような多文化主義の停滞は、90年代に入って押され気味だった保守派に、格好の反撃材料を与えることにもなった。実際、スペイン語の公用語化の問題は、ヒスパニック増大の重要な原因となった非合法移民の問題に改めて国民の目を向けさせる契機となった。そしてそれは、多文化主義の是非という問題を通り越して、むしろ不法滞在を続けるヒスパニック系住民のための教育や医療にそもそもアメリカ国民の税金が使われることへの疑問を巻き起こした。英語の地位が脅かされる中、スペイン語の公用語化問題ではマイノリティーの対応の足並みがそろわないという状況は、多文化主義を空回りさせ、かえってマイノリティーへの風当たりを強める方向に作用してきている。そして、こうした保守派からの巻き返しは、60年代リベラリズムの重要な遺産であるアファーマティヴ・アクションの見直し論議にまで飛び火するようになってきた。

　こうした傾向が最も顕著な州の一つは、カリフォルニア州である。ヒスパニック系の非合法移民が急増したカリフォルニア州では、1994年にはプロポジション187と呼ばれる住民からの発議が住民投票にかけられた。これは、非合法移民を公立の小・中学校から締め出すとともに、不法移民が公的な社会福祉や医療を受けられないようにするという案で、投票の結果、約6割の賛成で成立する運びとなった。もっとも、これには、その合憲性を問う訴訟が起こされただけでなく、やや現実離れした部分もあった。個々の生徒が不法移民に該当するかどうかをチ

ェックするだけでも、膨大な時間と労力が必要な上、学校から締め出されるであろう数十万のヒスパニックの子供たちをその後どうするのかという問題もある。それに、国境地帯の警備を強化しなければ不法移民の波は根絶できないわけで、この提案の中身が実行に移されてもどれほど効果があるのかについては、当初から疑問の声も上っていたのである。

　このように、プロポジション187はやや実現性に乏しい内容だったとはいえ、自分たちの税金が不法移民に対して使われることに対するカリフォルニア州民の不快感がいかに強いかを代弁している。しかも、その後カリフォルニアでは、ある意味ではプロポジション187を上回る、より過激な住民投票まで実施された。それが、アファーマティヴ・アクションの廃止を求めたプロポジション209であり、1996年に投票にかけられ、賛成多数で成立した。

　アファーマティヴ・アクションの場合、大学の定員の一定枠をマイノリティーに優先的に振り分けるため、不合格となった白人の生徒よりも成績が下のマイノリティーの学生が多数合格するという事態がしばしば起こる。こうした状況はいわば白人に対する逆差別であり、いつまでもマイノリティーの優遇措置を取り続けると、公平な競争が阻害されるという批判が提案の背景にあった。つまり、プロポジション187では、あくまで非合法移民が問題とされていたのに対し、プロポジション209では、れっきとしたアメリカのマイノリティーの権利を縮小する方向へと議論がエスカレートしてきているのである。

　このアファーマティヴ・アクションに対する保守派からの攻撃の場合も、スペイン語公用語化の場合同様、マイノリティー内部の足並みがそろっていないことが、60年以降マイノリティーの権限を拡大する方向に作用してきたリベラルな多元化のベクトルの後退を許しているといえる。実は、アファーマティヴ・アクションの廃止には、これまでこの制度から恩恵を受けてきたはずの黒人の一部が賛成しているのである。貧困にあえぐ黒人が未だに多数存在する一方で、近年では中産階級にまで上昇した黒人も確実に増えてきている。そうした人々の中には、白人の中産階級に近い立場を取り、この制度の弊害に目を向ける人が増えている。つまり、この制度は、黒人の自立志向や競争心を鈍らせ、黒人に対する差別感情

をかえって固定化してしまうというのである。

　このように、マイノリティーをめぐる争点の対立の図式は、90年代に入っていっそう複雑になっただけでなく、保守派も個々のマイノリティーも問題意識をより先鋭化させてきているといえる。そこでは、多元化のベクトルが息を吹き返したとはいえ、その足並みの乱れに保守派がつけ込む形で、統合化と多元化のベクトルの膠着状態が続き、アメリカ社会はますます混迷の度を深めてきているのである。

4　アメリカの世紀の終わりに

　20世紀はアメリカの世紀とよく言われる。事実、二度の世界大戦を経てアメリカは経済的にも政治的にも世界の中心的存在へと躍り出た。国家としての発展のスピードには確かに目を見張るものがあったといえる。

　しかし、そうしたアメリカの世紀を締めくくることになった1990年代は、同時にこの超大国の内部が必ずしも磐石ではないことをも如実に示すことになった。そして、こうした内部分裂の収拾に手間取っている間に、アメリカは次第にテロの標的になりつつあった。1993年には、ニューヨークのワールド・トレード・センターの地下駐車場で爆弾が爆発し、6人が死亡したのをはじめ、1998年にはケニアとタンザニアのアメリカ大使館がテロの被害にあった。これらは、いずれもイスラム原理主義の過激派組織の犯行であると考えられたが、2001年に全米を震撼させた同時多発テロ事件の予兆は、実は90年代に始まっていたのである。

　このように、アメリカの世紀の終わりに位置していた1990年代は、唯一の超大国として生き残ったアメリカが、内政的にも対外的にも困難な課題に直面しつつあることを浮き彫りにした。21世紀のアメリカは、まさにその延長線上に位置しているのである。

さらに理解を深めるための参考文献

佐々木毅『現代アメリカの自画像——行きづまる中産階級社会』NHKブックス、1995年

アンドリュー・ハッカー、上坂昇訳『アメリカの二つの国民——断絶する黒人と白人』明石書店、1994年

トーマス・ワイヤー、浅野徹訳『米国社会を変えるヒスパニック——スペイン語を話すアメリカ人たち』日本経済新聞社、1993年

ジェイムズ・クローフォード、本名信行訳『移民社会アメリカの言語事情——英語第一主義と二言語主義の戦い』ジャパン・タイムズ、1994年

トッド・ギトリン、疋田三良・向井俊二訳『アメリカの文化戦争——たそがれゆく共通の夢』彩流社、2001年

油井大三郎・遠藤泰生編『多文化主義のアメリカ——揺らぐナショナル・アイデンティティ』東京大学出版会、1999年

第 15 章

テロとの戦いと格差社会
──唯一の超大国の誤算と変革への希求

───── この章のねらい ─────

　冷戦の終結や貧富の拡大、人種対立の再燃といった1990年代の出来事は、アメリカ衰退の原因を1960年代の遺産に求め、それを否定して元に戻そうとした保守派のシナリオの限界を露呈させた。一方で60年代リベラリズムの遺産を死守しようとする人々も危機感から保守派への抵抗を強めたが、そうした動きは必ずしも一枚岩ではなく、かえってアメリカ社会の細分裂をもたらした。異なるベクトルの綱引き自体は、実験国家たるアメリカの推進力の源とはいえ、80年代的統合のベクトルと60年代的多元化のベクトルの膠着状態の長期化と複雑化で、国民的合意形成を図ることは困難になってしまった。

　他方、アメリカを取り巻く状況は大きく変化しつつあった。冷戦終結後も唯一の超大国として生き残ったアメリカは、新たな国際秩序にどう関与すべきか判断を迫られた。2001年9月11日の同時多発テロ事件は、これに決定的な影響を与えた。だが、テロとの戦いはアメリカの思惑通りには進まず、深刻化した格差社会への経済的不満が噴出すると、アメリカ社会は不信と分断の色を濃くしていった。

　本章では、ポスト冷戦期の唯一の超大国の誤算が招いた負の連鎖と、そこからの脱却を求める人々の変革への希求の行方について取り上げる。

関連事項略年表

1948	イスラエルの建国
1979	イランでイスラム革命
1988	アフガニスタンからソ連軍が撤退
1999	旧ユーゴスラビアにおけるコソボ紛争が激化
2001	共和党のジョージ・W・ブッシュが大統領に就任
	同時多発テロ事件
	愛国者法の制定
	アフガニスタン侵攻
2003	イラク戦争
2005	ハリケーン・カトリーナ
2007	サブプライムローンの焦げつきが社会問題化
2008	リーマン・ショック
2009	民主党のバラク・オバマが大統領に就任
	オバマ大統領のプラハ演説
	ティーパーティー運動が盛んとなる
2010	この頃からイラクでIS（「イスラム国」）が活動を活発化させるようになる
2011	ウサマ・ビン゠ラディンの殺害
	「ウォール街を占拠せよ」の運動が起こる
2015	キューバとの国交回復
2016	オバマ大統領が広島の原爆慰霊碑を訪問
	共和党のドナルド・トランプが大統領に当選

1　終わりなき戦いの始まり

　21世紀に入ると、アメリカはテロとの戦いに明け暮れることになった。これには、冷戦の終結が国際関係にもたらした変化と、冷戦時代から中東で蓄積されてきたアメリカへの反感の両方が深く関わっていた。

（1）ポスト冷戦時代の地域紛争とネオコンの登場
　冷戦期には、核戦争の脅威が米ソの行動を抑制する一方、両超大国の存在が地域紛争を抑えこんでいた。だが、冷戦構造が消滅した1990年代には、イラクのクウェート侵攻、旧ユーゴスラビアでの民族対立や宗教紛争をはじめ、ルワンダやソマリアなどアフリカでも内戦が激化し、アメリカは地域紛争の再燃に新たな対応を迫られた。

　ポスト冷戦時代にアメリカがいかに対処すべきかをめぐっては、二つの異なる立場があった。一つは国際協調主義で、国連などの場を通じて国際社会と協力しながら、アメリカの影響力を行使しようとする立場である。これは、唯一の超大国としての存在感を維持しつつアメリカの負担を軽減できる反面、国際社会を常にアメリカの思惑通りに動かせるとは限らない。もう一つは一国行動主義で、唯一の超大国たるアメリカに対抗できる国はもはやない以上、アメリカは国際社会の顔色をうかがう必要はないという立場であった。これは、アメリカの国益を守りやすい反面、国際社会からの反発を招きやすい。

　ポスト冷戦時代に突入したばかりの1990年代の段階では、アメリカは、基本的には国際協調主義の枠組みを重視していた。アメリカにとってはベトナム戦争以来の本格的な戦争だった1991年の湾岸戦争では、ベトナム戦争の二の舞への不安もあり、アメリカは国連の了解の下に多国籍軍の中心として行動した。だが、あっけなく大勝利を収めてベトナムの忌まわしい記憶を振り払ったアメリカは、武力による問題解決への自信を回復した。その結果アメリカは、90年代の地域紛争に国連のお墨付きを得て次々と介入し、世界の警察官のように振る舞ったが、国

際社会をアメリカの思惑通りに説得することの煩雑さや、国際社会から要請があればアメリカにとっては死活問題ではないような紛争の解決にも協力せねばならないことなどから、次第に国際協調主義を疑問視する声が上がり始めた。ネオコンと俗に呼ばれる、アメリカの圧倒的な軍事力を自国のために行使して、アメリカにとって望ましい世界秩序を再構築すべきだとする立場の人々の台頭は、アメリカが一国行動主義へと転換しかねない状況に差しかかりつつあったことを示していた。

(2) 同時多発テロ事件の背景と衝撃

　2001年9月11日の同時多発テロ事件は、アメリカが一国行動主義を鮮明に打ち出す転機となった。この事件は、イスラム原理主義を掲げたアルカイダという国際テロ組織が、複数の民間航空機をハイジャックしてニューヨークのワールドトレードセンターやアメリカの国防総省の建物に激突させたもので、2,800人以上が犠牲となった。なぜアメリカがテロの標的となったのかを理解するためには、第二次世界大戦直後まで遡って、アメリカと中東地域との関係を振り返る必要がある。

　ナチスに迫害されたユダヤ人のために1948年にイスラエルが建国されたが、流浪の民の悲願達成と引き換えに、パレスチナのアラブ人は故郷を追われた。その結果、イスラエル建国を推進したアメリカは、アラブ世界との深刻な対立を抱え込んだ。しかも、中東は石油の宝庫であり、イスラエル支持一辺倒の立場は、エネルギーの安定供給の観点から得策ではなかった。そこでアメリカは、アラブの穏健派の産油国や同じく産油国のイランの王室と良好な関係を結び、イスラエルの安全と中東の石油の両方を確保しようとした。

　とはいえ、こうしたアメリカの中東外交は、危うい綱渡りでもあった。イスラエルと周辺地域との間では軍事衝突が絶えず、イスラエルの後ろ盾であるアメリカへのアラブ世界の反感は強まるばかりだった。また、中東の親米政権の多くが石油を産出する王国だったが、そうした国々では王族に権力が集中し、西洋の民主主義の基準からすれば問題を抱えた国が少なくなかった。民主主義の理想を掲

げるアメリカが石油目当てにそうした政権を支援し、結果的に中東の民衆の抑圧に加担しているという状況は、反米感情を一層かき立て、それは西洋近代やキリスト教文明への敵意へと発展した。親米の王政を打倒した1979年のイランのイスラム革命は、中東地域の反米感情の最終的な受け皿として、イスラムの教えを厳格に守ろうとする原理主義勢力が台頭したことを示していた。

　イランの親米政権の崩壊は、ソ連が隣国アフガニスタンを共産化しようとする野心に拍車をかけた。しかし、アフガニスタンでは、共産主義の侵略に対抗すべく過激なイスラム原理主義勢力が中東各地から集結し、ゲリラ戦の末にソ連軍に撤退を余儀なくさせた。ソ連の影響力の拡大が阻止されたことはアメリカには朗報であったが、アフガニスタンは部族対立から政情が安定せず、内戦で無法地帯と化した。その後アフガニスタンでは、タリバンというイスラム原理主義勢力が台頭する一方、ソ連撤退後も居残ったゲリラたちが、ソ連の崩壊を機に今度はアメリカを新たな標的に見立て、内戦状態で国際社会の監視の目が行き届かないこの地を国際的テロリスト集団アルカイダの拠点として利用していった。湾岸戦争でイスラム教の聖地メッカを持つサウジアラビアに米軍が駐留すると、イスラム過激派の反米感情は一層高まった。また、折しも普及し始めたインターネットは、アルカイダの格好の宣伝媒体となり、現状に不満を持つ世界各地の若きイスラム教徒たちをアメリカとの「聖戦」の戦闘員として勧誘する手段になった。こうして、タリバンが実効支配していたアフガニスタンでは、破綻国家的状況につけ込む形でアルカイダがアメリカへのテロ攻撃の準備を着々と進めていたのである。

　同時多発テロ事件は、アメリカ国民の間では真珠湾攻撃以来の自国に対する直接攻撃として衝撃的に受け止められた。そのため、自分たちがテロの標的とされるほどなぜ恨みを買ってしまったのかを冷静に分析する感覚は吹き飛び、このような常軌を逸した事件を起こした集団は絶対悪以外の何者でもないと断罪する風潮がアメリカでは支配的になった。「もはやアメリカは正義を守るべく事実上の戦争状態に突入せざるをえないのであり、報復は当然」という世論がすぐさま巻き起こった。

　現にアメリカは、事件の翌10月には、アルカイダをかくまっているとしてアフ

ガニスタンに軍事侵攻し、その年の内にタリバン政権を崩壊に追い込んだ。しかし、アルカイダを率いるウサマ・ビン゠ラディンを捕まえることはできなかった。その結果、むしろアメリカの関心は、アルカイダのみならず、テロに悪用されかねない大量破壊兵器を製造する「ならず者国家」を自らの手で打倒することへと拡大し、大統領ジョージ・W・ブッシュ（George W. Bush, 1946－）は、具体的に北朝鮮、イラン、イラクを「悪の枢軸」と名指しした。確かにテロは非難されてしかるべきであるが、同時多発テロ事件への脇目もふらぬ対応ぶりは、アメリカが受けた衝撃の大きさを表すと同時に、アメリカが一国行動主義へとのめり込み、その影響が逆に今度はアメリカ自身を揺るがす端緒ともなったのである。

（３）監視社会の到来とイラク戦争への疑問

　アフガニスタン侵攻でアルカイダを壊滅できなかったことは、テロとの戦いがそう簡単には終わらないであろうことを暗示していた。アメリカは、国内の臨戦態勢を維持するとともに、アルカイダに大量破壊兵器が渡るのを防がねばならないと考え始めた。だが、こうした思惑は、内政・外交の両面でアメリカの歯車を狂わせていった。

　国内の臨戦態勢を維持するには、テロの再発防止のために平時から監視の目を強化する必要があった。そこでアメリカは、愛国者法を制定し国家による諜報活動や通信の傍受の権限を大幅に緩和するとともに、不審者に関する情報提供を奨励して疑わしい人物の早期摘発に乗り出した。その結果アメリカは、テロを未然に防ぐという大義の下、監視社会の度合いを強めた。インターネットや携帯電話の通信記録などプライバシーが捜査機関につつぬけになりかねない一方、知らない間に誰かに密告されたり恣意的にブラックリストに載せられかねない時代になったのである。テロとの戦いは、自由や人権といった民主主義の根幹を自ら破壊しかねないような状況へとアメリカを追い込んでいった。

　そもそも監視社会は、相互の信頼よりも他者への不信や恐怖に根差している。テロの兆候を国内で未然につかもうとするあまり、その代償としてアメリカ社会では、市民同士の相互不信だけでなく、監視する側としての政府に対する市民の

反感もがかき立てられていった。そして、こうした社会内部の疑心暗鬼は、しばしば過剰な警戒感や暴力を誘発し、アメリカに住むイスラム教徒の迫害や移民排斥、警察権力の不適切な使用といった事態に発展した。テロとの戦いは、結果的にアメリカに疑いの文化を植えつけたのであった。

　一方、対外的にはアメリカは、アフガニスタン侵攻に続く第二弾の軍事作戦を考え始めていた。ブッシュ政権内ではネオコンの影響力が強まり、アメリカの手でテロの首謀者と「ならず者国家」を裁くという方針に傾斜していった。だが、他国の指図は受けないという一国行動主義は、アメリカの独断でテロとの戦いをエスカレートさせてしまうリスクもあった。そして、それが現実のものとなったのが、イラク戦争であった。

　アメリカは2003年3月、イラクが大量破壊兵器を隠し、アルカイダを支援してきたとして、国際世論の支持を取りつけないまま、イラクへの軍事攻撃に踏み切った。アメリカはイラクを制圧し、フセイン政権を崩壊させることはできたが、大量破壊兵器もアルカイダとのつながりを示す明確な証拠も発見できなかった。そして、イラクが大量破壊兵器を隠しているという情報自体がそもそも不確かであったことが発覚すると、ブッシュ政権はこの戦争の大義をめぐって内外から批判にさらされた。イラク人捕虜への虐待やアフガニスタンで拘束された「テロリスト」たちに公正な裁判の機会を提供してこなかった点も、アメリカへの批判に追い討ちをかけた。むしろ、「この戦争は、テロとの戦いに名を借りてイラクの石油の利権を奪うことが目的だったのではないか」との疑惑さえ広まった。

　さらに、アメリカはイラクの戦後処理についても十分な準備をしていなかった。そのため、フセイン独裁政権の崩壊を機にイラク国内の宗派対立が再燃すると、有効な対策が打てなかった。相次ぐ爆弾テロでイラク情勢は混迷を極め、米軍の駐留は長期化し2011年まで続いた。しかも、イラク新政権の統制が及ばない地域では、IS（「イスラム国」）という原理主義組織が登場した。2011年にアメリカはパキスタン領内でビン＝ラディンを殺害し、アルカイダに重大な打撃を与えることには成功するが、今度はISが非イスラム世界を標的としたテロに名乗りを上げ、その過激な思想に影響された若者が世界各地で自爆テロを企てるようになってい

った。イラク戦争の結果、テロは根絶されるどころか、まるでもぐら叩きのような悪循環に陥り、アメリカの思惑は完全に外れた。

　力の行使に訴えてもテロの撲滅には程遠く、かえってイラクの戦後処理という難題や新たなテロの脅威を抱え込むという、大義なき戦いが誤算続きとなった状況は、アメリカ国民に厭戦気分をもたらした。監視社会の下、自由や人権が国家によって脅かされ、疑いの文化が蔓延し、一国行動主義が空回りし始めた状況は、テロとの戦いでむしろアメリカが自滅しつつある様子を示していた。当初はテロとの戦いで団結したかに見えた国民の間では、終わりの見えないテロとの戦いに対する疑問が代わって噴き出し、それは根強い政治不信をもたらすこととなったのである。

2　不信と分断の負の連鎖

　テロとの戦いへの疑問が深まり、ブッシュ政権への信頼が揺らぎ始めると、同時多発テロ事件直後の高揚した愛国主義によって一時的に影を潜めていた国民の経済的不満が次第に表面化していった。レーガノミクス以来悪化の一途をたどっていたアメリカの格差社会は、もはや所得上位数％が国の富の大半を握り、国民の1割強が貧困ライン以下の生活を余儀なくされるようなピラミッド構造を呈するまでになっていた。政治不信に経済的不満が重なり、社会内部の怒りと反目を収拾できなくなる危険性がそこにはあった。そうした負の連鎖の悪い予感は、サブプライムローン問題で現実となったのであった。

（1）サブプライムローン問題とリーマン・ショック

　2001年に発足した共和党ブッシュ政権は、「思いやりのある保守主義」のスローガンの下、共和党主導の経済運営の結果拡大してしまった格差の是正に当初は一定の努力を払おうとしていた。その一つが、低所得者層の持ち家比率を改善することだった。だが、すでに深刻化しつつあった格差社会においては、低所得者層には金融資産がほとんどなく、住宅を購入したくても頭金さえ工面できない状況

にあった。これを打開する切り札となったものこそ、1990年代後半から盛んに利用され始めたサブプライムローンであった。

　サブプライムローンは、返済能力が不十分でクレジットカード会社のブラックリストに載っているような人でも借りられるローンで、低所得者にも借りやすいよう最初の数年間の返済額を極めて低く設定する一方、数年後に金利が急上昇する仕組みだった。これでは低所得者は返済が滞ることが当然考えられるが、ここで別のサブプライムローンに借り換えれば、再び少ない返済額で数年間を送れる。実際、不動産価格は上昇傾向にあったので、自宅の担保価値も上昇することから、借り換えや追加融資が利用できる可能性はあった。つまり、サブプライムローンを借りて、返済額が上がりそうになった時点で他のサブプライムローンへの借り換えや追加融資を繰り返せば、頭金なしでも低い返済額のままで持ち家が手に入る計算になる。低所得者にはまさに夢のような話である。

　ブッシュ政権が持ち家を奨励する中、貸付業者の勧めで低所得者がサブプライムローンでこぞって住宅を購入し始め、住宅建設ラッシュが起こった。富裕層による不動産への投機は、これに拍車をかけた。だが、供給過剰で住宅価格の上昇が止まると、借り手側のシナリオは一気に崩壊した。担保となる不動産の評価額が購入時よりも下落したために借り換えや追加融資を認められず、債務不履行で破産する人が続出し、サブプライムローンを回収できなくなった金融機関も資金繰りに行き詰まり、信用不安が一気に拡大した。

　しかも、この混乱は世界中を巻き込んでいった。アメリカの証券会社は、急速に発展した金融工学を駆使して、複数のサブプライムローンを他の債権と組み合わせて証券化し、資産運用のための金融商品として投資家に転売していた。世界的に低金利時代を迎えていたが、貸し倒れのリスクが通常より高いサブプライムローンの債権を含んでいた分、証券会社はより高い利回りを提示できた。アメリカ内外の機関投資家は、これが優良な債権とも一部組み合わされていてリスクが分散されている上、アメリカの住宅価格の上昇傾向は堅調で貸し倒れのリスクは実際には低いと楽観視し、本来はハイリスク・ハイリターンな債権を含んだこの証券に群がった。それ故、サブプライムローンが実際に大量に焦げつき始めた時、

アメリカの金融危機の影響は世界へと波及することになったのである。

　2007年頃から深刻化したサブプライムローンの大量の焦げつきは、アメリカ有数の証券会社リーマン・ブラザーズを2008年に経営破綻に追い込み、信用不安からニューヨークの株式市場も大暴落した。世界中の投資家が損失を被り、アメリカでは多くの低所得者を借金地獄が襲った。ブッシュ政権はリーマン・ショックによる連鎖倒産や経済の混乱を未然に防げず、人々の持ち家の夢は遠のき、経済格差改善の期待は見事に裏切られたのだった。

（２）格差社会の自衛社会化と公的領域弱体化のリスク

　サブプライムローン問題は、自分の返済能力をわきまえなかった低所得者や、不動産を投機の対象にしていた富裕層、リスクの高い金融商品を売りさばいた金融業界や甘い見通しで高利回りを期待した投資家など、実際には様々な立場の人々のモラルハザードが事態を悪化させたといえる。それは、資本主義に対する人々の過信のなせる業であった。

　だが、借金地獄に陥った低所得者の間には、自業自得というよりはうまい話に乗せられてだまされたという感覚が強く残った。確かにサブプライムローンは、住宅価格が上昇し続けなければ低所得者にとってうまみはなかったわけで、そもそもの前提が楽観的すぎたにもかかわらず、借り手側にそうしたリスクが十分伝わっていたとはいいがたい。それ故これは、金融業者が貧しい人にまで借金をさせて利益をむしり取ろうとする、一種の貧困ビジネスだったのではないかという疑念を生んだ。また、ほぼ時を同じくして、イラクの戦後処理でも、軍の後方支援を行う軍事会社にアメリカで失業中の人々が派遣社員として多数送り込まれたが、劣化ウラン弾やPTSD（心的外傷後ストレス症候群）の健康被害に見舞われる人が続出した。仕事にありつけたかと思いきや、逆にどん底に突き落とされるという顛末は、持ち家の夢が借金地獄と化した人々の立場に似ていた。格差社会では、ただでさえ持つ者と持たない者との間の不公平感が蓄積されやすいが、そこにこのような弱肉強食的傾向や被害者意識が強まることは、どのようなリスクをはらんでいるだろうか。

一つは、自己中心主義の蔓延がもたらす自衛社会化のリスクである。格差の壁の前に社会の流動性が鈍化し、貧しい者が身ぐるみはがされていくような傾向が強まれば、自分の利益の確保に明け暮れる自己中心主義的傾向を人々は強め、もはや自衛するしかないという感覚に染まりやすくなってしまう。

　そして、こうした自衛社会では、自分のことで手一杯なため、他者への関心そのものが低下するだけでなく、自分にどれだけ見返りがあるかに人々は執着し始める。すると今度は、本来なら人々の協力によって支えられるべき公的領域も弱体化しやすくなる。これこそ、格差社会の持つ第二のリスクである。現に、住民が独自に民間企業に委託してゴミの収集を行っているゲイテッド・コミュニティーの中には、その分の税金の減免を自治体に求めるなど、自分が直接恩恵を受けない公共サービスの負担を拒否する動きも見られる。

　そもそも公的領域は、レーガノミクス以降、弱体化のリスクを抱えていた。規制緩和の促進は、新規ビジネスによる経済の活性化をもたらした半面、従来の公益事業が民営化されていく流れも強化した。公益事業を引き継いだ民間企業は所詮営利企業であるから、公益性があったとしても不採算な事業なら縮小するのは当然のことであった。しかし、それはそうしたサービスに依存していた人々を切り捨てることにもつながる。営利企業が見向きもしないようなコストのかかる事業こそ、本来は公的サービスによって賄われなければならないはずだが、そうした事業やその受益者が社会から見放され、公的領域そのものに対する人々の関心が低下していくことは、社会的弱者の孤立感を深めかねない。

　現にこうした公的領域の弱体化のしわ寄せで社会的弱者が切り捨てられていく様子は、2005年のハリケーン・カトリーナの際に顕著に見られた。堤防の決壊で浸水の被害に見舞われたルイジアナ州ニューオーリンズでは、自家用車がなく避難できないような多くの貧しい黒人たちが見殺しにされ、生活基盤を失ったが、その背景には、災害対策が民営化され、弱者の保護には有効に機能していなかったことが関係していた。

　以上のように、格差社会で弱肉強食的傾向や被害者意識が強まることは、自己中心主義が支配する自衛社会化や、公的領域の弱体化のリスクを抱えており、

個々人が閉鎖的な回路の中に分断されて弱者が切り捨てられ、社会の紐帯が蝕まれていく危険性と隣合わせといえる。しかもこれは、体制への強烈な不信感とも表裏一体である。人々は、本気で格差是正に取り組まない経済エリートや政治家をもはや信用せず、弱体化した公的サービスにも期待しなくなる。格差社会の行き着く先は、人々が他者への不信感を抱えながら自己中心主義の殻の中へと分断されていく世界なのであり、それは不信と分断の負の連鎖をさらに呼び込むだけなのである。

監視社会は疑いの文化をもたらし、イラク戦争への疑問は政治への信頼を失墜させ、サブプライムローン問題は格差是正の夢を打ち砕いた。政治への失望に経済的不満が結びつき、社会内部の怒りと反目が増幅される状況は、弱肉強食的傾向を強める格差社会の下で被害者意識が増殖する中、不信と分断の負の連鎖へと向かい始めていた。

（3）SNS時代の到来とポピュリズムへの傾斜

ところが21世紀のアメリカでは、不信と分断によって個人が絶望し孤立していく状況を一変させる可能性を持ったツールも発達してきた。フェイスブックをはじめとする、いわゆるSNS（ソーシャル・ネットワーキング・サービス）である。SNSは、個人が自分の意見を発信し、見ず知らずの人たちと連帯できる可能性を切り開いた。政治的権力を持たない個人が仲間を結集し、世論に影響を与えることは、はるかに容易になった。

確かにSNS時代の幕開けは、体制への不満がサイバースペースに流れ込みやすい状況を作り出した。しかし、それは社会全体の合意形成を促進するというよりは、監視社会の疑いの文化や格差社会を貫く自己中心主義を反復しながら、むしろ意見を同じくする人たちが党派的に団結していく流れを強化したといえよう。実際、SNSを駆使しつつ、国内の特定の問題に絞って体制との対決姿勢を鮮明にしたポピュリズム的な運動が登場した。

例えば、ティーパーティーの運動は、税金の使い方の再考を迫り、小さな政府への回帰を主張する、草の根保守主義の運動だが、公的扶助よりも自己責任に軸

足を移すことで市民が公的領域の後ろ盾としての連邦政府から離反しようとする傾向を持つ。また、リーマン・ショック後にアメリカの金融の中心地であるニューヨークのウォール街近くの公園で展開された「ウォール街を占拠せよ」の運動は、高額の報酬を得ていた金融エリートを格差社会の巨悪とみなし、市民の力でウォール街の粉砕を呼びかけた直接行動だったが、直接民主主義への回帰を唱えつつ、体制側に対して一般庶民が自己承認を求めようとする姿勢が強く見られた。両者が求める変革の中身は全く異なっていたが、SNSを駆使しつつ、権力を市民の側に取り戻そうとするポピュリズム的発想は共通していた。

　結局のところ、これらの運動の限界は、社会全体の合意形成を粘り強く実現することよりも、庶民の怒りを体制側に見せつけ、自己の利益や存在を体制側に認めさせたいという衝動に少なからず依拠していた点にあった。SNSは、確かに人々の間のつながりの形成に寄与したが、不信と分断の負の連鎖を断ち切るというよりは、むしろ不信と分断をより過激なポピュリズムの形で個別的に噴出させたといえよう。それは、変革への希求さえもが不信と分断の負の連鎖を増幅しながら姿を現すような悪循環の様相を呈していた。

3　変革への希求の行方

　誤算続きのテロとの戦いの長期化と一向に出口の見えない格差社会の現実は、政権交代を求める機運を高めた。2008年の大統領選挙では8年ぶりに民主党が勝利し、バラク・オバマ（Barack Obama, 1961- ）が黒人初の大統領に就任した。半世紀前までは黒人の投票権さえ満足に保証されていなかったことを考えれば、オバマの当選には、不信と分断の負の連鎖からの脱却を求める、変革の夢が託されていたといえる。

(1) 初の黒人大統領の誕生と変革への挑戦

　オバマに期待されたのは、共和党政権の負の遺産を清算し、社会に融和をもたらすことだった。すなわち、対外的にはイラク戦争へとつながった一国行動主義

からの転換、内政的には格差社会の解消である。

　政治家としてのキャリアは必ずしも豊富ではなかったにもかかわらず、オバマはこれら二つの課題に果敢に挑戦する姿勢を打ち出した。就任直後にオバマは、核兵器の廃絶を目指すことを宣言した。核大国のエゴを封印し、世界の大多数である非核保有国と協調する立場を鮮明にすることで、アメリカの国際協調主義の復活を印象づけたオバマは、このプラハ演説によってノーベル平和賞を受賞した。

　また、オバマは、環境政策でも新機軸を打ち出そうとした。ブッシュ政権が、アメリカの産業の足かせになるとして環境保護に消極的で、京都議定書からも離脱したのとは対照的だった。しかも、省エネやクリーン・エネルギーの開発は、環境保護と雇用創出の一石二鳥の可能性を秘めていた。アメリカのエゴを抑え、低炭素社会の実現という地球規模の課題にアメリカも積極的に協力することを選択したオバマは、ここでも国際協調主義へと舵を切ったといえる。加えて、これは新たな雇用やビジネスの創出も期待でき、格差社会で低所得にあえいでいた人々に新たなチャンスをもたらしうるものだった。

　さらにオバマは、公的医療保険制度の改革を目指した。先進国では珍しく国民皆保険の制度のないアメリカでは、医療費や医療保険の高騰から、病気の際に医療費が払えず、自己破産する人が続出していた。こうしたセーフティーネットの整備も、格差社会の犠牲者に手を差し延べ、弱体化の危機に瀕した公的領域を強化しようとする意味を持っていた。

（2）変革の停滞とその要因

　ところが、オバマ政権は、変革への期待に必ずしも十分応えることはできなかった。キューバとの国交回復を成し遂げ、現職のアメリカ大統領として初の広島の原爆慰霊碑訪問を実現するなど、オバマが従来のアメリカ外交の殻を破ろうとする姿勢を持っていたことは確かである。だが、核兵器の廃絶という目標はあまりにも遠大な目標であった。これに比べれば、環境政策や公的医療保険制度改革は、任期中に一定の成果を出せる可能性はまだあった。ところが、これらとてオバマの改革は斬新さを欠いた。環境政策では踏み込んだ具体策を打ち出せず、公

的医療保険改革も、無保険者の救済には道筋をつけたものの、既存の民間保険を前提とした制度そのものにメスを入れるところまではいかなかった。

　変革の停滞の要因の一つは、連邦議会、特に共和党の非協力的な姿勢であった。レーガノミクス以来の格差社会の深刻化を放置してきた共和党は、格差是正を求める国民が民主党政権を選択した以上、オバマ政権と協力してそれに取り組むことが期待されていた。共和党の頑なな姿勢に加え、大統領のお膝元の民主党からも造反者が続出する状況は、政治家たちは国民そっちのけで政争に明け暮れているという失望感を国民に与えた。

　だが、改革の停滞の要因は、民主党自身にもあったと言わねばなるまい。1981年から2008年までの28年間の内、民主党の時代はクリントン政権の2期8年だけで、それ以外の20年間は共和党が政権を握ってきた。なぜ共和党が長らく優勢を保てたのか、民主党側はそのノウハウを学ぶべきだった。だが、それがうまく活かせた形跡は見られない。

　共和党の優勢を支えてきたのは、政策を正当化する理論と応援団の存在だった。レーガノミクスはサプライサイド経済学、テロとの戦いはネオコンの政治理論という具合に、その妥当性はともかく、共和党は自らの政策を正当化できる武器を持っていた。また、性道徳や教育などでの宗教右派の主張への接近や、シンクタンクを活用した保守派の人材育成を通じて、共和党陣営は反リベラル連合の基盤を強化することに成功した。

　しかし、オバマ政権は、キャッチフレーズとなるようなグランド・セオリーをついに提示できなかったばかりか、応援団の組織化も後手に回った。一国行動主義と格差社会からの脱却がなぜ望ましいのか、それにはどのような処方箋が必要なのかを集大成したインパクトのあるセオリーを民主党側は国民に明示できなかった。また、2008年の大統領選挙では、多くの黒人有権者や若者がインターネットを通じて少額ながらオバマに献金し、それが勝利に少なからず貢献したとされるが、そうした人々をつなぎとめて組織化することにも民主党は成功しなかった。確かに、一国行動主義と格差社会の負の遺産は、一政権で完全に克服できるような生易しい問題ではなかったが、オバマ政権には変革への期待が大きかった分、

失望感も広がったのであった。

　変革に非協力的な共和党と変革の処方箋を描き切れない民主党の双方のふがいなさは、国民の政治不信を一層深刻なものにした。そしてそれは、二大政党制や既成政治そのものに対する反感や失望へとつながっていった。

（3）体制への失望とトランプの大統領当選

　国民の根深い政治不信は、2016年の大統領選挙で露呈することとなった。それは、社会全体に広がる不信と分断の溝が、ついに政党そのものをも飲み込んだ様相を呈していた。とりわけ深刻な危機に直面したのは、共和党だった。

　党内の有力な候補に乏しかった共和党の予備選挙では、不動産王のドナルド・トランプ（Donald Trump, 1946-）が頭角を現した。政治経験がなく放言癖のあるトランプは、女性やマイノリティーへの差別発言を繰り返し、当初は泡沫候補とみられていたが、党主流派による不支持表明にもかかわらず、共和党の大統領候補者の座を獲得した。

　既成政治の打破を唱えるトランプは、共和党から立候補するも、従来の共和党の政策ブレーン集団と一線を画す姿勢を鮮明にした。攻撃の矛先を民主党だけでなく身内にも向けたのである。政治家とその取り巻きをワシントンから退場させんとするトランプへの熱狂的な支持は、体制への不信の受け皿として彼が浮上したことを物語っていた。

　トランプと党主流派との対立で共和党は空中分解同然となり、ついには共和党の要人たちは、対立候補の民主党のヒラリー・クリントン（Hillary Clinton, 1947-）支持を相次いで打ち出す有様となった。トランプの選挙戦は、二大政党制の存在意義そのものを揺さぶり、既成政治を取るか否定するかの二者択一を有権者に迫るものとなった。

　深刻な亀裂を党内外に生み出したにもかかわらず、トランプ旋風が衰えなかったのは、彼がアメリカ第一主義を掲げていたからだった。移民の阻止や強制送還、オバマ政権が推進したTPP（環太平洋パートナーシップ協定）の趣旨に逆行する保護貿易などの措置によって、国家の安全と国益を最優先するという彼の方針が

体現していた内向き志向は、監視社会の疑いの文化や格差社会の自己中心主義と軌を一にしていた。トランプ旋風には、他者への不信、体制への不満や分断化傾向、自己中心主義の蔓延といった、監視社会や格差社会の諸傾向が反映されていたといえよう。

　この選挙でアメリカ国民は、問題発言の多い政治の素人たるトランプに大統領を任せるという、あえて不透明な未来を選択した。それは、変革へのシナリオが宙に浮いたまま、怒りと反目の嵐を増幅しかねない一方、既成政治の変革への希求が未知数のものに賭けてみる実験精神を喚起したことをも意味していた。

4　過信の果て

　同時多発テロ事件後のアメリカは、国内では監視社会、対外的には一国行動主義の度合いを強めたが、そのどちらもがテロとの戦いに対する国民の疑念を生んだ。そして、国民の政治不信は、サブプライムローンの焦げつきを機に、放置されてきた格差社会への不満とも結びつき、変革を求める機運をもたらした。その期待は、初の黒人大統領としてのオバマ政権の誕生を呼び込んだが、オバマ政権が変革へのシナリオを描き切れないまま、既成政治への不信と社会の分断はより深刻さを増していった。

　こうした21世紀のアメリカの軌跡は、唯一の超大国として生き残ったアメリカがむしろ自滅しつつある様相を呈している。それは、アメリカの過信のなせる業でもあった。圧倒的な軍事力は、武力で世界はアメリカの思い通りになるという錯覚を生み、共産主義に対する資本主義の勝利は、アメリカ経済に限界はないというおごりにつながった。こうした過信は、アメリカの外交や経済が抱える矛盾から目を背けさせ、かえってアメリカの理想や繁栄を自らの手で傷つけるという誤算を招くとともに、変革への希求さえもが不信や分断の負の連鎖を増幅しかねない悪循環へと結果的にこの国を導いてしまった。

　かつて冷戦の終結は自由で豊かで平和な未来の到来を予感させたが、アメリカはその扉を開き損ねてしまった。これには、自らの中東政策の矛盾や格差拡大の

放置、人々のモラルハザードなど、自国の至らなさが少なからず関わっていることを忘れてはなるまい。だが不幸なことにアメリカは、自らを苦しめている原因が少なからず自分自身に起因することを十分自覚できなかった。また、力の行使はアメリカへの敵意を根絶するどころか、かえって新たなテロリストを生み出してしまった。自国への敵意をはからずも自ら増幅してしまったという面でも、アメリカは自爆し続けているのである。

一方で同時にアメリカは、アメリカ社会で抑圧されてきた黒人や、政治経験のない人間を大統領に選出するという新たな選択もした。このことは、現状を打開しようとする実験精神が完全に廃れてはいないことをも暗示する。唯一の超大国となったアメリカの選択は誤算続きであったとはいえ、実験国家たるアメリカは、これまでも実験の失敗を新たな推進力に変換してきた歴史を持つ。不信と分断が新たな実験への挑戦意欲そのものを鈍らせてしまう前に、アメリカは自らの過信を戒め、過去の自らの行動を顧みるべきだろう。唯一の超大国となったアメリカの軌跡は、未来への教訓に溢れている。

さらに理解を深めるための参考文献

ロバート・ケーガン、山岡洋一訳『ネオコンの論理――アメリカ新保守主義の世界戦略』光文社、2003年

ディヴィッド・ライアン、田島泰彦監修、清水知子訳『9・11以後の監視――〈監視社会〉と〈自由〉』明石書店、2004年

ジョージ・パッカー、豊田英子訳『イラク戦争のアメリカ』みすず書房、2008年

ロバート・B・ライシュ、石塚雅彦訳『アメリカは正気を取り戻せるか――リベラルとラドコンの戦い』東洋経済新報社、2004年

堤未果『ルポ 貧困大国アメリカ』岩波新書、2008年

ポール・クルーグマン、三上義一訳『格差はつくられた――保守派がアメリカを支配し続けるための呆れた戦略』早川書房、2008年

久保文明他『ティーパーティー運動の研究――アメリカ保守主義の変容』NTT出版、2012年

サラ・ヴァン・ゲルダー、山形浩生他訳『99％の反乱――ウォール街占拠運動のとらえ方』バジリコ、2012年

第 ⑯ 章

未来のアメリカへの視角

この章のねらい

　唯一の超大国として生き残ったにもかかわらず、ポスト冷戦時代のアメリカは、自由で豊かな社会の夢がかえって遠のきかねない状況にある。テロとの戦いにも格差社会にもまだ出口が見えない中で、社会内部の不信と分断が足かせとなって身動きが取れない状況から、果たしてアメリカは脱却できるのだろうか。また、こうした誤算の原因の少なからぬ部分が自らに起因することをアメリカは自覚できるのだろうか。あるいは、そのいずれも果たさぬまま、アメリカの時代は終焉を迎えるのだろうか。ここでは、今後のアメリカへと目を転じながら、何が実験国家の命運を左右する可能性があるのか、最後に整理しておきたい。

　と同時に、アメリカの行く末をいち早くとらえるためには、我々はいったいアメリカのどのような現象を注視していけばよいのか、今後のアメリカ研究が留意すべき観点についても取り上げ、アメリカ研究の未来に対しても筆者なりの指針を示したいと思う。

1 歴史の中の現代アメリカ

　1980年代の保守化傾向に通ずる統合化のベクトルと1960年代リベラリズムに通ずる多元化のベクトルの対立は、膠着状態に突入して久しい。だが、相反するベクトルのせめぎあい自体は、決して新しい現象ではない。実際、20世紀を通じてアメリカでは、保守色の強い時代と革新的傾向の強い時代が15年から20年周期で繰り返されてきた。また、アメリカのポストモダニズム建築が体現しているように、プラグマティズムの実験精神も健在である。実験国家に内蔵された自己修正メカニズム自体は、まだ健在とみるべきだろう。しかし、そのアメリカは、歴史的に未経験の事態に見舞われつつある。

（1） 新たなるアイデンティティへの転換期

　現代アメリカは、二つの点で従来とは異なる地点に位置している。一つは、自己のアイデンティティを確立するための有効な他者の喪失、もう一つは、アメリカ社会から絶対多数派となる民族集団が消えつつあるという点である。そして、これら二つは、ともに現代アメリカが新たなるアイデンティティの確立の途上に位置していることを示唆している。

　アメリカは、建国から第二次世界大戦まではヨーロッパ、その後の冷戦時代は共産圏という他者を自らのアンチテーゼに見立てることで、自己のアイデンティティを確立してきた。ヨーロッパのような伝統を重んじる階級社会とは一線を画そうとする姿勢や、共産主義ではなく資本主義によって民主的な社会を建設するのだという意気込みこそが、アメリカという国のアイデンティティの根幹を支えてきた。ところが、ヨーロッパがEU統合を加速させアメリカ同様に人為的集団統合へと舵を切り、共産圏が消滅してしまった中、アメリカは史上初めて自らに匹敵する存在感を持った反面教師的ライバルを失ったのである。

　もっとも、これはアメリカにとって敵がいなくなったというわけではない。現にポスト冷戦時代には、イスラム原理主義のテロ組織が新たな敵として浮上して

きた。しかし、テロ組織は、いわば見えない敵であり、超大国のような存在感を持ってはいない。それに、テロとの戦いは、アメリカだけの話ではない。テロ組織は、超大国アメリカとは非対称な関係にあり、アメリカ独自のアイデンティティの源泉としては不十分なのである。

　そもそもアイデンティティとは、独力で確立できるものではなく、他者と自己との比較を通じて形成されるものである。それ故、自分に匹敵する存在感を持った他者を失うことは、自らのアイデンティティの空洞化の危機でもある。唯一の超大国という現実は、アメリカこそが一番なのだという単純な思考に人々を陥れかねない。それは、ややもすると自分には落ち度はないというおごりにつながり、他国を無視した自己正当化に傾きやすい。唯一の超大国として生き残ってしまったことは、皮肉にもアメリカが我を見失いやすいという状況をも手繰り寄せたのであり、こうした独断専行のリスクは同時多発テロ事件以降イラク戦争へと至る過程の一国行動主義の中に露呈することになったといえよう。

　自己確認のための便利な他者がいなくなってしまった中で、いかに自己を見失わないようにすることができるのか、これこそ、アメリカが史上初めて格闘しなくてはならない新たな難題なのである。これは、何らかの敵を強く意識することで自己のアイデンティティを確立するという常套手段にもはや頼ることができなくなったことを意味する。

　一方アメリカ国内では、人口構成が大きく変化しつつある。1980年代から急増した中南米系のヒスパニックは、黒人を抜いて今やアメリカ最大のマイノリティとなった。ヒスパニックやアジア系の出生率の高さから、今世紀半ばには非ヨーロッパ系のマイノリティの総計がWASP人口を上回ると推測される。つまり、アメリカは、絶対多数派となる民族集団が史上初めていなくなる瞬間に向けて着実に歩みを進めているのである。

　非WASP多数派時代には、従来のWASP中心主義的な価値観を押し通すのはますます窮屈になろう。絶対多数派なき社会では、特定の集団の価値観を国民的価値観へと単純に格上げするのも限界がある。それでも多様な集団が一つ屋根の下に共通の国家を構成するのだとしたら、その拠りどころは何に求めるべきかと

いう根本的な問いがそこにはある。

　このように対外的にも国内的にも、現代アメリカは従来のアイデンティティの殻を破らなければならない過渡期に差しかかったといえる。それは、今までの常套手段が通用しない中で、アメリカとはどんな国であるべきなのかという問いと国民が改めて真剣に向き合う必要性を示唆しているのである。

（２）実験国家の正念場

　アイデンティティの再構築の必要性という現代アメリカに立ちはだかるハードルは、生易しいものではない。これを乗り越えるには、社会全体が現代アメリカの歴史的位置とそれが体現するアメリカを取り巻く環境の変化の重要性を認識し、手遅れになる前に国民同士が協力していく姿勢が求められる。

　アメリカは過去にいくつもの深刻な危機や社会対立を経験してきたが、それらを乗り越えようとする時の最終的な拠りどころは、建国の際に掲げた理想に現実を近づけなければならないという使命感であった。理念先行国家という宿命を強く意識した時、この国は数々の難題へと立ち向かうことができたのである。だが、こうした国家建設は、忍耐やコストも伴う。逆にいえば、個人の損得という次元を超えて、この国の理想に近づこうとする意志や未来のために今の自分たちは何をなすべきかという問題意識をどれだけ人々が共有できるかが、いつの時代にも実験国家の命運を握っているのである。

　その点、反目と分断が渦巻く深刻な政治不信と格差社会の現実の中で、実験国家の本領を発揮するのは決して容易ではない。政治の指導力に国民が疑念を抱き、自己中心主義が蔓延し、他者への無関心が公的領域を弱体化させ、共同体の紐帯がやせ細りかねない状況では、人々は自分が生き延びるのに手一杯になりやすく、アメリカが取り組むべき課題を共有する姿勢は埋没しかねない。アイデンティティの再構築という難題に取り組むためのエネルギーを結集するには、現代アメリカは決して有利な条件を備えていないのである。政治不信と格差社会の負の連鎖は、アメリカが未来を切り開いてきたメカニズムそのものを鈍らせかねないのであり、それは実験国家が正念場に差しかかったことを暗示している。

2　今後のアメリカを占う鍵

　現代アメリカは、歴史的に未経験の条件の下、アイデンティティの再構築という難題に取り組まねばならないにもかかわらず、不信や分断や自己中心主義の前に、実験国家の本領がなかなか発揮しにくい状況にある。それは、課題の難易度は上がっているのに、足元の地盤はかえって緩んでいるような構図である。

　だが、別の見方をすると、仮にこの難局をアメリカが乗り切れたならば、この実験国家は自らの理想に一歩近づくに違いない。敵を強く意識することで自己確認するという安易な選択を封印し、絶対多数派の数の力で押し切る手法が使えなくとも分裂の危機を回避できた時、この未完成な実験国家はより成熟した段階に到達できるだろう。それは、問題の原因を専ら敵のせいにするのではなく自らを顧みる姿勢を活性化させ、一部の集団のためではなく多様な背景の人々のために存在する国家としてのアメリカの姿をより鮮明に映し出すはずだ。統合と多元化のベクトルの綱引きも、膠着状態を脱し、実験国家の合意形成に向けて再び機能し始めるだろう。ピンチとチャンスは、実は背中合わせなのである。

　アメリカが何らかの危機に陥ると、「アメリカの時代は終わった」という声を耳にすることが多い。だが、こうした見方は、実験国家としてのアメリカの本質を見抜いていない。実験国家たるアメリカに危機や失敗は本来つきものであり、それ自体はアメリカの時代が終焉を迎えたのかどうかの直接の判断材料にはならない。重要な点は、危機や失敗そのものの深刻さの度合いよりも、むしろそこから自己変革の動きがどれだけ出現するかにあり、これこそ実験国家アメリカが賞味期限を迎えたのかどうかを見極める鍵なのである。したがって、アメリカの時代は終わったというよりは、現代アメリカは理想に近づけるかどうかの瀬戸際にあるというべきなのである。

　では、この超難局にアメリカはどのような答えを出すのか、これこそ、21世紀のアメリカの最大の注目点といえよう。そして、アメリカ研究の重要な任務の一つは、アイデンティティの再構築をめぐるアメリカの挑戦が果たしてどのような

方向に向かおうとしているのか、その兆候をいち早くつかむことである。アメリカの未来を見極めるためには、今後のアメリカ研究はどのような現象を注視していくべきなのだろうか。

アメリカに突きつけられているのは、自らに匹敵する他者の喪失という状況の中で、自己を絶対化してしまう誘惑を回避しつつ、内部の特定の集団の価値観のみを肥大化させずにアイデンティティの再構築を進めるという難題である。これには、自己の存在を絶えず批判的に検証していくための相対化の視点が欠かせない。したがって、アイデンティティの再構築が進むのかどうかを見極める上で有効な分析枠は、アメリカを絶対化しようとする衝動と逆に相対化しようとする発想が社会の中でどのような力関係にあるのかに着目することだといえる。自己相対化の方法には、アメリカの常識を見つめ直すためのいわば空間軸上での自己相対化と、現在のアメリカの歴史的位置を確認するための時間軸上での自己相対化の二つが考えられる。これら両方の局面での自己相対化の強度と広がりを追跡することこそ、未来のアメリカを占う重要な手掛かりを得ることに通ずるはずである。

（１）神話との決別と空間軸上でのアメリカの自己相対化

空間軸上での自己相対化は、「諸外国からはアメリカはどのように見えるのかに目を配りながら、アメリカが自らの常識と信じて疑わなかったものをどう新たに見つめ直すことができるか」という問いに置き換えることができる。実際にはアメリカ社会には、他の先進国の常識からかけ離れた部分がある。そうした異常さにアメリカ国民が改めて気づくことができれば、自己を絶対化する誘惑から逃れる手助けになるに違いない。

この種の事例ですぐに思い浮かぶのは、銃の氾濫であろう。アメリカには三億丁以上の銃が出回っているといわれ、それは国民の全員がほぼ一丁ずつ持っている計算になるが、このような武装社会は、他の先進国には例をみない現象である。

もっとも、アメリカがこのような銃社会になってしまった背景には、それなりの事情もある。独立革命は絶対王政という巨大な中央集権への反逆であり、独立

後のアメリカは、連邦政府の軍事力を抑制しようとした。そして、いざという時には人民が政府を倒せるように民間武装の道を選択した。1791年の憲法修正第2条で武器の所有が民間に認められると、開拓のスピードに行政や司法の整備が追いつかなかったこともあり、民兵や自警団が治安の維持を代行するような風土が定着した。また、銃は、力の弱い者でも相手を倒せることから「平等化装置」("equalizer")としての肯定的イメージさえ帯びていき、狩猟などのレジャーとして楽しむ人も増えていった。だが、開拓時代が終わりを告げ、警察機構や連邦政府の軍事力が整備された後になっても、アメリカは銃社会から脱却することができなかった。全米ライフル協会（NRA）のような圧力団体の影響もあり、連邦議会での銃規制法案は骨抜きにされてきた。銃犯罪の深刻さにもかかわらず、銃規制は民間武装というアメリカの伝統を否定し、政府による個人の権利の侵害につながるという拒否反応は今でも根強い。

　こうした状況は、他の先進国には極めて異常に映る。民間武装は、中央政府の軍事力を制限し、それが悪用されないよう抑止するという文脈の下では、一定程度機能するかもしれない。だが、今やアメリカは、民間武装では到底対抗できない世界最強の軍隊を持つ。連邦政府が巨大な軍事力を持つのならば、もはや民間武装は無意味で時代錯誤であるのに、アメリカは銃を持つ権利にこだわり続けるという矛盾から抜け出せずにいる。銃規制運動が十分な成果を上げられずにいるアメリカの状況は、神話と化したこうした根本的矛盾自体にアメリカ自身が十分気づいていないことを物語っている。

　実際には、アメリカが自国の常識を見つめ直すきっかけはこれまでにもあった。だが、アメリカはそうした機会をうまく活かせていない。第二次世界大戦終結50周年を機に企画された、スミソニアン航空宇宙博物館での原爆展をめぐる論争などはその好例だろう。

　原爆を投下した爆撃機エノラ・ゲイとともに、広島・長崎の資料館から借り出した原爆の被害を物語る品々を展示し、核の時代の始まりを改めて検証しようとしたこの展示は、あたかも原爆投下が間違っていたとの印象を与えかねないとして、退役軍人協会を中心とする猛反発にあい、中止に追い込まれた。アメリカで

は、原爆の投下は、最後まで徹底抗戦の構えを見せていた日本を、アメリカ側の犠牲を最小限にして降伏させる決定打になったと信じられてきており、アメリカ人の命を救った原爆の被害について語ることはタブーとされてきた。この展示会は、そのタブーに一石を投じようとしたものであったが、結果的にアメリカ社会は過去の自分たちの行為を正当化することに固執するあまり、原爆を落とされた側のいわば国境の外の視点を経由して自分たちの信じてきた神話を相対化する機会を逸してしまった。世界最大の核保有国の国民が、核兵器を使うとどんな被害が出るのかについてほとんど無知であるという現実は、考えてみれば恐ろしいことである。

　銃の氾濫と原爆論争に共通するのは、自分たちが依拠してきた神話の限界と向き合えないアメリカの姿である。そうした姿が国境の外の世界からはどう見えるのかにもっと敏感になれれば、アメリカが自らの常識を見つめ直せる可能性は膨らむだろう。国境の外の世界に対する無知や無関心、換言すれば、ある種の国際感覚の欠如こそ、アメリカの自己相対化を阻み、この国が崩れかけた神話にすがり続ける要因となっているのである。

　その見地からすれば、国境の外の世界へと目を向け、いわば外部の視点から自国を見つめ直すという営みにどれだけアメリカが踏み込めるかどうかという点こそ、アイデンティティの再構築の前提となる自己相対化の作業が進むのかどうかを占う重要なポイントの一つといえよう。凶悪な銃犯罪が起こる度に世界はアメリカに奇異な眼差しを向けてきたし、原爆展を中止に追い込んだ国の大統領が広島を訪問するまでになった。アメリカにその気さえあれば、国境の外の世界に接近し、そこから自分を振り返るチャンスは、実際には事欠かないはずである。こうした動きが、社会の諸領域の様々な争点を舞台にどの程度の強度と広がりをもってアメリカで登場してくるのかを注視していくべきであろう。

（2）過去の克服と時間軸上でのアメリカの自己相対化

　アメリカの自己相対化は、時間軸上でも成し遂げられる必要がある。仮に絶対多数派なき未来のアメリカを分裂なき平和な社会へと近づけようとするなら、そ

れは自由と平等の恩恵を受けずに迫害されてきた過去を持つマイノリティーの人々を救済し、国民的和解を図るという作業を避けて通れない。これには、マイノリティーの視点からはアメリカの歩みはどうみえているのかということを社会全体が共有し、WASP中心主義的な歴史観を相対化しなくてはならない。したがって、「マイノリティーの視点を経由しながら、アメリカの過去を克服しようとする営みがどのように進むのか」という点も、アイデンティティの再構築が進むのか否かを占うもう一つの重要なバロメーターといえる。

　実は、この点に関してはある程度明るい兆しも見え始めている。これが顕著にみられるのは、史跡保存や博物館展示といった、過去のみせ方・語り方に関わる、記憶の公共財をめぐる最近の動向である。とりわけ、カスター古戦場の事例は、アメリカの文化財行政の大きな転換点として特筆に値する。

　植民地時代から先住インディアンと白人との武力衝突が絶えなかったにもかかわらず、対先住民戦争の古戦場で国の史跡に指定されていたのは、長らくわずか一カ所であった。独立戦争や南北戦争中の主だった戦跡がすべて国の史跡に指定されているのとは対照的である。しかもその一カ所、カスター古戦場は、白人側の一方的な歴史観を体現していた。

　実はここは、第6章でも言及した、対先住民戦争末期の1876年のリトル・ビッグホーンの戦いの舞台である。合衆国陸軍は、ここで予期せぬ敗北を喫し、インディアン狩りの先頭に立ってきたジョージ・アームストロング・カスターという著名な軍人を失った。

　カスターの非業の死を悼む国民感情は、彼は最後の一人になって敵に囲まれても勇敢に戦ったとする「ラスト・スタンド」の神話をすぐさま生み出した。このモチーフはその後の西部劇映画にも再三登場し、カスターは西部開拓の尊い犠牲として表象され、彼が戦死したモンタナの荒野は、カスター古戦場という名称で内務省国立公園局傘下のナショナル・モニュメントとなった。ここは、西部版のパールハーバーのような聖地となったのである。

　しかし、この「史跡」は大きな問題点を含んでいた。第一に、国立公園局が管理していた古戦場は通常地名がそのまま名称となっていて中立的な歴史観に配慮

しているのに対し、ここでは個人名、しかも敗軍の将の名が冠せられており、白人側の追悼施設の意味合いが露骨であった。第二に、カスターが戦闘の混乱の中でどのように戦死したのかは、部隊が全滅し、先住民側の証言もあいまいなことから、実際には不明であるにもかかわらず、不確かなラスト・スタンド神話にあたかもお墨付きを与えるかのように、彼の名を冠する形でこの地は国家の公式の史跡に祭り上げられていた。この戦いは、一族とテリトリーを侵略から守ろうとしながらも敗色濃厚だった先住民側が最後に一矢を報いたものであったが、この史跡にはそのような性格づけはなされてこなかったのである。

　先住民征服の急先鋒を国家の英雄に祭り上げるという一方的な歴史観を体現し、不確かな神話を公式の歴史にすり替えようとするこの史跡に対する先住民たちの抗議は、1960年代以降、レッド・パワーの台頭とともに強まっていった。ついに1991年、連邦議会はカスターの名を削り、ここをリトル・ビッグホーン古戦場と改称するとともに、戦いのもう一方の当事者である先住インディアンを祀る記念碑の建立を決定した。記念碑は2003年に完成し、カスター古戦場は、先住民と白人との間のかつての不幸な対立の歴史に思いをはせ、白人中心主義的な歴史観を戒める記憶装置へと生まれ変わったのであった。

　カスター古戦場の事例は、従来の白人中心主義的な歴史観に確実に変化の兆しが訪れつつあることを示している。実際、カスター古戦場の名称変更以降、ワシタ（オクラホマ州）とサンドクリーク（コロラド州）の二つの対先住民戦争の古戦場が新たに国の史跡の仲間入りを果たした。実際にはこれらの「戦い」は、戦う意志のなかった先住民を合衆国側が奇襲攻撃し、女性や子供を含む非戦闘員を多数虐殺した事件であり、現に後者は「サンドクリークの虐殺国定史跡」が正式名称となった。白人側にとっては不都合な過去であっても、先住インディアンにとっては忘れがたい記憶を西部史上の汚点として共有し、その教訓を後世に伝えていこうとする時代がようやく本格的に幕を開けたのである。

　こうした傾向は、先住民以外の他のマイノリティーをめぐる国の史跡保存にも広がりを見せている。カスター古戦場の名称変更の翌年には、第二次世界大戦中の日系人の強制収容所の一つであったカリフォルニア州のマンザナールが連邦議

会によって国の史跡に加えられた。この強制収容では、アメリカの市民権を持つ日系二世の人たちまでもが問答無用で財産を没収されて僻地の収容所に強制連行された。戦時とはいえ法治国家では許されないこの人権侵害は、第二次世界大戦の勝利に水をさす出来事として長らくアメリカでは陰に追いやられた存在だった。また、黒人たちの公民権運動をめぐっては、公立学校での人種隔離を違憲と認定した1954年の連邦最高裁判決(ブラウン対教育委員会判決)の舞台となった、カンザス州トピーカの人種隔離の行われていた公立小学校の建物が、同じく国立公園局傘下の国の史跡に指定された。

　カスター古戦場の名称変更を重要な契機として、一方的な歴史観を戒め、国家にとって恥ずべき過去や負の遺産であっても、それらを直視し、史跡保存を通してその教訓を後世に伝えようとする動きはアメリカで着実に強まってきている。それは、白人中心主義的な歴史観の絶対化を避け、マイノリティーの立場に歩み寄りながら、不幸な過去の清算と将来の和解への道筋を切り開こうとするものでもある。

　もっとも、これによって現実の社会でのマイノリティーへの差別がなくなったわけではない。白人警官による黒人容疑者への暴行が後を絶たないという現実は、それを強く印象づける。だが、従来の偏った歴史観をマイノリティーの視点を経由して修正しようとする発想は、着実に広がりを見せている。こうした時間軸上での自己相対化は、非WASP多数派時代が忍び寄るアメリカにおいてアイデンティティの再構築に向けた扉が開かれようとしている様子を暗示しており、その行方を見守っていく必要があろう。

3　アメリカの未来と世界

　アイデンティティの再構築に向けて、アメリカが空間軸と時間軸の双方で自己相対化を今後どれだけ進めることができるのかはまだ予断を許さない。今後のアメリカ研究の重要な任務の一つは、神話の解体と過去の克服に関係する諸現象を追跡し、その強度と広がりからアメリカ社会の動向を見極めることである。そし

て、そこで得られる知見は、今後のアメリカと世界との関係を考えることにも通ずるであろう。

　空間軸上での自己相対化によってアメリカが国境の外の世界へと歩み寄り、時間軸上での自己相対化によって国内の融和が促進されれば、アメリカと外界との摩擦が軽減され、アメリカに対する国際社会の信頼度は上がるだろう。アメリカが自己相対化に習熟できれば、アメリカと世界との関係は良好になる可能性が高い。逆にいえば、仮にアメリカの自己相対化の作業が停滞しそうな兆候がつかめれば、国際社会の側がそれに警鐘を鳴らすことが、アメリカと国際社会の双方にプラスにはたらくだろう。アメリカの動向を注視することは、果たしてそうした手を打つ必要があるのか否かの判断材料を得ることにもなろう。

　アメリカが唯一の超大国であるという状況がすぐに一変するとは考えにくい。だが同時にそれは、世界の不満がアメリカに向けられやすいという事態が当面続く可能性をも示唆している。アメリカのもたつきは、国際社会との摩擦が繰り返されるリスクを高めかねない。また、人口構成の変化ももはや秒読み段階である。その意味では、アメリカの自己相対化の作業の成否は、時間との勝負という面も持っている。アメリカ自身のみならず、アメリカと世界との関係もが新たな局面を迎える日は、意外に近いのかもしれない。

さらに理解を深めるための参考文献

浅海保『アメリカ——多数派なき未来』NTT出版、2002年
マーティン・ハーウィット、山岡清二監訳　渡会和子、原純夫訳『拒絶された原爆展——歴史のなかの「エノラ・ゲイ」』みすず書房、1997年
近藤光雄他『記憶を紡ぐアメリカ——分裂の危機を超えて』慶應義塾大学出版会、2005年

人名索引

ア行

アープ，ワイアット　86
アイゼンハワー，ドワイト・D　133, 159, 160
アナ，サンタ　82
アンソニー，スーザン・B　154, 165
ヴァンゼッティ，バルトロメオ　112, 120, 121
ウィルソン，トマス・ウッドロー　129
ウインスロップ，ジョン　18, 21
エジソン，トマス　98, 100
エドワーズ，ジョナサン　31
エマソン，ラルフ・ウォルド　48, 53, 54
エレミア　24
オサリヴァン，ジョン・L　85, 86
オバマ，バラク　212, 223-227
オルテガ，ダニエル　187

カ行

カーター，ジミー　170, 184-186
カーネギー，アンドルー　98, 101-103, 105, 106
カルティエ，ジャック　14, 15
ギャリソン，ウィリアム・ロイド　62, 70
キリスト　20, 119
キング，ロドニー　202
キング牧師（キング Jr., マーティン・ルーサー）　25, 154, 160-163, 170
クーパー，ジェイムズ・フェニモア　48, 56, 57
クラーク，ウィリアム　80, 81
グラント，ユリシーズ・シンプソン　74
クリントン，ヒラリー　226
クリントン，ビル　198, 200, 201, 225
グレイブス，マイケル　178
クレヴクール，ヘクター・セント・ジョン　41, 50
クロケット，デイヴィッド　86

ケ行（recte サ行 above）

ケネディー，ジョン・F　140-142, 159, 163
ケネディー，ロバート　160, 163
ゴルバチョフ，ミハイル・セルゲイヴィッチ　185
コロナード，フランシスコ・ヴァスケス・デ　15
コロンブス，クリストファー　13-15

サ行

サッコ，ニコラ　112, 120, 121
ジェイムズ，ジェシー　86
ジェファソン，トマス　36, 40, 98, 99
シャンプラン，サミュエル・ド　14
ジョージ三世　36, 38
ジョンソン，リンドン・B　140, 146, 148
シンプソン，O・J　198, 202, 203
スコープス，ジョン　112, 117
ストウ，ハリエット・ビーチャー　62, 70
ソト，エルナンド・デ　14, 15
ソロー，ヘンリー・デイヴィッド　48, 55

タ行

ダーウィン，チャールズ・ロバート　103, 117
ターナー，ナット　62, 71
ターナー，フレデリック・ジャクソン　80, 87
ダレス，ジョン・フォスター　27, 133
ダロウ，クラレンス　118
チンガチグック　56
ディズニー，ウォルト　60
テクムセ　80
デュボイス，W・E・B　154, 155
トランプ，ドナルド　212, 226

ナ行

ナポレオン・ボナパルト　81, 90

241

ニクソン，リチャード　140, 141, 148, 149
ノリエガ，マニュエル　186

ハ行

パークス，ローザ　161
バーコヴィッチ，サクヴァン　23, 24, 26
ハーシュ，E・D　184, 192, 196
ハミルトン，アレグザンダー　98, 99
バンポー，ナティー　56
ヒューストン，サミュエル　82
ビリー・ザ・キッド　86
ビン＝ラディン，ウサマ　212, 216, 217
フィッツジェラルド，F・スコット　112, 115
ブース，ジョン・ウィルクス　75
ブーン，ダニエル　86
フォード，ジェラルド　140
フォード，ヘンリー　114
フセイン，サダム　217
ブッシュ，ジョージ・H・W（父）　184, 186, 201
ブッシュ，ジョージ・W（子）　27, 212, 216-220, 224
ブライアン，ウィリアム・ジェニングス　118
ブラウン，ジョン　62, 72
フランクリン，ベンジャミン　48-50, 60
フリーダン，ベティー　154, 165, 166
ブルーム，アラン　184, 192, 196
ペイン，トマス　35, 38
ヘミングウェイ，アーネスト　112, 115
ヘンリー，パトリック　33
ホイットニー，イーライ　98, 100
ホイットマン，ウォルト　48, 54-56, 162
ホークアイ　56
ホーソン，ナサニエル　48, 57, 58

マ行

マーシャル，サーグッド　156
マッカーシー，ジョゼフ・R　126, 134, 135
マルコム X　154, 164, 170
メルヴィル，ハーマン　48, 57, 58

メレディス，ジェイムズ　159
モーゼ　21
モンロー，ジェイムズ　126-129

ラ行

リー，ロバート・E　74, 75
リヴィア，ポール　35
リンカン，エイブラハム　2, 62, 71-75, 162
ルイス，メリウェザー　80, 81
レーガン，ロナルド　27, 184-191, 194, 195
レオン，フアン・ポンセ・デ　14, 15
ローズベルト，セオドア　98, 106
ローズベルト，フランクリン・デラノ　126, 130
ローゼンバーグ，ジュリアス　126, 135
ロック，ジョン　38
ロックフェラー，ジョン・D　98, 101, 102, 104-106
ローリー，ウォルター　14, 15

ワ行

ワシントン，ジョージ　30, 35, 44
ワシントン，ブッカー・T　154, 155

事項索引

ア行

アーベラ号　18
愛国者法　198, 212, 216
愛国主義　87, 119, 123, 177, 190, 218
アイルランド　65, 141
相分かれる家演説　62, 73
赤狩り（cf. マッカーシズム）　134, 135, 137
アジア系　121, 122, 204, 231
アダム　20, 47, 53-60
アナクロニズム　178, 180, 181
アパラチア山脈　92
アファーマティヴ・アクション　163, 191, 192, 207, 208
アフガニスタン　184, 212, 215, 217
　――（ソ連）　184-186, 212
　――（アメリカ）　215
アフリカ　5, 63
アヘン戦争　121
アボーション・クリニック　167, 194
アポマトックス　75
「アメリカ史におけるフロンティアの意義」　80, 87
『アメリカ人の農夫からの手紙』　30, 41
アメリカ大使館人質事件　184, 185
アメリカ的製造方式　100
アメリカの嘆き　23
アメリカ・メキシコ戦争　80, 83, 126, 128
アメリカ労働総同盟（**AFL**）　98, 107, 108
アメリカン・ドリーム　13, 97, 101, 105, 109
『アメリカン・マインドの終焉』　184, 192, 196
アメリカン・ルネサンス　49, 51, 52, 59-60, 152
アラスカ　126, 128
アラバマ　154, 155, 160
アラブ人　214

アラモ砦の攻防戦　82, 86
アリゾナ　83
アルカイダ　214-217
『アンクル・トムの小屋』　62, 70
イギリス　4, 14, 16-18, 31-36, 38-42, 45, 56, 63, 65, 69, 74, 81, 88, 90, 100, 101, 103, 135, 173, 175
違憲立法審査権　30, 43, 44
イスラエル　20, 24, 184-186, 212, 214
イスラム　164, 185-187, 198, 209
　――原理主義　214, 215, 230
『偉大なギャッツビー』　112, 115
イタリア　120, 131
一国行動主義　213, 214, 216, 218, 223, 225, 227, 231
移民法　112, 121-123, 203
イラク　27, 216, 217
　――戦争　184, 212, 218, 222, 223, 228, 231
イラン　184-186, 212, 214, 215
　――・イラク戦争　184, 187
　――・コントラ事件　184-187
イリノイ　71, 73
（公的）医療保険制度　201, 224
イロコイ連合　45, 46
印紙条例　30, 33
インターネット　215
インディアナ州　67
（先住）インディアン　5, 13, 22, 23, 26, 27, 32, 40, 44-46, 79, 81, 88-95, 97, 111, 124, 147, 237, 238
インドシナ　148
ヴァージニア　16, 17, 36, 39, 41, 43, 64, 73, 75
『ヴァージニア覚え書』　98, 99
ヴィクトリアニズム　114
ヴィクトリア様式　172, 175
ウーンデッド・ニー　93
　――の虐殺　80, 93

ウォーターゲート事件　140, 149, 183
「ウォール街を占拠せよ」(運動)　212, 223, 228
ウォールデン池　55
ヴォルステッド法　116
エイズ　184, 194
エジプト　21, 184, 185
エチオピア　131
エノラ・ゲイ　235, 240
エレミア記　24
黄色人種　122
丘の上の町　21
オクラホマ　80, 92, 93
オハイオ川　67, 69
「思いやりのある保守主義」　218
オランダ　14, 16
　──船　64
オレゴン　81
　──・トレイル　82
　──併合　80, 82

カ行

カーネギー製鋼会社　102
外国人土地法　112, 122
回心　19, 22, 23
『解放者』　62, 70
下院　126, 134
格差社会　211, 218, 220-225, 227, 229, 232
革新主義(プログレッシヴィズム)　107, 113
学生運動　139, 142-144
カスター古戦場　237-239
家族問題　192
合衆国銀行　99
カトリック(教徒)　17, 119, 120, 141, 175, 206
カナダ　15, 83, 90
カナン　21
カリフォルニア　68, 80, 83, 84, 108, 112, 122, 143, 178, 198, 207, 208
カルテル(企業連合)　104, 106, 108
環境保護運動　60, 107-109

カンザス　158, 239
　──・ネブラスカ法　62, 70, 72, 82
監視社会　216, 228
帰化不能外国人条項　122
記号化社会　179, 182
北大西洋条約機構(NATO)　126, 133
北朝鮮　27, 216
北ベトナム　145, 146, 148
キューバ　128, 140, 146, 147, 187, 224
旧約聖書　20, 21, 24, 54
教育問題　157, 158, 161, 191
共産圏　132-134, 136, 139, 146, 158, 159, 167, 185-187, 199, 203
共産主義　108, 133-135, 137, 141, 144-146, 151, 158, 163, 186, 187, 227, 230
(インディアン)強制移住法　80, 91, 92
(日系人の)強制収容(所)　123, 238, 239
京都議定書　224
『教養が、国をつくる。』　184, 192, 196
共和党　73, 75, 134, 140, 148, 149, 184-187, 200, 201, 223, 225, 226
巨大企業　101-105, 107-110
ギリシア　63, 174, 176
キリスト教徒の慈悲の雛型　21
禁酒運動　107, 116, 124
禁酒法　26, 112, 116, 118, 124, 125, 182
金ぴか時代　101, 105, 109, 110, 113, 131, 176
グアム　129
クウェート　201
　(イラクの)──侵攻　213
『草の葉』　48, 54
グレナダ侵攻　184
軍産複合体　134
軍需産業　134, 137, 143
ゲイテッド・コミュニティー　200, 221
啓蒙思想　31, 49-51
啓蒙主義　31
ゲティスバーグ　2, 62, 74
　──の戦い　62, 74

244

ケネディー神話　141
ケベック　14
言語戦争　206, 207, 218
ケンタッキー州　67
原爆　135, 198, 235, 236
　──展　235
(合衆国)憲法　29, 30, 36, 42-44, 46, 66, 72, 77, 91, 117, 156, 159, 162, 166, 193, 206
　──修正第2条　235
　──修正第13条　62, 75
　──修正第14条　62, 75
　──修正第15条　62, 75, 76
　──修正第18条　116
　──修正第19条　98, 107, 154, 165
権利の章典　30, 36, 43
黄禍　122
公衆衛生改善　107
公民権運動　25, 77, 142, 147, 153, 155, 156, 158-164, 166-168, 191, 192, 239
公民権法　154, 162, 163, 166
荒野への使命　20
公用語　206-208
ゴールド・ラッシュ　80, 84
国際協調主義　213, 214, 224
国際様式　177, 178
国際連合(国連)　126, 132, 213
国際連盟　126, 129, 130, 132
黒人　5, 25, 63, 65, 66, 70-73, 75-79, 91, 111, 117-119, 122, 139, 141, 142, 144, 147, 153, 155-169, 180, 202, 204, 205, 208, 231
『黒人のたましい』　154
国立公園　108
個人主義　87, 94, 192, 194
古代イスラエル世界　20
(英国)国教会　14, 17, 18
骨相学　66
コネチカット州　22
『コモン・センス』　35, 38
孤立主義　127-133, 136, 137, 139, 203

コロニアル様式　173
コロニアル・リヴァイヴァル　176
コロンビア川　81
コンコード　35, 55
コントラ　187

サ行

サイゴン(ホーチミン市)　148
サウジアラビア　215
サウスカロライナ州　72
サウスダコタ州　93
サチェム　45
サッコ゠ヴァンゼッティ事件　112, 120, 121
サブプライム・ローン　212, 218-220, 222, 227
サプライサイド経済学　188, 225
サムター要塞　73
(大西洋)三角奴隷貿易　63, 64
サンタフェ・トレイル　83
サンディニスタ　187
サンドクリーク(コロラド州)238
サン・ベルト　170
シェア・クロッピング制度　76
ジェイムズタウン　14, 17
シエラ・クラブ　98, 108
シエラネヴァダ山脈　83
ジェレマイアド　23-25, 27, 29, 49, 162
シオニズム運動　119
シカゴ　87
識字率　31
『自然』　48, 53
自然　51-57, 59, 60, 87, 108, 144
思想的不寛容　133, 135-139, 144
『(フランクリン)自伝』　48, 50, 60
資本主義　99, 108, 110, 144, 179, 227, 230
ジム・クロウ　76, 77, 156-162, 168, 169
社会進化論　103, 110
ジャクソニアン・デモクラシー　92
ジャズ　114, 190
　──・エイジ　114

宗教右翼　123, 190
州権論　66, 75, 77, 111
銃社会　234, 235
集団的記憶の再構築　219
自由州　67-72
自由貿易　110, 189
自由放任主義　102-106, 109, 111, 113, 131, 176
出エジプト記　21
『種の起源』　103
順応主義（コンフォーミズム）　133, 136, 137, 139
上院　119, 126, 134, 135
ジョージア州　119, 170, 185, 194
ジョージ朝様式（ジョージアン）　172-174
消費者運動　147
消費社会　179-182
女性解放運動　147, 153, 164-169, 192-194
女性参政権　98, 107, 154, 165
　──運動　107, 165
シンクタンク　225
信仰復興運動　31
真珠湾（パールハーバー）　126, 132, 215, 237
人民党（Populist Party）　98, 108
新約聖書　20, 73
垂直的統合　104, 105, 108
水平的統合　104
スウェーデン　14, 16
スコープス裁判（cf. モンキー裁判）　112, 117
スコットランド　101
スタンダード・オイル　98, 102, 106
スプートニク・ショック　126, 134
スペイン　14-16, 63, 80, 82, 88, 91, 128
スミソニアン航空宇宙博物館　198, 235
性革命　167, 193, 194
西漸運動　83-87, 92
西部　79-86, 88, 92-97, 100, 121, 122, 128
セイラム　18, 23
　──の魔女裁判　14, 23
石油ショック　140, 149, 170
セネカ・フォールズ　154, 165

セミノール戦争　80, 91, 92
セミノール族　91
善悪闘争論　134, 135, 163, 191
セント・オーガスティン　14, 15
セント・ローレンス川　14, 15
全米黒人地位向上協会（NAACP）　154, 156
全米ライフル協会（NRA）　235
ソビエト（ソ連）　27, 132-135, 147, 158, 184-187,
　191, 198, 199, 215
ソンミ村虐殺事件　149

タ行
第一次世界大戦　112, 113, 119, 126, 129, 130, 132
大覚醒運動　30, 31
大恐慌　126, 130, 138, 189
対抗文化（カウンター・カルチャー）　143, 144,
　151, 167
第二次英米戦争　80, 90-92
第二次世界大戦（第二次大戦）　8, 125-127, 131,
　132, 134, 136, 137, 139, 167, 230, 235, 238, 239
代表権なき課税　33
ダイム・ノヴェル　86
大陸横断鉄道　98, 100, 121
大陸会議　30, 34-36
タスキーギー・インスティテュート　154, 155
多文化主義　203-207
タリバン　27, 215
地下鉄道　71
地方主義　77, 159
チャールストン　73
茶法　30, 34, 45
中華人民共和国（中国）　121, 126, 131, 133
中国系移民　121, 122
中国人　121
　──移民排斥法　112, 121
中世　17, 175, 176
忠誠審査　134
中東　213
中立法　126, 131

チェロキー族　80, 91-93
超越主義　53-57, 59, 60
朝鮮戦争　126, 133, 146
帝国主義　128, 129, 138
ティーパーティー運動　212, 222, 228
テキサス　82, 85, 86, 167
　──共和国　80, 82
　──併合　80, 83, 85
テト攻勢　140, 146
テネシー（州）　92, 117, 118
テロ　146, 198, 209, 211, 216-218, 225, 227, 229, 231
ドイツ　116, 119, 120, 129, 131
同時多発テロ事件（9・11）　209, 211, 212, 214-216, 227, 228, 231
同性愛者　194
ドーズ法　80, 93, 124
トール・テイル　86
独立革命　4, 17, 29, 31, 33, 42, 44-47, 49, 50, 52, 65-67, 76, 90, 164, 174, 176, 234
独立宣言　4, 29, 30, 32, 36, 38-41, 43, 44, 67, 99, 162
独立戦争　4, 30, 35, 38, 40, 41, 46, 237
都市の再生　180
「富の福音」　98, 106
ドミノ理論　133, 134, 145
トラスト（企業合同）　104, 105
奴隷解放宣言　62, 74, 162
奴隷解放論　67, 70, 73
奴隷州　67-71, 73, 82, 85, 91
奴隷制　17, 40, 43, 44, 61-63, 65-74, 77, 78, 82, 85, 92, 124, 174
奴隷制廃止運動　55, 70, 72, 164
奴隷貿易　67
ドレッド・スコット判決　62, 70-72
泥棒貴族　105
トンキン湾事件　140, 146

ナ行

ナショナリズム　86
ナチス　214

涙の旅路　92
「ならず者国家」　216, 217
南部　16-18, 61-66, 68-77, 90-92, 97, 99, 100, 117, 155, 157, 159, 160, 162, 166, 168, 169, 174-176
　──再建　75, 77, 155
南北戦争　43, 55, 60-63, 73, 74, 76, 77, 79, 94, 100, 111, 117, 118, 155, 158, 160, 168, 237
ニカラグア　187
西インド諸島　14, 15, 32
日系移民　121, 122
ニューアムステルダム　14
ニューイングランド　18, 28, 57, 173
ニューオーリンズ　91, 221
ニュー・サウス　169, 170
ニュースウェーデン　14
ニューディール　126, 130, 131, 188
ニューメキシコ　83
ニューヨーク　36, 45, 165, 184, 189, 198, 209, 214
妊娠中絶　167
ネオコンサーヴァティズム（ネオコン）　213, 214, 217, 225, 228
年季奉公人　65
農本主義　99
農民運動　107, 109
ノースカロライナ　15, 154, 161

ハ行

ハーヴァード大学　14, 18, 156
ハーパーズ・フェリー　62, 72
バス乗車ボイコット運動　154, 160, 161
パナマ運河　126, 128
パナマ侵攻　184
バビロニア　24
ハリウッド　126, 134, 137, 138
ハリケーン・カトリーナ　212, 221
パリ条約　30, 42
パレスチナ　214
　──・ゲリラ　186
ハワイ　126, 128, 129, 132

事項索引 | 247

反知性主義　87
半徒契約　14, 23
反トラスト法　98, 106, 109, 111
反連邦主義　66, 74, 76, 79, 159, 168
ピークォート族　14, 22
ビート　143
東インド会社　34, 45
『ピエール』　48, 57
非合法（不法）移民　207, 208
ヒスパニック　203, 204, 206-208, 231
ピッツバーグ　98, 102, 178
ヒッピー　60, 143, 144, 151, 167
ヒップスター　143
『日はまた昇る』　112, 115
非米活動委員会　126, 134
非暴力主義　160, 161, 163
ピューリタニズム　13, 23, 26, 28, 47, 49, 50, 52
ピューリタン　13, 15, 17-28
「平等化装置」　234
ピルグリム・ファーザーズ　18
ファンダメンタリズム　111, 115, 117-119
フィラデルフィア　34, 176
フィリップ王戦争　14, 22
フィリピン　129
封じ込め政策　133
プエブロ　88
『フェミニン・ミスティーク』　154
プエルトリコ　128
（人権的・宗教的）不寛容（イントレランス）　111, 118, 119, 135
双子の赤字　188, 189
物質主義　87, 115, 144
ブラウン対教育委員会判決　154, 158, 159, 191, 239
プラグマティズム　181, 182, 196, 230
ブラック・パワー　164
ブラック・パンサー　154, 164
ブラック・マンデー　185, 189
ブラック・ムスリム　164
フラッパー　114, 115, 190

プラハ演説　212
フランス　14-16, 31-33, 40, 41, 57, 81, 88, 90, 145
プランター　64-66, 76, 91, 169
プランテーション　17, 64, 69, 99, 174, 176
フリー・スピーチ運動　140, 143
フリーダム・ライダース　154, 162
プリマス　14, 18
ブルック・ファーム　48, 55
プレッシー対ファーガソン判決　62, 77, 154, 156
フレンチ・インディアン戦争　30, 32-34, 40, 41, 56, 88
プログレッシヴィズム→革新主義
プロテスタント　14, 17, 111, 117, 118, 120, 123, 175, 190
プロポジション 187　198, 207, 208
プロポジション 209　198, 208
フロリダ　80, 82, 91
　——半島　14, 15
　——併合　91
フロンティア　79, 80, 83, 85-88, 94-97
　——学説　87
　——の消滅　83, 88
　——・ライン　83
文化戦争　124
文化相対主義　191, 192, 194
分離すれども平等　76, 156, 157
分離派　18
米西戦争　126, 128, 129, 147
ベーリング海峡　88
ベトナム戦争　139, 144-152, 183, 185, 186, 195, 196, 213
ベトナム反戦運動　139, 145, 147-149, 151, 168
ベルサイユ条約　129, 130
ベルリンの壁の崩壊　198, 199
ペンシルヴェニア州　74, 98, 102, 178
変動相場制　149
ホームステッド法　80, 84
北西部条令　62, 67, 69
北爆　140, 146, 148

北米自由貿易協定（NAFTA） 198, 201
保護主義（保護貿易） 189, 226
保守派 117, 189-195, 197, 199-205, 207-209
ポストモダニズム 177-182, 230
ボストン 18, 30, 34, 35, 55
　　──大虐殺 30, 34
　　──茶会事件 30, 34
ポピュリズム 222
保留地 92, 93, 111
ポルトガル 63

マ行

巻き返し政策 133, 134
マサチューセッツ 17, 18, 39, 55, 120
　　──植民地 14, 18
　　──湾会社 18
魔女裁判 14, 23
マッカーシズム（cf. 赤狩り） 135, 138
マックレイカーズ 107
マニフェスト・デスティニー 85, 96, 128
マフィア 116, 120
マンザナール（カリフォルニア州） 238
ミシシッピー川 67, 69, 73, 81, 90-92
ミシシッピー大学事件 154, 159
ミズーリ 68, 69, 71, 81, 82
　　──協定 62, 68-70, 72, 85
南ベトナム 140, 145, 146, 148
　　──民族解放戦線（ベトコン） 145, 146
ミニットマン 35, 46
民主党 92, 118, 140, 149, 184, 185, 187, 188, 198, 200, 225, 226
明白なる神意 80, 85
メイフラワー号 14
メイン 68
メキシコ 68, 80, 82, 83, 126, 128, 203
メキシコシティー 82
メッカ 215
モスクワ五輪ボイコット 184, 185
『モヒカン族の最後』 48, 56

モラル・マジョリティー 190
『森の生活』 48, 55
モンキー裁判（cf. スコープス裁判） 116-118, 182
モンロー・ドクトリン 126-129

ヤ行

「ヤング・グッドマン・ブラウン」 48, 57
ユーゴスラビア 198, 213
ユダヤ教徒 120
ユダヤ人 119, 214
ヨークタウンの戦い 41
ヨーロッパ 15, 17, 18, 21, 24, 31, 32, 38, 42, 45-47, 49, 51-54, 63, 64, 87-90, 99, 105, 110, 120, 121, 127, 129-132, 149, 173-176, 178, 180
予型論 20, 21

ラ行

「ラスト・スタンド」の神話 237, 238
ラテンアメリカ 127, 128, 203, 204
リーマン・ショック 198, 212, 218, 220, 223
リザベーション 92-95
リッチモンド 73
リトル・ビッグホーンの戦い 80, 93, 237
リトル・ビッグホーン古戦場（＝カスター古戦場） 238
リトル・ロック事件 154, 159
リビア 184, 186
リベラリズム 141, 142, 151, 189-192, 194, 195, 197, 199, 201-203, 205, 207, 211, 230
リンチ 118, 156, 202
ルイジアナ州 77, 221
ルイジアナ買収 62, 67, 80, 81, 83
ルイス＝クラーク探検隊 80, 81
ルワンダ 213
冷戦 3, 125, 133, 136, 158, 199, 203, 211, 213, 227, 229, 230
レーガノミクス 188, 189, 196, 218, 221
レーガン・デモクラット 187
レキシントン 35

事項索引 | 249

「レザーストッキング・テイルズ」 56
レッド・パワー 147, 238
レバノン 187
連合会議 41, 42, 46
連合会規約 30, 41, 43
連邦最高裁判所 30, 44, 71, 72, 77, 78, 156, 158, 159, 161, 162, 167, 193, 194
連邦主義 66, 75, 77, 111
連邦政府 42-45, 61, 66, 72, 84, 90-93, 106, 111, 134, 158-160, 163, 168, 188, 189, 223
ロアノーク島 14, 15
ローゼンバーグ事件 126, 135
ロー対ウェイド判決 154, 167, 193
労働運動 107, 108
労働組合運動 108
ローマ 174
ロサンジェルス 202, 206
ロシア革命 134
ロスト・ジェネレーションの作家たち 115
ロス暴動 198, 202, 205
ロッキー山脈 67, 81, 83
ロックンロール 144
ロマン主義 50-52, 55

ワ行

ワシタ（オクラホマ州） 228
ワシントン 44, 45, 75, 90, 140, 147, 174, 214
　——大行進 25, 154, 162
湾岸戦争 188, 198, 201, 213

英数字

100％アメリカニズム 111, 115, 118, 119
1850年の妥協 62, 68, 69
ERA 154, 166, 184, 193, 194
EU 212
IS（「イスラム国」） 217
KKK 112, 118, 119
NOW 154, 165, 166
O・J・シンプソン裁判 198
PC運動 204, 205
SDI（戦略防衛構想） 185
SDS 140, 142, 147
SNS 222, 223
T型フォード（Model T） 112, 114
TPP（環太平洋パートナーシップ協定） 226
USスチール 98, 102
WASP 111, 118-121, 144, 192, 204-206, 231, 237
　非—— 118-123, 141, 144, 190, 191, 202-205, 231, 239

鈴木 透（すずき　とおる）
1964年東京生まれ。慶應義塾大学文学部、
同大学院文学研究科英米文学専攻博士課程修了（1992）。
現在、慶應義塾大学法学部教授。
専門：アメリカ文化研究、現代アメリカ研究、アメリカ文学
著書：『食の実験場アメリカ──ファーストフード帝国のゆくえ』（中公新書、2019）、『スポーツ国家アメリカ──民主主義と巨大ビジネスのはざまで』（中公新書、2018）、『性と暴力のアメリカ──理念先行国家の矛盾と苦悶』（中公新書、2006）、『現代アメリカを観る──映画が描く超大国の鼓動』（丸善ライブラリー、1998）、共著：『記憶を紡ぐアメリカ──分裂の危機を超えて』（慶應義塾大学出版会、2005）、『新・アメリカ研究入門（増補改訂版）』（成美堂、2001）、『物語のゆらめき──アメリカン・ナラティヴの意識史』（南雲堂、1998）ほか。

実験国家アメリカの履歴書　第2版
──社会・文化・歴史にみる統合と多元化の軌跡

2003年11月15日　初版第1刷発行
2022年 1 月 7 日　第2版第2刷発行

著　者────鈴木　透
発行者────依田俊之
発行所────慶應義塾大学出版会株式会社
　　　　　　〒108-8346　東京都港区三田2-19-30
　　　　　　TEL〔編集部〕03-3451-0931
　　　　　　　　〔営業部〕03-3451-3584〈ご注文〉
　　　　　　　　〔　〃　〕03-3451-6926
　　　　　　FAX〔営業部〕03-3451-3122
　　　　　　振替　00190-8-155497
　　　　　　https://www.keio-up.co.jp/
装　丁────廣田清子　（カバー写真　鈴木　透）
印刷・製本──イニュニック
カバー印刷──株式会社太平印刷社

Ⓒ 2016 Toru Suzuki
Printed in Japan　ISBN978-4-7664-2390-7

慶應義塾大学出版会

記憶を紡ぐアメリカ　分裂の危機を超えて
近藤光雄、鈴木透、マイケル・W・エインジ、奥田暁代、常山菜穂子著　「マイノリティ」の過去をめぐる闘争、「表象芸術」にみる記憶表現、「コミュニティ」における共通記憶の実態……。記憶の創出をめぐる多様な分析から、集団的記憶の再構築に挑む超大国アメリカの本質を探る。　　　　　　　　　　◎2,500円

アメリカ大統領と南部　合衆国史の光と影
奥田暁代著　アメリカ大統領たちは、南部といかに向き合い、南部をいかに利用したのか。合衆国建国以来、いまだに衰えない南部の存在感と影響力。南部がアメリカの形成と再生に果たした役割を詳細に読み解く。　　　　　　　　　◎2,800円

アフター・アメリカ　ボストニアンの軌跡と〈文化の政治学〉
渡辺靖著　歴代大統領を輩出した「ボストンのバラモン」とアメリカン・ドリームを体現した「ボストン・アイリッシュ」。2つの階層を対象にした3年余のフィールドワークを軸に、米国文化の最深部をえぐりだす。2004年度サントリー学芸賞受賞。　◎2,500円

〈私たち〉の場所　消費社会から市民社会をとりもどす
ベンジャミン・R・バーバー著／山口晃訳　人々が孤立した「消費者」におとしめられている現状から、主権者である「市民」の社会にもどすための方策を示し、代議制民主主義の陥穽に対して「仕事〈後〉」の世界からの解決を提案する、刺激的な民主主義論。　　　　　　　　　　　　　　　　　　◎2,500円

失われた民主主義　メンバーシップからマネージメントへ
シーダ・スコッチポル著／河田潤一訳　アメリカ政治学界・歴史社会学界の泰斗が、社会資本論やコミュニタリアニズムを批判しつつ、19世紀初頭の草の根民主主義の興隆から9.11以降の衰退へと至る市民世界の変貌を歴史的に検証。米国民主主義の現在を鮮かに描く。　　　　　　　　　　　　　◎2,800円

表示価格は刊行時の本体価格（税別）です。